气候变化与商业管理：
建模与应用

朱帮助　盛济川　何文剑
汪　峰　张明杨　李　亮　等　著

中国金融出版社

责任编辑：肖丽敏
责任校对：李俊英
责任印制：张也男

图书在版编目（CIP）数据

气候变化与商业管理：建模与应用/朱帮助等著. —北京：中国金融出版社，2020.9
ISBN 978 - 7 - 5220 - 0826 - 4

I.①气… Ⅱ.①朱… Ⅲ.①气候变化—影响—企业管理—商业模式—研究 Ⅳ.①F272

中国版本图书馆 CIP 数据核字（2020）第 186850 号

气候变化与商业管理：建模与应用
QIHOU BIANHUA YU SHANGYE GUANLI：JIANMO YU YINGYONG

出版
发行　**中国金融出版社**

社址　北京市丰台区益泽路 2 号
市场开发部　（010）66024766，63805472，63439533（传真）
网 上 书 店　http://www.chinafph.com
　　　　　　（010）66024766，63372837（传真）
读者服务部　（010）66070833，62568380
邮编　100071
经销　新华书店
印刷　保利达印务有限公司
尺寸　169 毫米×239 毫米
印张　18.25
字数　275 千
版次　2020 年 9 月第 1 版
印次　2020 年 9 月第 1 次印刷
定价　68.00 元
ISBN 978 - 7 - 5220 - 0826 - 4
如出现印装错误本社负责调换　联系电话（010）63263947

前　　言

　　气候变化已经成为人类社会可持续发展面临的最大威胁之一。气候变化在给全球经济和人类生活带来负面影响的同时，也蕴藏许多商业投资机会。随着全球对可持续发展的重视，商业领域更多聚焦于可持续发展投资，企业也更加关注能够创造长期价值的项目。企业在适应气候变化的过程中面临着商业模式的转型，这对工商管理提出了新的挑战和要求。本书围绕气候变化背景下企业商业管理所面临的现实挑战，应用扎实的经济学和管理学理论与方法，直面问题，揭示规律，探索机制，提出企业完善商业管理的启示，以期为解决气候变化背景下企业商业管理中的若干管理科学问题，实现经济社会可持续发展提供有力的科学依据。

　　本书共 11 章。第 1 章识别了碳配额初始分配和跨期贴现对碳价变动的影响，探寻了跨期碳市场资源有效配置的条件；第 2 章分析了环境规制强度和"寻租"对制造业企业雇佣的影响，提出了完善环境规制政策的路径；第 3 章从林权抵押贷款制度的角度出发，揭示了信贷管制对农户信贷可得性的影响；第 4 章模拟了京津冀碳交易市场连接的社会经济和产业竞争力，识别了碳交易市场连接的社会经济影响；第 5 章从制度规制理论的视角出发，分析了直接环境规制对重污染行业绿色技术创新的影响；第 6 章揭示了在政府调控与市场机制双重影响下双重商业模式的演化过程，分析了演化结果的敏感性；第 7 章从拥挤感知和情绪反应的视角出发，探索了游客拥挤感知对环境责任行为的影响机理；第

8 章构建了工业大气污染供给与需求的理论模型，揭示了制造业出口贸易结构变动的大气环境效应及作用机制；第 9 章从发电商投资角度出发，揭示了碳税、碳排放交易及碳税与碳排放交易并行三种碳减排政策对风电和 CCS 技术选择与发展的影响；第 10 章从司法实践的视角出发，探寻了环境侵权因果关系证明责任的分配规则；第 11 章揭示了影响消费者低碳创新采纳决策的机制，评估了低碳创新采纳决策中的调节定向匹配效应。

本书由朱帮助负责总体设计、策划、组织和统稿，盛济川协助统稿，是气候变化与商业管理研究团队集体智慧和辛勤工作的结晶。第 1 章主要由黄丽清、朱帮助等完成，第 2 章主要由盛济川等完成，第 3 章主要由何文剑等完成，第 4 章主要由汪峰等完成，第 5 章主要由蔡翔、朱帮助等完成，第 6 章主要由李玮玮等完成，第 7 章主要由窦璐等完成，第 8 章主要由张明杨等完成，第 9 章主要由黄超等完成，第 10 章主要由何文剑等完成，第 11 章主要由李亮、朱帮助等完成。

在本书的撰写中，得到了于景元、盛昭瀚、徐伟宣、李善同、汪寿阳、陈晓田、杨列勋、刘作仪、杨晓光、胡军、宋献中、田立新、潘家华、严晋跃、耿涌、邓祥征、周德群、毕军、朱晶、李仲飞、张卫国、王兆华、余乐安、陈诗一、陈彬、张炳、周鹏、廖华、苏斌、周守华、吴战篪、徐宇辰、张林、Julien Chevallier 等国内外专家学者的指点和帮助；曹杰、吴笑非、章棋、徐静文、张红霄、郑文清、赵秋雅、张海晶、杨梅英等参与了部分章节的讨论与撰写；中国金融出版社肖丽敏编辑对本书做了大量工作。当然，点滴的研究进展都离不开恩师魏一鸣教授的引路、指点和提携。在此向他们表示衷心的感谢并致以崇高的敬意！

感谢本书所有引用文献的作者。

感谢会计学国家一流本科专业建设项目、国家社会科学基金重大项目（16ZZD049）、国家自然科学基金项目（71303123、71473180、71603130、71771105、71904088、71903099、71974077）、江北新区发展研究院和江苏省人才强省建设研究基地对本书研究工作的资助。

　　我们希望本书的出版能够进一步推动中国资源环境经济与管理学科的发展，推进气候变化背景下企业商业管理的转型发展。必须指出的是，相对于整个气候变化与商业管理研究体系的发展，我们的研究工作依然是初步的，尚存有大量更深入、更广阔的拓展空间。我们诚挚地欢迎国内外专家、学者和同行对我们研究的不足之处给予批评与指正，这些将是我们研究不断深入和完善的动力源泉。

朱帮助

2020 年 8 月 1 日

目　　录

第 1 章　市场势力、价格波动与碳市场跨期效率研究

1.1　问题的提出

气候变化是制约人类可持续发展的全球性重大挑战之一。如何有效降低以二氧化碳为代表的温室气体，成为了世界各国环境政策的重点。碳减排政策影响资本累积和经济增长。为了以尽可能低的减排成本应对气候变化，欧盟、中国、加拿大等纷纷实施碳市场机制，因而碳配额作为企业二氧化碳排放的许可证而具有价值。总量控制与交易是碳交易市场主流模式，政府根据减排目标预先设定碳配额总量并在期初分配碳配额。碳配额初始分配直接影响控排企业的经营成本和市场参与者碳减排的积极性，因而成为碳市场参与者关注的焦点。碳配额初始分配影响碳市场配额供需平衡、碳价变动和企业边际减排成本，是决定碳市场运行有效性和企业减排积极性的关键要素。因此，碳市场效率既包括碳价能真实反映碳配额供需有效信息，又包括碳交易机制能实现低成本减排。

近年来，越来越多的碳市场引入不同的价格稳定机制。碳市场跨期机制允许企业排放上限内或早或晚减排以实现在整个合规期内降低总体减排成本，已被公认能有效促进碳市场跨期稳定性和有效性。中国碳交易机制允许碳配额跨期存储。欧盟碳排放交易体系（EU ETS）为了避免无存贷机制导致碳价急剧下跌且接近于零的碳市场无效性，2013—2020 年实施了跨期存储机制。此外，EU ETS 还允许企业从下一年的分配中借贷配额。区

域温室气体行动计划（RGGI）则允许企业在3年遵守期内任意借贷配额。跨期碳市场有助于提高碳价的可预测性和稳定性，降低碳价波动风险，抑制企业减排投资的消极影响。然而，当碳市场存在市场势力时，市场势力企业可通过操纵价格影响碳配额供给与需求，扭曲碳价并引起更高的减排成本，最终导致碳市场效率损失。市场势力直接影响碳市场卖方或买方的市场决策，并创造出非对称的碳配额需求，进而不恰当影响市场价格，而有效的市场调控机制有利于实现减排信息不对称下资源的最优配置以及优化配额交易计划。因此，本章将探讨碳市场为不完全竞争市场时，无存贷机制和存贷机制下碳配额初始分配和跨期贴现对碳价变动的影响并进一步揭示跨期碳市场有效性条件，以既促进碳市场充分发挥有效的价格信号作用，又实现控排企业低成本减排。

引起碳价变动的原因十分复杂。从需求角度，能源价格、气温、经济周期、清洁技术投入、市场势力等均可引起碳配额需求变动，进而导致碳价演变。Seifert等构建碳现货价格随机微分模型，研究发现碳排放不确定性显著影响碳现货价格变动。从供给角度，碳配额供给主要来源于政府分配，与减排政策和减排目标密切相关。碳市场管制政策不确定性和碳配额总量调整等均影响碳价变动。

完全竞争市场下，跨期机制如何影响碳市场有效性和企业碳减排引起了学界广泛关注。Rubin研究发现，跨期存储与借贷机制有助于平衡企业跨期边际减排成本。然而，跨期存储机制可能导致企业减少前期清洁技术投资，并采取次优的减排策略。针对跨期存储与借贷机制，Kling和Rubin运用最优控制模型分析存在排放权跨期存储的企业减排问题，研究发现存贷机制下市场不一定实现最优排放效率，引入配额贴现率动态调整的存储机制能促进企业减排，使企业排放行为实现社会最优排放路径。Yates和Cronshaw探讨了跨期污染排放许可证贴现率问题，求解出非对称信息下最优配额贴现率表达式，研究发现，配额贴现率不一定等于货币贴现率。由此可见，碳配额跨期贴现率调整有助于调整预期碳价遵循最优路径，提高碳市场效率，降低社会减排成本。

不完全竞争条件下市场势力如何操纵碳价变动和单期碳市场有效性条

件也得到了学界关注。Hintermann 探讨了产品市场和碳市场均具有市场势力的情形，研究表明，市场势力企业会将碳价定得高于其边际减排成本。Tanaka 和 Chen 考察了无存贷机制下产品市场和碳市场同时存在市场势力时，市场势力企业如何通过边缘企业碳配额初始分配量操纵碳价。Chen 和 Tanaka 研究发现，跨期存储机制下产品市场和碳市场均具有市场势力时，市场势力企业会根据自身买卖碳配额的需求在不同时期压低或抬高碳价。

　　综观该领域的研究，现有的文献呈现了如下特点。首先，市场势力、碳配额初始分配和跨期贴现是影响碳价变动和碳市场跨期有效性的重要因素。然而，现有的文献主要聚焦于单期碳市场存在市场势力时初始碳配额分配与市场势力操纵碳价间的关系，对于市场势力同时存在产品市场和碳市场的跨期碳市场均衡碳价演变的研究较少。跨期碳市场的时间灵活性使其具备较稳定的长期价格预期，增强市场发挥资源配置的基础性作用。因此，对跨期碳市场展开深入分析，有助于为碳市场配额分配提供客观的参考依据，优化社会减排成本。其次，碳配额跨期贴现调整有助于促进完全竞争碳市场实现社会均衡（如 Kling 和 Rubin）。然而，现有的文献主要聚焦完全竞争条件下跨期碳配额贴现对碳价变动的影响，对存在市场势力的不完全竞争市场下碳配额跨期贴现调整对碳价变动和排放总量的影响研究较少。碳市场的确存在市场势力（如电力企业和水泥企业），主导企业可根据自身碳配额供需实施市场势力并操纵碳价，影响减排成本，对此问题的研究有助于为新兴碳市场跨期政策选择提供理论分析。最后，现有文献聚焦讨论单期碳市场存在市场势力时碳市场配额分配的有效性，探讨产品市场和碳市场同时存在市场势力时实现跨期碳市场配额分配有效性条件的文献较少。而本章将探讨产品市场和碳市场同时存在市场势力时跨期碳市场机制对碳价演变和市场有效性的影响。

　　本章同时考虑产品市场和碳市场，旨在揭示市场势力仅存在碳市场（MPCM）和同时存在两个市场（MPBM）时，存贷机制和无存贷机制下各期碳配额初始分配和跨期贴现与市场势力操纵碳价间的数量变化关系、跨期碳市场有效性条件，以及企业碳生产率和跨期碳配额贴现率调整与碳排放总量间的数量变化关系。相比现有研究，本章主要贡献在于：第一，从跨期碳市场视角拓展了文献的结论，揭示了 MPCM 情形下，碳价与边缘企业初始碳配额分配量总呈反比例关系。然而，MPBM 情形，碳价与边缘企业初始碳配额分配量的变动与企业碳生产率有关。相比市场势力企业碳生产率，若边缘企业的较大或与之相等，则碳价随各期边缘企业初始碳配额分配量增加而递减。第二，探讨了 MPCM 和 MPBM 情形下跨期碳配额贴现率调整对均衡碳价的影响。研究发现，相比碳配额跨期 1:1 贴现，跨期碳配额贴现率调整下存在市场势力压低均衡碳价。第三，推导了 MPCM 情形和 MPBM 情形下跨期碳市场有效性条件。研究发现存贷机制下 MPCM 情形和 MPBM 情形跨期碳市场有效性条件不等价。MPCM 情形下跨期碳市场有效需要满足各期各企业边际碳要素收益相等。MPBM 情形下跨期碳市场有效均需要满足各期各企业边际碳要素收益与碳要素收益效应之和相等。本章的研究发现将进一步丰富碳市场有效性理论，为我国碳市场未来制度性的选择和安排提供参考依据。在此基础上，提出了降低市场势力损害跨期碳市场资源有效配置的若干建议，从而使本研究具有重要的理论与实践价值。

1.2　模型构建

假设碳市场和产品市场存在企业 j，$j = M$，F，企业 M 具有市场势力，企业 F 为边缘企业，两类企业生产同质性产品。为了实现低成本减排，市场规制者在计划期 i 内实施碳交易政策，计划期分为两期，则 $i = 1, 2$。企业 j 第 i 期产品产量 q_{ij} 与碳排放量 E_{ij} 相关，γ_j 为企业 j 单位碳生产率 $\gamma_j = q_{ij}/E_{ij}$。i 期产品总产量 $Q_i = \sum q_{ij}$。P_i 为 i 期产品价格。i 期碳价为 S_i。边缘企业 F 为碳市场和产品市场价格接受者。若企业 M 在碳市场具有市场势力，则可操纵碳价。若企业 M 在产品市场具有市场势力，则可操纵产品价格且企业 M 产品价格 $P_i = P(Q_i)$ 为第 i 期产品反需求函数，$P(Q_i) = A - Q_i$，$A > 0$ 为外生参数。若产品市场不存在市场势力，则企业 j 均为产品价格接受者，各期产品价格外生且按市场无风险利率增长，即 $P_1 = \delta P_2 = P$，其中 δ 为利率贴现率，$0 < \delta < 1$。

　　企业生产经营过程中产生碳排放。无碳排放规制下 i 期企业 j 碳排放量为 s_{ij}，即基准情形（Business - as - usual，BAU）的碳排放量。规制者根据 i 期企业 j BAU 情形的碳排放量分配初始碳配额 L_{ij}，且 $s_{ij} \geq L_{ij}$。初始碳配额分配不足时，企业可通过碳交易购买碳配额，或提升清洁技术、能源结构调整等方式实现碳减排，产生的碳减排成本记为 $C(E_{ij})$，如式（1.1），其中 c 为企业单位碳减排成本系数。

$$C(E_{ij}) = \begin{cases} \frac{1}{2}c(s_{ij} - E_{ij})^2 & if \quad 0 < E_{ij} < s_{ij} \\ 0 & if \quad E_{ij} \geq s_{ij} \end{cases} \qquad (1.1)$$

　　存贷机制下企业可跨期存储或借贷碳配额，计划期期初企业 j 碳配额存贷量 B_0^j 为 0。i 期企业 j 碳配额存贷量为 B_i^j，$B_i^j > 0$ 表示企业跨期存储碳配额，$B_i^j < 0$ 表示企业跨期借贷碳配额。α 为跨期碳配额贴现率（Intertemporal Permit Discount Rate，IPDR），即若企业第一期存储 α 单位碳配额，则第二期流转获得 1 单位碳配额；当企业第一期跨期借贷 1 单位碳配额，则获得 α 单位碳配额。当 $\alpha = 1$ 时，碳配额跨期 1:1 贴现。参考 Kling 和 Rubin 以及 Yates 和 Cronshaw，IPDR 调整定义为若企业跨期借贷碳配额，则下一期企业需要偿还比上一期配额借贷量更多的碳配额；若企业跨期存储碳配额，则下一期企业获得比上一期配额存储量更多的碳配额，则 $0 < \alpha < 1$。i 期企业碳配额存贷量如式（1.2）和式（1.3），其中 X_i 为 i 期企业碳配额交易量。

$$B_i^F = B_{i-1}^F + \alpha^{i-1}(L_{iF} - X_i - E_{iF}) \qquad (1.2)$$

$$B_i^M = B_{i-1}^M + \alpha^{i-1}(L_{iM} + X_i - E_{iM}) \qquad (1.3)$$

　　计划期期末碳市场出清，企业理性策略是期末不留存任何碳配额。假设第二期期末企业用完持有的配额，即 $B_2^j = 0$。令 $\tilde{L}_j$ 为计划期内企业 j 碳配额分配贴现总量，则 $L_j' = L_{1j} + \alpha L_{2j}$。令 X_B 为计划期内碳配额交易贴现总量，则 $X_B = X_1 + \alpha X_2$。计划期内碳市场出清条件如式（1.4）和式（1.5）。由式（1.4）和式（1.5）可得计划期内企业累计碳排放贴现总量等于规制者碳配额分配贴现总量，如式（1.6）。

$$E_{1F} + \alpha E_{2F} = L_{1F} - X_B + \alpha L_{2F} \qquad (1.4)$$

$$E_{1M} + \alpha E_{2M} = L_{1M} + X_B + \alpha L_{2M} \qquad (1.5)$$

$$\sum_{i=1}^{2} \alpha^{i-1} (E_{iF} + E_{iM}) = L'_F + L'_M \qquad (1.6)$$

1.2.1 单一碳市场存在市场势力的跨期碳市场社会均衡条件

跨期碳市场社会均衡是指规制者通过设定各期初始碳配额分配量 L_{ij} 和跨期碳配额贴现率 α，企业选择各期最优碳排放量以实现计划期内总社会福利最大化。若企业均为产品价格接受者，则跨期碳市场社会福利 W_R^1 最大化目标函数为

$$\underset{E_{iM}, E_{iF}}{Max} W_R^1 = \sum_{i=1}^{2} \delta^{i-1} (P_i Q_i - C(E_{iF}) - C(E_{iM})), s.t. \sum_{i=1}^{2} \alpha^{i-1} (E_{iF} + E_{iM}) = L'_F + L'_M$$

$$(1.7)$$

由式（1.7）可得拉格朗日函数式（1.8），其中 λ 为拉格朗日乘子。

$$\psi = \sum_{i=1}^{2} \delta^{i-1} (P_i Q_i - C(E_{iF}) - C(E_{iM})) + \lambda (L'_F + L'_M - \sum_{i=1}^{2} \alpha^{i-1} (E_{iF} + E_{iM}))$$

$$(1.8)$$

最优均衡解满足如下最优化一阶条件：

$$P_i \gamma_F - \frac{\partial C(E_{iF})}{\partial E_{iF}} = \left(\frac{\alpha}{\delta}\right)^{i-1} \lambda \qquad (1.9)$$

$$P_1 \gamma_j - \frac{\partial C(E_{1j})}{\partial E_{1j}} = \frac{\delta}{\alpha} \left(P_2 \gamma_j - \frac{\partial C(E_{2j})}{\partial E_{2j}}\right) \qquad (1.10)$$

$$P_i \gamma_F - \frac{\partial C(E_{iF})}{\partial E_{iF}} = P_i \gamma_M - \frac{\partial C(E_{iM})}{\partial E_{iM}}$$

1.2.2 碳市场和产品市场均存在市场势力的跨期碳市场社会均衡条件

若企业 M 通过市场势力操纵产品价格，则由 $P_i = P(Q_i)$ 和式（1.9）可知企业 F 均衡碳排放量 $E_{iF}^* = E'_F(E_{iM})$，则产品总产量 $Q'_i = E'_F(E_{iM}) + E_{iM}$，企业 M 产品价格 $P(Q_i) = P(Q'_i)$。因此，碳市场和产品市场均存在市场势力时，跨期碳市场社会福利 W_R^2 最大化目标函数为

$$Max_{E_{iM}, E_{iF}} W_R^2 = \sum_{i=1}^{2} \delta^{i-1} \left(P_i q_{iF} + P(Q'_i) q_{iM} - C(E_{iF}) - C(E_{iM}) \right),$$

$$s.t. \sum_{i=1}^{2} \alpha^{i-1} (E_{iF} + E_{iM}) = L'_F + L'_M \qquad (1.11)$$

同理，由最优化一阶条件得最优解满足下列条件：

$$P(Q'_1)\gamma_M + \frac{\partial P(Q'_1)}{\partial E_{1M}} q_{1M} - \frac{\partial C(E_{1M})}{\partial E_{1M}} = \frac{\delta}{\alpha} \left(P(Q'_2)\gamma_M + \frac{\partial P(Q'_2)}{\partial E_{2M}} q_{1M} - \frac{\partial C(E_{2M})}{\partial E_{2M}} \right)$$

$$P_1 \gamma_F - \frac{\partial C(E_{1F})}{\partial E_{1F}} = \frac{\delta}{\alpha} \left(P_2 \gamma_F - \frac{\partial C(E_{2F})}{\partial E_{2F}} \right) \qquad (1.12)$$

$$P_i \gamma_F - \frac{\partial C(E_{iF})}{\partial E_{iF}} = P(Q'_i)\gamma_M + \frac{\partial P(Q'_i)}{\partial E_{iM}} q_{iM} - \frac{\partial C(E_{iM})}{\partial E_{iM}} \qquad (1.13)$$

式（1.10）至式（1.13）表明市场势力下跨期碳市场实现计划期内社会福利最大化与 α 有关。式（1.10）、式（1.12）和式（1.13）中，$P_i \gamma_F$、$P_i \gamma_M$ 和 $P(Q'_i)\gamma_M$ 表示边际产品价值。$\partial C(E_{ij})/\partial E_{ij}$ 为边际减排成本。$P_i \gamma_j - \partial C(E_{ij})/\partial E_{ij}$ 和 $P(Q'_i)\gamma_M - \partial C(E_{iM})/\partial E_{iM}$ 定义为边际碳要素收益。$q_{iM} \partial P(Q'_i)/\partial E_{iM}$ 定义为碳要素收益效应。MPCM 情形下跨期碳市场实现社会均衡不仅需满足同一企业第一期边际碳要素收益等于第二期贴现边际碳要素收益，而且需同时满足不同企业同一期边际碳要素收益相等。对比式（1.10）和式（1.13）发现，MPBM 情形下跨期碳市场实现社会均衡与碳要素收益效应相关，需同时满足同一企业各期且不同企业各期贴现边际碳要素收益与碳要素收益效应之和相等。因此，相比单一碳市场存在市场势力的跨期碳市场社会均衡条件，两个市场均存在市场势力与之不等价。这是由于产品市场存在市场势力时，企业 M 会根据市场生产水平 Q'_i 和生产成本调整碳排放量 E_{iM} 以及产品价格 $P(Q'_i)$，结果表明产品市场势力影响跨期碳市场社会均衡。

1.3　市场势力下企业分散均衡与碳价变动

　　企业分散均衡指碳排放规制下企业选择最优碳排放量和碳配额交易量以实现自身利润最大化。本小节将探讨存在市场势力时，无存贷机制和存贷机制下企业如何根据初始碳配额分配实现分散均衡以及市场势力如何影响碳价变动。若市场势力同时存在两个市场和仅存在碳市场时，市场势力影响碳价变动是否存在差异。

1.3.1　无存贷机制

无存贷机制下，企业不允许跨期存贷碳配额且各期期末碳市场出清。因此，理性企业将用完各期持有的碳配额。无存贷机制企业 j 市场出清条件：

$$E_{iF} = L_{iF} - X_i \qquad (1.14)$$

$$E_{iM} = L_{iM} + X_i \qquad (1.15)$$

边缘企业 F 为各期产品价格 P_i 和碳价 S_i 的接受者。i 期碳排放约束下企业选择最优碳排放量和碳配额交易量以实现无存贷机制下 i 期利润 $\prod_{iF}^1$ 最大化。

$$\sum_{i=1}^2 Max_{E_{iF}, X_i} \prod_{iF}^1 = \delta^{i-1}(P_i q_{iF} - C(E_{iF}) + S_i X_i), s.t. E_{iF} = L_{iF} - X_i$$

$$(1.16)$$

由最优化一阶条件可得

$$S_i = P_i \gamma_F + c(s_{iF} - E_{iF}) \qquad (1.17)$$

由式（1.17）可知，无存贷机制下企业 F 根据各期碳排放约束调整各期碳排放量使得各期边际碳要素收益等于均衡碳价。当产品价格外生时，联立式（1.14）和式（1.17）得 MPCM 情形的均衡碳配额交易量 X_i^*。

$$X_i^* = \frac{(S_i - P_i \gamma_F)}{c} - s_{iF} + L_{iF} \qquad (1.18)$$

若配额市场和产品市场均具有市场势力，联立 $P(Q_i)$ 和式（1.17）可得边缘企业 i 期均衡碳排放量 E_{iF}^*。

$$E_{iF}^* = \frac{1}{c + \gamma_F^2}(\gamma_F A - \gamma_F \gamma_M E_{iM} + c s_{iF} - S_i) \qquad (1.19)$$

类似地，由式（1.14）和式（1.19）可得 MPBM 情形各期企业的均衡碳配额交易量 X_i^{**}。

$$X_i^{**} = L_{iF} - \frac{1}{c + \gamma_F^2}(\gamma_F A - \gamma_F \gamma_M E_{iM} + cs_{iF} - S_i) \qquad (1.20)$$

式（1.18）和式（1.20）表明无存贷机制下，若各期企业 F 为净卖者，则 X_i^* 和 X_i^{**} 均为正，其碳配额供给随初始碳配额分配量增加而递增，随碳价增加而递增。若企业 F 为净买者，则 X_i^* 和 X_i^{**} 均为负，其碳配额需求随初始碳配分配量增加而递减，随碳价增加而递减。相比 MPCM 情形，若企业 M 可操纵产品价格，则企业 F 碳配额供给随企业 M 碳排放量增加而递增，其碳配额需求随企业 M 碳排放量增加而递减。

基于边缘企业的均衡解，通过逆向归纳法求解企业 M 的最优分散均衡问题。企业 M 在 i 期碳排放约束下选择各期最优碳排放量和碳价以实现该期利润 $\prod_{iM}^1$ 最大化。

$$\sum_{i=1}^2 \underset{E_{iM}, S_i}{Max} \prod_{iM}^1 = \delta^{i-1}(P_i q_{iM} - C(E_{iM}) - S_i X_i), s.t. E_{iM} = L_{iM} + X_i$$

$$(1.21)$$

若市场势力只存在碳市场，由最优化一阶条件可得

$$S_i + cX_i^* = P_i \gamma_M + c(s_{iM} - E_{iM}) \qquad (1.22)$$

类似地，若企业 M 能通过市场势力操纵产品价格，企业 M 利润最大化目标函数为

$$\sum_{i=1}^2 \underset{E_{iM}, S_i}{Max} \prod_{iM}^1 = \delta^{i-1}(P(Q_i')q_{iM} - C(E_{iM}) - S_i X_i), s.t. E_{iM} = L_{iM} + X_i$$

$$(1.23)$$

若产品市场和碳市场均具有市场势力，企业 M 最优解满足：

$$S_i + G_1 = \left(\gamma_M(A - Q_i') + \gamma_M E_{iM}\left(\frac{\gamma_M \gamma_F^2}{c + \gamma_F^2} - \gamma_M\right) + c(s_{iM} - E_{iM})\right)$$

$$(1.24)$$

其中，$G_1 = \frac{\gamma_M \gamma_F}{c + \gamma_F^2}S_i + (c + \gamma_F^2)\left(X_i^{**} - \gamma_M E_{iM}\left(\frac{\gamma_F^2 \gamma_M}{c + \gamma_F^2} - \gamma_M\right)\right)$。

由式（1.22）和式（1.24）可知，企业 M 仅在碳市场具有市场势力和在两个市场均具有市场势力的最优均衡解不相等，这表明无存贷机制且

同一碳排放约束下，产品市场势力影响企业最优分散均衡。若仅碳市场存在市场势力，则 $X_i^* = 0$ 时，市场势力企业边际碳要素收益等于该期碳价，由式（1.17）可得无存贷机制下各期企业实现碳配额分配有效。若两个市场均具有市场势力时，当且仅当 $G_1 = 0$ 时，各期企业碳配额分配有效。

1.3.2　存贷机制

存贷机制下，企业可跨期存贷碳配额。碳减排约束下企业 F 通过调整各期碳排放量和碳配额交易量以实现计划期内利润 $\prod_F^2$ 最大化。

$$\underset{E_{iF}, X_i}{Max} \prod_F^2 = \sum_{i=1}^{2} \delta^{i-1} (P_i q_{iF} - C(E_{iF}) + S_i X_i), s.t. E_{1F} + \alpha E_{2F} = L_{1F} - X_B + \alpha L_{2F}$$

（1.25）

由最优化一阶条件可得

$$\alpha S_1 = \delta S_2 = S'$$
$$S' = \alpha^{2-i} \delta^{i-1} (P_i \gamma_F + c(s_{iF} - E_{iF}))$$

（1.26）

由式（1.26）可知，计划期内均衡碳价 S' 与跨期碳配额贴现率有关。边缘企业根据计划期内跨期碳配额贴现率、产品价格和碳价调整各期碳排放量使得贴现边际碳要素收益等于均衡碳价。

联立式（1.4）和式（1.26）可得 MPCM 情形计划期内均衡碳配额交易贴现总量 X_B^*。

$$X_B^* = L_F' - \sum_{i=1}^{2} \left(\frac{\alpha^{i-1}}{\delta^{i-1} c} \left(P\gamma_F + \delta^{i-1} cs_{iF} - \frac{S'}{\alpha^{2-i}} \right) \right)$$

（1.27）

若企业 M 在碳市场和产品市场均具有市场势力，则市场势力能操纵产品价格。联立 $P(Q_i)$ 和式（1.26）可得两市场均存在市场势力时，企业 F 均衡碳排放量 E_{iF}^{**}。

$$E_{iF}^{**} = \frac{1}{c + \gamma_F^2} (\gamma_F A - \gamma_F \gamma_M E_{iM} + cs_{iF} - (\delta^{1-i} + \alpha^{i-2}) S')$$

（1.28）

联立式（1.4）和式（1.28）可得 MPBM 情形计划期内均衡碳配额交易贴现总量 X_B^{**}。

$$X_B^{**} = L_F' - \sum_{i=1}^{2} \alpha^{i-1} \left(\frac{1}{c + \gamma_F^2} (\gamma_F A - \gamma_F \gamma_M E_{iM} + c s_{iF} - (\delta^{1-i} + \alpha^{i-2}) S') \right)$$

$$(1.29)$$

式（1.27）和式（1.29）表明计划期内若企业 F 为碳交易净卖者，则 X_B^* 和 X_B^{**} 均为正，其碳配额供给随初始碳配额分配量 L_{iF} 增加而递增，随均衡碳价增加而递增。若企业 F 为净买者，则 X_B^* 和 X_B^{**} 均为负，其碳配额需求随初始碳配额分配量 L_{iF} 增加而递减，随均衡碳价增加而递减。值得注意的是，当企业 M 在产品市场具有市场势力时，市场势力企业碳排放量影响边缘企业碳配额交易量，企业 F 碳配额供给随企业 M 碳排放量增加而增加，反之其碳配额需求随企业 M 碳排放量增加而递减。

同理，企业 M 的最优化目标为通过调整各期碳排放量和选择最优碳价，在碳排放约束下实现计划期内利润 $\prod_M^2$ 最大化，目标函数如式（1.30）。

$$\underset{E_{iM}, S_i}{Max} \prod_M^2 = \sum_{i=1}^{2} \delta^{i-1} (P_i q_{iM} - C(E_{iM}) - S_i X_i),$$

$$s.t.\ E_{1M} + \alpha E_{2M} = L_{1M} + X_B + \alpha L_{2M} \qquad (1.30)$$

根据计划期内均衡碳价的约束条件，式（1.30）等价于：

$$\underset{E_{iM}, S'}{Max} \prod_M^2 = \sum_{i=1}^{2} \delta^{i-1} (P_i q_{iM} - C(E_{iM})) - \frac{S'}{\alpha} X_B,$$

$$s.t.\ E_{1M} + \alpha E_{2M} = L_{1M} + X_B + \alpha L_{2M} \qquad (1.31)$$

当产品价格外生时，由最优化一阶条件可得企业 M 最优解满足：

$$\frac{\alpha \delta c}{\delta + \alpha^2} X_B^* + S' = \alpha^{2-i} (P \gamma_M + \delta^{i-1} c(s_{iM} - E_{iM})) \qquad (1.32)$$

类似地，若企业 M 能通过市场势力操纵产品价格，企业 M 利润最大化目标函数为

$$\underset{E_{iM}, S'}{Max} \prod_M^2 = \sum_{i=1}^{2} \delta^{i-1} (P(Q_i') q_{iM} - C(E_{iM})) - \frac{S'}{\alpha} X_B,$$

$$s.t.\ E_{1M} + \alpha E_{2M} = L_{1M} + X_B + \alpha L_{2M} \qquad (1.33)$$

当企业 M 在两个市场均具有市场势力时，其最优解满足：

$$S' + G_2 = (\alpha^{2-i} + \delta^{i-1})(\gamma_M(A - Q_i') + \gamma_M E_{iM}(\frac{\gamma_M \gamma_F^2}{c + \gamma_F^2} - \gamma_M) + c(s_{iM} - E_{iM}))$$

$$(1.34)$$

其中，$G_2 = \frac{\gamma_M \gamma_F}{c + \gamma_F^2} S' + \frac{\alpha \delta(c + \gamma_F^2)}{\delta + \alpha^2}\left(X_B^{**} - \sum_{i=1}^{2}\left(\alpha^{i-2} \frac{\alpha E_{iM} \gamma_M \gamma_F}{c + \gamma_F^2}\right)\right)$

当企业 M 仅在碳市场具有市场势力时，根据式（1.10）和式（1.32）可知，当且仅当 $X_B^* = 0$ 时，企业分散均衡实现跨期碳市场有效。然而，当企业 M 在两个市场均具有市场势力时，由式（1.13）和式（1.34）可知，当且仅当 $G_2 = 0$ 时，企业碳排放决策实现跨期碳市场有效。结果表明，第一，跨期碳配额贴现率影响企业分散均衡实现跨期碳市场有效性。第二，对比 MPCM 和 MPBM 情形，企业实现跨期碳市场有效性条件存在差异。相比无存贷机制，两种机制下产品市场势力均影响企业分散均衡条件且碳价影响边缘企业碳排放和碳交易决策。

根据上述结果可进一步分析不同碳交易机制下市场势力对碳价变动的影响。

命题 1：考虑市场势力且各期碳配额分配总量不变时，不同机制下边缘企业初始碳配额分配调整对碳价变动存在差异。

（ⅰ）无存贷机制下，碳价与各期边缘企业初始碳配额分配量呈反比例关系。

（ⅱ）存贷机制下，若市场势力仅存在碳市场，则碳价和各期边缘企业碳配额初始分配量呈反比例关系。

（ⅲ）存贷机制下，若碳市场和产品市场均存在市场势力，则当 $\gamma_M \leq \gamma_F$ 时，碳价随各期边缘企业初始碳配额分配量增加而递减。

证明见附录。

命题 1 描述了无存贷机制和存贷机制下市场势力如何根据边缘企业初始碳配额分配量操纵碳价。无存贷机制下，无论产品市场是否存在市场势力，碳价均随边缘企业初始碳配额分配量增加而递减。这表明无存贷机制下，第一期和第二期碳市场完全分割，市场势力企业无法通过跨期借贷实现配额需求。因此，边缘企业初始碳配额分配越多，企业 M 将通过市场势力压低碳价。命题1（ii）表明，若仅碳市场存在市场势力，则随 L_{iF} 增加碳价递减。这是因为存贷机制虽然实现了计划期内企业生产减排灵活性，但是边缘企业初始碳配额分配量递增意味着企业 M 碳配额分配量递减，则企业 M 碳配额需求递增。为了降低生产成本，企业 M 将通过市场势力压低碳价。然而，命题1（iii）表明若产品市场和碳市场均具有势力，存贷机制下碳价与边缘企业初始碳配额分配量不一定呈反比例关系，且碳价变动关系与企业碳生产率相关。这是因为两市场均具有市场势力时，虽然减少企业 M 初始碳配额分配量将增加其碳配额需求，但是企业 M 可通过操纵产品价格影响边缘企业产品产量，进而影响企业 F 碳配额供给与需求。

命题2：跨期碳配额贴现率调整下，存在市场势力压低均衡碳价。

（i）若市场势力仅存在碳市场且 $\delta > \alpha^2$ 时，碳价随跨期碳配额贴现率减小而减小。

（ii）若产品市场和碳市场均存在市场势力且企业碳生产率相同，则当 $\delta > \alpha^2$ 且 $3cs_{2F} + cs_{2M} > L_{2F}(4\gamma_F^2 + 6c) + L_{2M}(3\gamma_M^2 + 4c)$ 时，碳价随跨期碳配额贴现率减小而减小。

证明见附录。

命题2表明存在市场势力时，碳价随跨期碳配额贴现率递减而递减。这是由于存贷机制下，碳价高低与市场碳配额流通总量密切相关。碳配额贴现率调整实现两期企业生产减排灵活性的同时影响计划期内碳市场配额的供给和需求。然而，存贷机制下碳配额贴现率调整提高了企业碳超额排放和碳价过低的风险：第一，碳配额贴现率调整为企业减少第一期生产而流转更多碳配额至第二期提供动机。相比跨期碳配额1:1兑换，当调整 IP-DR 且 $0 < \alpha < 1$ 时，若企业跨期存储配额则碳配额1:α兑换使得企业第二期获得更多碳配额，可能造成市场碳排放总量超额，从而导致市场碳减排约束无效。同时，碳配额供给越充足，企业碳配额需求下降，碳价越低。第二，IPDR 调整虽然加剧了第一期碳配额超额排放惩罚，但是存在市场势力时，市场势力企业可根据自身生产决策和配额需求量操纵碳价，扭曲碳价信号，从而压低碳价。第三，IPDR 调整可能造成两期市场经济效率不能达到最优。若企业第一期集中生产，为了避免第二期碳超额排放惩罚可能

大规模缩减生产。若企业为了第二期获得更多碳配额，而减少第一期产量并第二期加大产量，这将造成两期市场经济未能可持续发展。

因此，存贷机制下是否实施 IPDR 调整应充分考虑碳市场和产品市场的市场势力情况以及市场碳配额存贷量，以提高市场约束力度，避免碳市场无效。

1.4　跨期碳市场有效性

企业经营决策目标为实现利润最大化。存贷机制为企业计划期内动态调整碳排放计划提供了便利。然而，若碳市场存在市场势力，则企业 M 可通过市场势力扭曲碳价，使碳价偏离社会均衡路径。若企业 M 在产品市场具有市场势力，则其可通过操纵产品价格进而调整边缘企业碳配额需求量。碳减排规制下，碳配额作为企业重要的生产要素，市场势力企业为实现自身利润最大化而扭曲碳价会严重导致企业分散均衡不能实现碳市场社会均衡路径，从而导致跨期碳市场无效。本节将讨论 MPCM 和 MPBM 情形的跨期碳市场碳配额分配有效性条件。

令 s'_j 为计划期内企业 j BAU 情形的碳排放贴现总量，则 $s'_j = s_{1j} + \alpha s_{2j}$。由式（1.27）和式（1.32）可得 MPCM 情形的均衡碳配额交易量 X_B^*。

$$X_B^* = \frac{1}{3}\left(s'_M + \frac{\alpha + \delta}{\delta c}P\gamma_M + L'_F - \frac{\alpha + \delta}{\delta c}P\gamma_F - s'_F - L'_M \right) \quad (1.35)$$

同理，由式（1.29）和式（1.34）可得 MPBM 情形的均衡碳配额交易量 X_B^{**}。

$$X_B^{**} = H^{-1}(M + L'_M\Delta k + L'_F(c + \gamma_F^2)^2 + c(c + \gamma_F^2)s'_M - c(\gamma_F\gamma_M + c + \gamma_F^2)s'_F)$$
$$(1.36)$$

其中，$H = 3c^2 + 5c\gamma_F^2 + 2\gamma_F^4 - 2\gamma_F\gamma_M(c + \gamma_F^2) + 2c\gamma_M^2$，$M = A(1 + \alpha)(\gamma_M c - \gamma_F(c + \gamma_F^2))$，$\Delta k = 2\gamma_F^3\gamma_M - 2c\gamma_M^2 - c(c + \gamma_F^2) + 2c\gamma_F\gamma_M$。

由计划期内均衡碳配额交易量可推导出命题 3。

命题 3：假设存在市场势力企业和边缘企业，市场势力企业可操纵碳价。

（i）若企业均为产品价格接受者，则企业初始碳配额分配满足 $s'_M + \dfrac{\alpha + \delta}{\delta c} P(\gamma_M - \gamma_F) + L'_F = s'_F + L'_M$ 时，企业分散均衡可实现跨期碳市场有效。

（ii）若产品市场和配额市场均存在市场势力，则企业初始碳配额分配满足 $U_1 + L'_M U_2 + s'_M U_3 = -(s'_F U_4 + L'_F U_5)$ 时，企业分散均衡可实现跨期碳市场有效。

其中，

$$U_1 = A(1+\alpha)\left(-3c^2\gamma_F^3 - c^3(\gamma_F - \gamma_M) - \gamma_F^5(\gamma_F - \gamma_M)^2 + 5c^2\gamma_F^2\gamma_M - c\gamma_F^2(3\gamma_F^3 - 6\gamma_F^2\gamma_M + \gamma_F\gamma_M^2 - \gamma_M^3)\right)$$

$$U_2 = -c^4 - c\gamma_F^3(\gamma_F^3 + \gamma_F^2\gamma_M + 2\gamma_F\gamma_M^2 + 2\gamma_M^3) - 3c^2\gamma_F^2(c + \gamma_F^2) - c^2\gamma_M(c\gamma_F + 2c\gamma_M + 2\gamma_F(\gamma_F + \gamma_M)^2)$$

$$U_3 = c^4 + c\gamma_F^2(3c^2 + 3c\gamma_F^2 - c\gamma_M^2 - \gamma_F^2(\gamma_M^2 - \gamma_F^2))$$

$$U_4 = -c^4 + c^2\gamma_F(-3\gamma_F(c + \gamma_F^2 - \gamma_F\gamma_M) + \gamma_M(2c - \gamma_F\gamma_M + 2\gamma_M^2)) - c\gamma_F^3(\gamma_F - \gamma_M)(\gamma_F^2 + \gamma_M^2)$$

$$U_5 = c^4 - c\gamma_F^3(7\gamma_F^2\gamma_M - 4\gamma_F^3 - 2\gamma_F\gamma_M^2 + 2\gamma_M^3) + \gamma_F^2(4c^3 + 6c^2\gamma_F^2 + \gamma_F^4(\gamma_F - \gamma_M)^2) - c^2\gamma_F\gamma_M(3c + 8\gamma_F^2 - \gamma_F\gamma_M + 2\gamma_M^2)$$

证明见附录。

命题 3 阐述了存在市场势力时，计划期内企业分散均衡实现跨期碳市场有效性条件。已有碳市场存在市场势力的相关研究表明，当不考虑产品市场时，实现跨期碳市场有效性需满足各企业边际减排成本相等。然而，命题 3 表明，忽略产品市场而仅考虑企业边际减排成本将导致碳配额初始分配扭曲。此外，对比命题 3（i）和（ii）发现：若 $\gamma_F = \gamma_M = \gamma$ 时，$U_1 = A(1+\alpha)(2c^2\gamma^3 + 3c\gamma^5)$，$(\alpha + \delta/c)P(\gamma_M - \gamma_F) = 0$ 且 $U_3 \neq U_5 \neq -U_2 \neq -U_4$。若 $\gamma_F \neq \gamma_M$ 时，$U_1 \neq (\alpha + \delta/c)P(\gamma_M - \gamma_F)$ 且 $U_3 \neq U_5 \neq -U_2 \neq -U_4$。因此，MPCM 和 MPBM 情形的企业分散均衡实现跨期碳市场有效性条件不等价，结果表明产品市场是否存在市场势力影响碳配额分配的跨期碳市场有效性条件。相比 MPCM 情形，MPBM 情形实现跨期碳市场社会均衡条件与碳要素收益效应相关。因此，市场规制者忽略市场势力企业操纵产品价格而仅考虑其在碳市场的市场势力可能导致碳配额初始分配难以实现跨期碳市场有效。

1.5　模拟分析

为了更清楚地描述存在市场势力时碳配额初始分配和跨期贴现调整对碳价演变、社会福利以及碳排放总量的影响，本章进行数值模拟分析。假设企业基准碳排放量满足 $s_{iF} < s_{iM}$ 且 $s_{1j} = s_{2j}$ ，$s_{iF} = 5.5$ million tons（M tons），$s_{iM} = 6$ M tons。参考 Fell 等，令 $\delta = 0.95$ ，各期免费碳配额分配量在第一期基础上递减3.4%。假设一单位碳配额对应一单位碳排放量且各期企业允许排放量在 BAU 基础上减少10%，则 $L_{1M} = 5.4$ M tons，$L_{1F} = 4.95$ M tons，$L_{2M} = 5.22$ M tons，$L_{2F} = 4.78$ M tons。此外，假设 $c = 0.24$ \$／（M ton）^{2}，$A = 37$，$P_1 = 3.2$。参考 Tanaka 和 Chen，假设 $\gamma_F = 2.481$ ，$\gamma_M = 2.3$ 。

1.5.1　边缘企业碳配额初始分配

令 L_i 为 i 期免费碳配额分配总量，则 $L_i = L_{iF} + L_{iM}$ ，令 θ 为碳配额调整比例，则假设将 i 期 θL_i 单位碳配额被分配至边缘企业，θL_i 需满足 $L_{iF} + \theta L_i < s_{iF}$ 。为了保持 $E_{ij} > 0$ ，令 $\theta \in [1\%, 5\%]$ 。假设 $\gamma_F \neq \gamma_M$ 时，$|\gamma_F - \gamma_M| = 0.181$ 且 $\gamma_M = 2.3$ 。若调整企业第一期初始碳配额分配量，第一期边缘企业增加 $\theta L_1 \in [0.104, 0.518]$ 单位配额，第二期企业 F 和 M 初始碳配额分配量分别满足 $L_{2F} \in [4.88, 5.28]$ ，$L_{2M} \in [5.12, 4.72]$ 。若第一期碳配额基于 BAU 按比例分配至各企业，调整第二期初始碳配额分配量，则第二期期初市场势力企业 θL_2 单位配额被分配至边缘企业。

图 1-1 描述了两个市场均具有市场势力且各期碳配额分配总量固定时，各期碳配额分配调整对均衡碳价的影响。当 $\gamma_F \geqslant \gamma_M$ 时，若增加边缘企业第一期或第二期初始碳配额分配量，碳价均随边缘企业初始碳配额分配量增加而递减，与命题1（iii）结论相符。当 $\gamma_F < \gamma_M$ 时，碳价均随边缘企业第一期或第二期初始碳配额分配量增加而增加。若调整第一期或第二

期边缘企业初始碳配额分配，同一碳配额分配量下，$\gamma_F > \gamma_M$ 时碳价均比
$\gamma_F \leqslant \gamma_M$ 的高。结果表明，当产品市场和碳市场均存在市场势力时，碳配
额分配量调整对碳价变动的影响与边缘企业和市场势力企业碳生产率大小
相关。

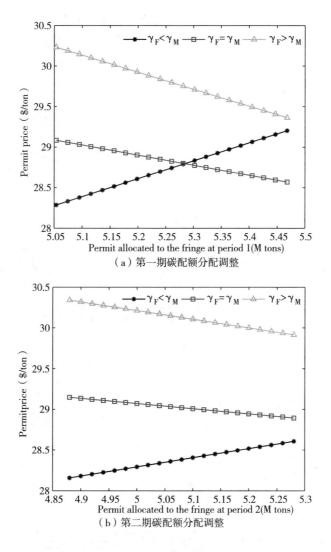

（a）第一期碳配额分配调整

（b）第二期碳配额分配调整

图 1 - 1　不同碳生产率情形的碳价与碳配额初始分配

1.5.2　碳配额跨期贴现调整

图 1-2 描述了市场势力仅存在碳市场和同时存在两个市场时，碳价与碳配额跨期贴现率的变动关系。若仅碳市场存在市场势力，相比 $\alpha = 1$ 情形，碳价随碳配额跨期贴现率递减而递减，验证了命题 2（i）。同一碳配额跨期贴现率下，两企业碳生产率相等时碳价最高，边缘企业碳生产率较大时次之，市场势力企业碳生产率较大时最低。当市场势力同时存在两市

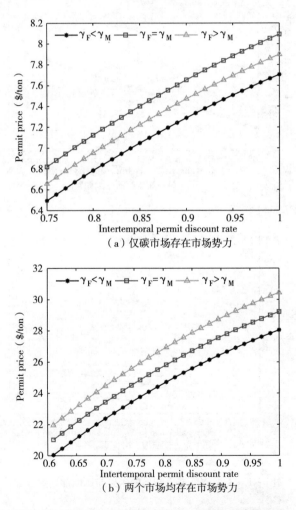

（a）仅碳市场存在市场势力

（b）两个市场均存在市场势力

图 1-2　不同碳生产率情形的碳价与跨期碳配额贴现

场时，碳价随碳配额跨期贴现率递减而递减。同一碳配额跨期贴现率下碳价随边缘企业碳生产率递减而递减。相比 $\alpha \neq 1$，当跨期碳配额 1∶1 贴现时，MPCM 情形和 MPBM 情形下碳价最高。

图 1 - 3 展示了不同跨期碳配额贴现率情形下市场势力企业碳生产率与社会福利间的关系。市场势力仅存在碳市场和均存在两个市场时，跨期碳配额贴现率调整和市场势力企业碳生产率对社会福利的影响不同。当市场势力仅存在碳市场时，社会福利随市场势力企业碳生产率增加而增加。相比 $\alpha = 1$ 情形，同一碳生产率下 $\alpha = 0.9$ 和 $\alpha = 0.8$ 的社会福利较高。然

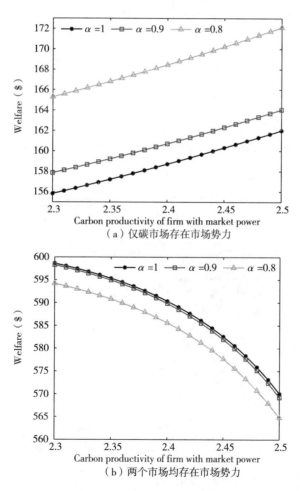

（a）仅碳市场存在市场势力

（b）两个市场均存在市场势力

图 1 - 3　碳生产率与社会福利

而，当市场势力同时存在两个市场时，社会福利随市场势力企业碳生产率增加而减少。相比 $\alpha = 1$ 情形，$\alpha = 0.9$ 和 $\alpha = 0.8$ 的社会福利较低。

图 1-4 描述了 IPDR 调整对计划期内碳排放总量的影响。在两种市场势力情形下，计划期内碳排放总量随跨期碳配额贴现率递减而递增。当市场势力仅存在碳市场时，同一跨期碳配额贴现率下市场势力企业碳生产率越高，计划期内碳排放总量越小。然而，当两市场均存在市场势力时，同一跨期碳配额贴现率下市场势力企业碳生产率越高，计划期内碳排放总量越大。相比跨期碳配额 1:1 兑换，碳配额 1:α 兑换且 $\alpha \neq 1$ 时计划期内碳排放总量均超过免费碳配额分配量（>20.35M tons）。

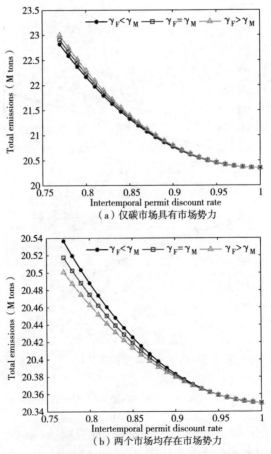

（a）仅碳市场具有市场势力

（b）两个市场均存在市场势力

图 1-4　不同碳生产率情形的碳排放总量与跨期碳配额贴现

1.6　主要结论与启示

本章揭示了不完全竞争条件下不同碳交易机制碳配额初始分配和跨期贴现对碳价的影响，拓展了市场势力情形下碳配额初始分配和跨期贴现与碳价变动的相关研究文献，研究发现，无存贷机制和存贷机制下 MPCM 情形，碳价与各期边缘企业初始碳配额分配量呈反比例关系。存贷机制下 MPBM 情形，若边缘企业碳生产率大于等于市场势力企业碳生产率，则碳价与各期边缘企业初始碳配额分配量呈反比例关系，反之碳价随各期边缘企业初始碳配额分配量增加而增加。相比跨期碳配额 1:1 贴现，若调整跨期碳配额贴现率，则存在市场势力压低碳价的情形。此外，探讨了 MPCM 和 MPBM 情形企业分散均衡实现跨期碳市场社会均衡的有效性条件。研究发现两种市场势力情形碳配额分配的跨期碳市场有效性条件不等价。MPCM 情形企业分散均衡实现跨期碳市场有效性均需满足各企业各期贴现边际碳要素收益相等；MPBM 情形企业分散均衡实现跨期碳市场有效性均需满足各企业各期贴现边际碳要素收益与碳要素收益效应之和相等。基于上述研究结论，本章提出如下政策启示。

第一，同一行业企业间初始碳配额有效分配需考虑是否存在产品市场势力。碳减排规制下，碳配额已成为企业生产决策的关键影响因素之一。仅基于企业边际减排成本的碳配额初始分配可能导致跨期碳市场效率损失。由于市场势力仅存在产品市场和同时存在两个市场的跨期碳市场有效性条件不等价，因此有必要衡量该行业产品价格是否内生且产品市场是否存在市场势力，进而有的放矢地实行初始碳配额分配。

第二，合理分配碳配额的同时实施碳价上下限等价格稳定措施。碳交易机制有助于实现企业低成本减排已经成为共识，然而无存贷机制和存贷机制下，市场势力企业均可根据边缘企业初始碳配额分配量压低或抬高碳价，可能引起更高的减排成本甚至导致碳市场无效。市场规制者与控排企业存在碳配额供需信息不对称，不确定因素干扰导致企业碳配额需求产生变动。运用碳价上下限约束政策有助于防止市场势力过度扭曲碳价，避免碳价信号无效。

第三，跨期碳配额贴现率调整下市场势力可能导致碳减排约束无效。虽然跨期碳配额贴现率调整潜在加强了高排企业碳减排约束，但是存在市场势力时计划期内碳排放总量可能超出碳总量控制目标且市场势力企业可能压低均衡碳价，不利于实现碳排放总量控制和碳减排有效约束。

第四，促进控排企业提高碳生产率。若市场势力仅存在碳市场，同一碳配额跨期贴现率下，两类企业碳生产率相等时碳价最高。若两个市场均存在市场势力，同一碳配额跨期贴现率下碳价随边缘企业碳生产率递增。因此，市场规制者通过碳减排技术补贴、培养消费者环保意识等激励企业提高碳生产率有助于提高碳价。

附录

附录1.1　命题1证明

（1）碳市场存在市场势力

（a）无存贷机制

由式（1.18）可得，

$$S_i = c(X_i^* + s_{iF} - L_{iF}) + P_i \gamma_F \tag{1. A. 1}$$

$$\frac{\partial S_i}{\partial L_{iF}} = c\left(\frac{\partial X_i^*}{\partial L_{iF}} - 1\right) \tag{1. A. 2}$$

$$\frac{\partial X_i^*}{\partial L_{iF}} = \frac{1}{3} \tag{1. A. 3}$$

因此，$\dfrac{\partial S_i}{\partial L_{iF}} < 0$。

（b）存贷机制

当企业 M 在碳市场具有市场势力，由式（1.27）可得

$$S' = \frac{\alpha \delta c}{\delta + \alpha^2}\left(X_B^* - L_{1F} - \alpha L_{2F} + \sum_{i=1}^{2}\left(\frac{\alpha^{i-1}}{\delta^{i-1}c}(P\gamma_F + \delta^{i-1}c s_{iF})\right)\right)$$

$$\tag{1. A. 4}$$

将上式代入式 (1.32) 得

$$X_B^* = \frac{1}{3}(s_{1M} + \alpha s_{2M} + \frac{\alpha + \delta}{\delta c}P\gamma_M + L_{1F} + \alpha L_{2F} - \frac{\alpha + \delta}{\delta c}P\gamma_F -$$

$$(s_{1F} + \alpha s_{2F}) - L_{1M} - \alpha L_{2M}) \tag{1.A.5}$$

由式 (1.A.4) 和式 (1.A.5) 可得

$$\frac{\partial S'}{\partial L_{1F}} = \frac{c\alpha\delta}{\delta + \alpha^2}\left(\frac{\partial X_B^*}{\partial L_{1F}} - 1\right) \tag{1.A.6}$$

$$\frac{\partial S'}{\partial L_{2F}} = \frac{c\alpha\delta}{\delta + \alpha^2}\left(\frac{\partial X_B^*}{\partial L_{2F}} - \alpha\right) \tag{1.A.7}$$

$$\frac{\partial X_B^*}{\partial L_{1F}} = \frac{1}{3}, \frac{\partial X_B^*}{\partial L_{2F}} = \frac{\alpha}{3} \tag{1.A.8}$$

因此,$\frac{\partial S'}{\partial L_{1F}} < 0$,$\frac{\partial S'}{\partial L_{2F}} < 0$。

(2) 产品市场和碳市场均存在市场势力

(a) 无存贷机制

由式 (1.15) 和式 (1.20) 可得

$$S_i = (c + \gamma_F^2)(X_i^{**} - L_{iF}) + \gamma_F A - \gamma_F\gamma_M(L_{iM} + X_i^{**}) + cs_{iF}$$

$$\tag{1.A.9}$$

$$\frac{\partial S_i}{\partial L_{iF}} = -\gamma_F\gamma_M\frac{\partial X_i^{**}}{\partial L_{iF}} - (c + \gamma_F^2)\left(1 - \frac{\partial X_i^{**}}{\partial L_{iF}}\right) \tag{1.A.10}$$

$$\frac{\partial X_i^{**}}{\partial L_{iF}} = R^{-1}(c + \gamma_F^2)^2 \tag{1.A.11}$$

$$R = 3c^2 + 5c\gamma_F^2 + 2\gamma_F^4 - \gamma_F\gamma_M(c + \gamma_F^2) + \gamma_M^2 c(2 + c + \gamma_F^2)$$

$$\tag{1.A.12}$$

则

$$\frac{\partial S_i}{\partial L_{iF}} = (c + \gamma_F^2 - \gamma_F\gamma_M)\frac{\partial X_i^{**}}{\partial L_{iF}} - (c + \gamma_F^2)$$

$$= -R^{-1}(c + \gamma_F^2)(2c^2 + 3c\gamma_F^2 + \gamma_F^4 + c\gamma_M^2(2 + c + \gamma_F^2))$$

$$\tag{1.A.13}$$

由于 $R > 0$,则 $\frac{\partial S_i}{\partial L_{iF}} < 0$。

(b) 存贷机制

由式（1.29）可得

$$S' = \frac{\alpha\delta}{\delta + \alpha^2}\Big(c(-L_{1F} - \alpha L_{2F} + s_{1F} + \alpha s_{2F} + X_B^{**}) + \gamma_F\Big(A(1 + \alpha) -$$

$$\gamma_F(L_{1F} + \alpha L_{2F} - X_B^{**}) - \gamma_M(L_{1M} + \alpha L_{2M} + X_B^{**})\Big)\Big) \qquad (1.A.14)$$

将上式代入式（1.34）化简可得

$$X_B^{**} = H^{-1}(M + L_M'\Delta k + L_F'(c + \gamma_F^2)^2 + c(c + \gamma_F^2)s_M' - c(\gamma_F\gamma_M + c + \gamma_F^2)s_F')$$

$$(1.A.15)$$

其中，$H = 3c^2 + 5c\gamma_F^2 + 2\gamma_F^4 - 2\gamma_F\gamma_M(c + \gamma_F^2) + 2c\gamma_M^2$，$M = A(1 + \alpha)(\gamma_M c - \gamma_F(c + \gamma_F^2))$，$\Delta k = 2\gamma_F^3\gamma_M - 2c\gamma_M^2 - c(c + \gamma_F^2) + 2c\gamma_F\gamma_M$，$s_j' = s_{1j} + \alpha s_{2j}$，$L_j' = L_{1j} + \alpha L_{2j}$，$j = M, F$

由式（1.A.14）和式（1.A.15）可得

$$\frac{\partial S'}{\partial L_{1F}} = \frac{\alpha\delta}{\delta + \alpha^2}\Big(-(c + \gamma_F^2) + \frac{\partial X_B^{**}}{\partial L_{1F}}(c + \gamma_F^2 - \gamma_F\gamma_M)\Big) \quad (1.A.16)$$

$$\frac{\partial S'}{\partial L_{2F}} = \frac{\alpha\delta}{\delta + \alpha^2}\Big(-\alpha(c + \gamma_F^2) + \frac{\partial X_B^{**}}{\partial L_{2F}}(c + \gamma_F^2 - \gamma_F\gamma_M)\Big) \quad (1.A.17)$$

$$\frac{\partial X_B^{**}}{\partial L_{1F}} = \frac{(c + \gamma_F^2)^2}{H}, \quad \frac{\partial X_B^{**}}{\partial L_{2F}} = \frac{\alpha(c + \gamma_F^2)^2}{H} \qquad (1.A.18)$$

$$H = 3c^2 + 5c\gamma_F^2 + 2\gamma_F^4 - 2\gamma_F\gamma_M(c + \gamma_F^2) + 2c\gamma_M^2 \qquad (1.A.19)$$

即

$$\frac{\partial S'}{\partial L_{iF}} = \frac{\alpha^i\delta}{\delta + \alpha^2}(c + \gamma_F^2)\Big(\frac{(c + \gamma_F^2)(c + \gamma_F^2 - \gamma_F\gamma_M)}{H} - 1\Big) (1.A.20)$$

$$\frac{(c + \gamma_F^2)(c + \gamma_F^2 - \gamma_F\gamma_M)}{H} - 1 = \frac{-2c^2 + \gamma_F^3(\gamma_M - \gamma_F) + c(\gamma_M\gamma_F - 3\gamma_F^2 - 2\gamma_M^2)}{H}$$

$$(1.A.21)$$

因此，当 $\gamma_M \leqslant \gamma_F$ 时，$\dfrac{(c + \gamma_F^2)(c + \gamma_F^2 - \gamma_F\gamma_M)}{H} - 1 < 0$，则 $\dfrac{\partial S'}{\partial L_{iF}} < 0$。

附录1.2 命题2证明

（1）碳市场存在市场势力

由式（1. A. 4）和式（1. A. 5）可得

$$\frac{\partial S'}{\partial \alpha} = \frac{\delta - \alpha^2}{\alpha(\delta + \alpha^2)}S' + \frac{c\alpha\delta}{\delta + \alpha^2}\left(\frac{\partial X_B^*}{\partial \alpha} - L_{2F} + \frac{1}{\delta c}(P\gamma_F + \delta cs_{2F})\right) \quad (1. B. 1)$$

$$\frac{\partial X_B^*}{\partial \alpha} = \frac{1}{3}\left(s_{2M} + \frac{1}{\delta c}P\gamma_M + L_{2F} - \frac{1}{\delta c}P\gamma_F - s_{2F} - L_{2M}\right) \quad (1. B. 2)$$

$$\frac{\partial S'}{\partial \alpha} = \frac{\delta(P(\delta + 2\alpha - \alpha^2)(2\gamma_F + \gamma_M) + (c\delta - c\alpha^2)}{3(\delta + \alpha^2)^2}$$
$$\frac{(2s_{1F} - 2L_{1F} + s_{1M} - L_{1M}) + 2\alpha\delta(2s_{2F} - 2L_{2F} + s_{2M} - L_{2M}))}{3(\delta + \alpha^2)^2}$$

$$(1. B. 3)$$

因此，当 $\delta - \alpha^2 > 0$ 时，$\dfrac{\partial X_B^*}{\partial \alpha} - L_{2F} + \dfrac{1}{\delta c}(P\gamma_F + \delta cs_{2F}) > 0$ ，则 $\dfrac{\partial S'}{\partial \alpha} > 0$。

（2）产品市场和碳市场均存在市场势力

由式（1. A. 14）和式（1. A. 15）可知，

$$\frac{\partial S'}{\partial \alpha} = \frac{(\delta - \alpha^2)}{\alpha(\delta + \alpha^2)}S' + \frac{\alpha\delta}{\delta + \alpha^2}\left(c\left(s_{2F} - L_{2F} + \frac{\partial X_B^{**}}{\partial \alpha}\right) + \right.$$
$$\left. \gamma_F A - \gamma_F^2\left(L_{2F} - \frac{\partial X_B^{**}}{\partial \alpha}\right) - \gamma_F\gamma_M\left(L_{2M} + \frac{\partial X_B^{**}}{\partial \alpha}\right)\right) \quad (1. B. 4)$$

$$\frac{\partial X_B^{**}}{\partial \alpha} = H^{-1}(A(\gamma_M c - \gamma_F(c + \gamma_F^2)) + L_{2M}\Delta k + L_{2F}(c + \gamma_F^2)^2 + (c + \gamma_F^2)s_{2M} - (\gamma_F\gamma_M + c + \gamma_F^2)s_{2F}) \quad (1. B. 5)$$

则

$$c\left(s_{2F} - L_{2F} + \frac{\partial X_B^{**}}{\partial \alpha}\right) + \gamma_F A - \gamma_F^2\left(L_{2F} - \frac{\partial X_B^{**}}{\partial \alpha}\right) - \gamma_F\gamma_M\left(L_{2M} + \frac{\partial X_B^{**}}{\partial \alpha}\right)$$
$$= H^{-1}(M' - 2c\gamma_M^2 L_{2M}(c + \gamma_F^2) + (L_{2M} - s_{2M})(-c^2 - c\gamma_F^2)(c + \gamma_F^2) +$$
$$(L_{2F} - s_{2F})((-2c^2 - c\gamma_F^2 + c\gamma_F\gamma_M)(c + \gamma_F^2) - 2c^2\gamma_M^2 - c\gamma_F^2\gamma_M^2) +$$
$$c\gamma_F\gamma_M(-s_{2F} - s_{2M})(c + \gamma_F^2) + L_{2F}((c + \gamma_F^2)$$
$$\gamma_F(-2c\gamma_F - \gamma_F^3 + \gamma_F^2\gamma_M) - c\gamma_F^2\gamma_M^2)) \quad (1. B. 6)$$

其中，$H = 3c^2 + 5c\gamma_F^2 + 2\gamma_F^4 - 2\gamma_F\gamma_M(c + \gamma_F^2) + 2c\gamma_M^2$

$$\Delta k = 2\gamma_F^3\gamma_M - 2c\gamma_M^2 - c(c + \gamma_F^2) + 2c\gamma_F\gamma_M$$

$$M' = A(2c\gamma_F(c + \gamma_F^2) + \gamma_F^3(c + \gamma_F^2) + \gamma_M(c^2 - \gamma_F^4) + c\gamma_F\gamma_M^2)$$

当 $\gamma_M = \gamma_F = y$ 时，式（1.B.6）化简可得

$$c\left(s_{2F} - L_{2F} + \frac{\partial X_B^{**}}{\partial \alpha}\right) + \gamma_F A - \gamma_F^2\left(L_{2F} - \frac{\partial X_B^{**}}{\partial \alpha}\right) - \gamma_F\gamma_M\left(L_{2M} + \frac{\partial X_B^{**}}{\partial \alpha}\right)$$

$$= (3c + 5y^2)^{-1}(A(3cy + 4y^3) + c^2(-2L_{2F} - L_{2M} + 2s_{2F} + s_{2M}) +$$

$$cy^2(-6L_{2F} - 4L_{2M} + 3s_{2F} + s_{2M}) - 4y^4 L_{2F} - 3y^4 L_{2M}) \qquad (1.B.7)$$

因此，当 $\gamma_M = \gamma_F = y$，$\delta > \alpha^2$ 且 $3cs_{2F} + cs_{2M} > L_{2F}(4y^2 + 6c) +$
$L_{2M}(3y^2 + 4c)$ 时，$\frac{\partial S'}{\partial \alpha} > 0$。

附录1.3　命题3证明

（1）碳市场存在市场势力

当仅有碳市场存在市场势力时，跨期市场有效性需要满足：

$$\frac{\alpha\delta c}{\delta + \alpha^2}X_B^* + S' = S' \qquad (1.C.1)$$

因此，由式（1.A.5）可得

$$s_{1M} + \alpha s_{2M} + \frac{\alpha + \delta}{\delta c}P\gamma_M + L_{1F} + \alpha L_{2F} - \frac{\alpha + \delta}{\delta c}P\gamma_F - (s_{1F} + \alpha s_{2F}) - L_{1M} - \alpha L_{2M} = 0$$

$$(1.C.2)$$

化简整理可得仅碳市场存在市场势力时，碳配额初始分配的有效性
条件：

$$s_M' + \frac{\alpha + \delta}{\delta c}P(\gamma_M - \gamma_F) + L_F' = s_F' + L_M' \qquad (1.C.3)$$

其中，$s_j' = s_{1j} + \alpha s_{2j}$，$L_j' = L_{1j} + \alpha L_{2j}$，$j = M, F$。

（2）产品市场和碳市场均存在市场势力

当两个市场均存在市场势力时，跨期市场有效性需要满足：

$$\left(1 + \frac{\gamma_M\gamma_F}{c_F + \gamma_F^2}\right)S' + \frac{\alpha\delta(c + \gamma_F^2)}{\delta + \alpha^2}\left(X_B^{**} - \sum_{i=1}^{2}\left(\alpha^{i-2}\frac{\alpha E_{iM}\gamma_M\gamma_F}{c + \gamma_F^2}\right)\right) = S'$$

$$(1.C.4)$$

即产品市场和碳市场均存在市场势力时，企业实现社会均衡需满足：

$$\frac{\gamma_M\gamma_F}{c_F + \gamma_F^2}S' + \frac{\alpha\delta(c + \gamma_F^2)}{\delta + \alpha^2}\left(X_B^{**} - \sum_{i=1}^{2}\left(\alpha^{i-2}\frac{\alpha E_{iM}\gamma_M\gamma_F}{c + \gamma_F^2}\right)\right) = 0 \quad (1.C.5)$$

因此，化简整理的均衡条件下，碳配额分配需满足，

$$U_1 + L'_M U_2 + s'_M U_3 + s'_F U_4 + L'_F U_5 = 0 \qquad (1.\,\mathrm{C}.\,6)$$

其中，

$$U_1 = A(1 + \alpha)(-3c^2\gamma_F^3 - c^3(\gamma_F - \gamma_M) - \gamma_F^5(\gamma_F - \gamma_M)^2 + 5c^2\gamma_F^2\gamma_M - c\gamma_F^2(3\gamma_F^3 - 6\gamma_F^2\gamma_M + \gamma_F\gamma_M^2 - \gamma_M^3))$$

$$U_2 = -c^4 - c\gamma_F^3(\gamma_F^3 + \gamma_F^2\gamma_M + 2\gamma_F\gamma_M^2 + 2\gamma_M^3) - 3c^2\gamma_F^2(c + \gamma_F^2) - c^2\gamma_M(c\gamma_F + 2c\gamma_M + 2\gamma_F(\gamma_F + \gamma_M)^2)$$

$$U_3 = c^4 + c\gamma_F^2(3c^2 + 3c\gamma_F^2 - c\gamma_M^2 - \gamma_F^2(\gamma_M^2 - \gamma_F^2))$$

$$U_4 = -c^4 + c^2\gamma_F(-3\gamma_F(c + \gamma_F^2 - \gamma_F\gamma_M) + \gamma_M(2c - \gamma_F\gamma_M + 2\gamma_M^2)) - c\gamma_F^3(\gamma_F - \gamma_M)(\gamma_F^2 + \gamma_M^2)$$

$$U_5 = c^4 - c\gamma_F^3(7\gamma_F^2\gamma_M - 4\gamma_F^3 - 2\gamma_F\gamma_M^2 + 2\gamma_M^3) + \gamma_F^2(4c^3 + 6c^2\gamma_F^2 + \gamma_F^4(\gamma_F - \gamma_M)^2) - c^2\gamma_F\gamma_M(3c + 8\gamma_F^2 - \gamma_F\gamma_M + 2\gamma_M^2)$$

第2章 环境规制强度与"寻租"对制造业企业雇佣的影响研究

2.1 问题的提出

随着经济发展带来的环境问题日益凸显（Monks，2003），中国对环境质量日益关注，对环境治理投入越来越多（Wing－Hung Lo and Tang，2006），污染治理投资从 2000 年的大约 160 亿美元增长到 2016 年的 1388 亿美元（National Bureau of Statistics，2017）。此外，中国还制定和修订了一系列与环境有关的法规（例如 Ministry of Environmental Protection（2016）和 National People's Congress（2014）），表明中国越来越重视环境规制在解决环境问题中的作用。

现有研究表明，环境规制的强度可以显著响制造业企业的雇佣（如 Gray et al.（2014）和 Liu et al.（2017））。环境规制的实施将不可避免地影响许多行业，从而导致雇佣的波动。许多制造企业必须购买昂贵的设备来减少排放的污染物，以免停业。它可能会增加生产和运营成本，从而对制造企业的雇佣产生负面影响（Chen et al.，2018）。但是，除了增加生产成本外，环境规制还可以刺激创新和生产力；反过来，它可以提高制造企业的竞争优势，并影响制造企业的雇佣（Porter and Van der Linde，1995）。因此，目前尚不清楚环境规制强度对由此产生的制造业企业雇佣的影响，而与此同时，它已成为一个重要主题（Liu et al.，2017）。越来越多的人认为，环境保护比雇佣和经济增长更为重要（Inglehart et al.，2014），因此，至关重要的是要研究环境规制措施强度对制造企业雇佣的影响。

Alford（1997）认为环境规制在中国通常是无效的和有偏的，而这种实施偏差在现实中是不容忽视的（Jin et al.，2016；Yu et al.，2018）。中国长期以来一直在经济发展和环境保护这两个目标上平衡（Zhang and Wen，2008；Wu et al.，2018a）。此外，“寻租”也可能削弱环境规制的强制性（Damania et al.，2004）。由于“寻租”已成为中国不可避免的问题（Guo，2008），有必要探讨“寻租”对环境规制强度和制造企业雇佣的影响。

以下两种观点可以阐明“寻租”对制造业企业雇佣的影响：（1）由于制造业企业倾向于“寻租”而不是专注于生产率的提高，因此效率降低导致制造业企业需雇用更多的工人来维持他们的生产水平（Dal Bó and Rossi，2007）；（2）“寻租”和企业贿赂发挥了选择性机制，特别鼓励制造企业主动控制其雇佣规模，以避免环境规制并降低产生的“寻租”成本（Gallipoli and Goyette，2012）。后者主要是因为具有较高增长率的大型制造企业往往受到更严格的监管，因此更容易受到“寻租”的影响，这导致大型制造企业控制雇佣规模以规避环境规制（Gauthier and Reinikka，2006）。现有研究表明，“寻租”严重影响企业绩效（McArthur and Teal，2002），创新（Anokhin and Schulze，2009）和生产力（Dal Bó and Rossi，2007），所有这些都会影响制造企业的雇佣。但是，直接研究“寻租”与制造企业雇佣之间关系的文献仍处于起步阶段。

此外，“寻租”造成的政府与制造企业之间的冲突也可能严重影响环境规制的实施（Zhang and Wen，2008；Wu et al.，2018a）。但是，现有的研究既没有将“寻租”纳入环境规制强度和制造企业雇佣的理论框架，也没有探讨环境规制强度和“寻租”对制造业企业雇佣的影响机制。针对这一不足，本研究通过使用中国制造企业的微观数据来扩展当前可用的分析，以检验“寻租”环境中环境规制强度对雇佣的影响。本章分析了来自中国制造企业的微观数据，提出了三个论点。首先，环境规制的强度通过产出效应和替代效应影响制造企业的雇佣，并对制造企业的雇佣产生不利影响。其次，“寻租”还通过产出效应和替代效应影响雇佣，并且可以削弱环境规制强度的影响。最后，"寻租"和环境规制强度对制造业企业雇佣的影响在企业之间是异质的。

本章的其余部分安排如下：第 2 节基于部分静态均衡模型建立了一个理论框架，该模型可用于检验环境规制强度，"寻租"与制造企业雇佣之间的关系。第 3 节描述了用于这项研究的数据，计量经济模型和方法。第 4 节介绍了实证结果，第 5 节介绍了结果，第 6 节介绍了结论。

2.2　理论框架

Berman 和 Bui（2001）基于 Brown 和 Christensen（1980）提出的局部静态均衡模型引入"准固定要素"的概念，即企业投入一种要素并非是基于成本或市场的考虑，而是外生性约束的结果，他们将环境规制作为一种外生性约束探讨企业在这种约束下所投入的与之相关的要素对企业雇佣产生的影响。而其他企业市场行为所投入的要素作为可变投入要素考虑。本章将"寻租"看作为了应对环境规制企业主动或被动选择的一种要素投入，它对企业雇佣的影响可以分为传递效应和直接效应。

2.2.1　理论模型

在完全竞争市场中企业生产投入以成本最小化为目的，包括 m 个准固定要素和 n 个可变投入要素，投入成本函数表达为

$$Y = C(E, Z_1, \cdots, Z_m, P_1, \cdots, P_n) \tag{2.1}$$

其中，Y 表示企业对式（2.1）中三种变量进行生产经营选择引致的总可变成本，E 表示企业产出，Z_i（$i = 1$，$\cdots$，m）表示第 i 个准固定要素的投入，P_j（$j = 1$，$\cdots$，n）表示第 j 个可变要素投入。

根据 Berman 和 Bui（2001）的做法，此时通过函数的一阶条件得到企业雇佣函数的表达式。

$$L = \alpha + \rho_e E + \sum_{i=1}^{m} \beta_i Z_i + \sum_{j=1}^{n} \gamma_j P_j \tag{2.2}$$

其中，L 表示企业雇佣，a 表示固定劳动需求，ρ_e、β_m、δ_n 分别表示劳

动需求关于产出、第 i 个准固定要素投入、第 j 个可变投入要素的系数，因此，式（2.2）中后三项分别表示企业产出、各类准固定要素投入、各类可变要素投入引致的劳动需求。

由于环境规制强度和"寻租"都可以被看作投入，企业雇佣关于环境规制强度和"寻租"投入的简要函数形式可表示为

$$L = \delta_0 + \mu_0 R \qquad (2.3)$$

$$L = \delta_1 + \mu_1 A \qquad (2.4)$$

$$L = \delta_2 + \mu_2 R(A) \qquad (2.5)$$

其中，R 表示环境规制强度，A 表示"寻租"，$R(A)$ 表示"寻租"对环境规制强度的影响函数。此外，L 表示制造业企业的雇佣，固定项（δ_k，$k = 0, 1, 2$）表示在所有的这些案例中产出和各类可变投入要素对企业雇佣的影响。将等式（2.2）分别关于环境规制强度（R）和"寻租"（A）求导，计算得到环境规制强度和"寻租"对企业雇佣的影响函数：

$$\frac{dL}{dR} = \rho_e \frac{dE}{dR} + \sum_{i=1}^{m} \beta_i \frac{dZ_i}{dR} + \sum_{j=1}^{n} \gamma_j \frac{dP_j}{dR} \qquad (2.6)$$

和

$$\frac{dL}{dA} = \rho_e \frac{dE}{dA} + \sum_{i=1}^{m} \beta_i \frac{dZ_i}{dA} + \sum_{j=1}^{n} \gamma_j \frac{dP_j}{dA} \qquad (2.7)$$

其中，公式（2.6）中 dE/dR、dZ_i/dR 和 dP_j/dR 分别表示环境规制强度和产出的边际技术替代，环境规制强度和第 i 个准固定要素投入的边际替代，环境规制强度和第 j 个可变投入要素的边际替代。相似地，公式（2.7）中 dE/dA、dZ_i/dA 和 dP_j/dA 分别表示"寻租"关于产出、"寻租"关于第 i 个准固定要素投入的边际替代，"寻租"关于第 j 个可变投入要素的边际替代。此外，由式（2.5）可以得出"寻租"也能够影响环境规制强度。"寻租"对企业雇佣的间接影响函数可以表示如下：

$$\frac{dL}{dA} = \rho_e \frac{dE}{dR}\frac{dR}{dA} + \sum_{i=1}^{m} \beta_i \frac{dZ_i}{dR}\frac{dR}{dA} + \sum_{j=1}^{n} \gamma_j \frac{dP_j}{dR}\frac{dR}{dA} \qquad (2.8)$$

其中，$(dE/dR) \cdot (dR/dA)$、$(dZ_i/dR) \cdot (dR/dA)$、$(dP_j/dR) \cdot (dR/dA)$ 分别表示"寻租"和总产出间存在中介效应的边际技术替代，"寻租"和第 i

个准固定要素投入存在中介效应的边际替代，"寻租"关于第 j 个可变投入要素存在中介效应的边际替代。

2.2.2 环境规制与企业雇佣

根据 Berman 和 Bui（2001）的研究，环境规制和"寻租"对其他可变投入要素价格的影响非常小甚至可以忽略不计，因为中国拥有非常大且竞争性的要素投入市场，因此公式（2.6）和式（2.7）中可变投入要素的影响可以忽略不计。则环境规制强度对工业企业雇佣的影响表示为等式（2.6）右边两项的和，其中 $\rho_e \dfrac{dE}{dR}$ 和 $\sum_{i=1}^{m} \beta_i \dfrac{dZ_i}{dR}$ 分别表示环境规制强度的产出效应和替代效应。环境规制的实施可能使企业经营成本上升，这会促使制造业企业缩小生产规模或者完全关停，从而对雇佣产生影响（Liu et al.，2017）。此时，环境规制强度对企业雇佣的产出规模效应通常是负面的。此外，环境规制强度也可能会引起制造业企业准固定要素投入的变化，从而引发企业在可变要素投入间寻找成本最小化的均衡（Liu et al.，2017）。因此，环境规制促进制造业企业的研发创新，从而通过提高产品清洁度和技术密集度来实现污染排放的减少，这都会产生环境规制强度的替代效应（Zhao and Sun，2016）。生产率的增长可以降低新产品的价格并且导致对它们需求的增加，研发投入对企业雇佣也可能会产生正向的效用（Calvino and Virgillito，2018）。当企业选择在生产末端减少污染排放时，制造业企业需要增加工人的数量以实施污染控制，这会促进雇佣。若是选择过程治理，即在生产过程中引入更自动化、更清洁的生产设备，制造业企业不可避免地增加了生产效率，这可能会反过来减少雇佣（见图 2-1）。因此，环境规制强度对企业雇佣的产出效应和替代效应的混合作用是模棱两可的，在企业之间有差异。基于此，本章提出假设1：

H1：环境规制通过产出效应和替代效应影响企业雇佣，总体效应随企业应对路径选择而不同。

2.2.3 "寻租"与企业雇佣

在"寻租"环境下企业通过"寻租"建立政治关联会降低经营活动的

壁垒，从而在市场竞争中获得优势地位，提高企业的垄断力（Murphy et al.，1993）。一方面，"寻租"活动会提高企业的交易成本，让企业偏向于选择稳健型发展路径以减少风险。这会影响企业必要的产出和扩张并降低企业雇佣，从而通过产出规模效应影响企业雇佣（Liu et al.，2017）。另一方面，在"寻租"温床滋生的环境下，企业拥有更多选择（正式、非正式）路径，造成主观选择的资源错配（Du and Mickiewicz，2016），即企业可能利用官员"寻租"与政府达成"寻租"默契而不是投入于研发创新来提升竞力，这让企业陷入依靠"关系"发展的路径依赖，逐渐削弱企业提升核心竞争力的动机（Fan，2002；Park and Luo，2001），影响企业为谋求更高的市场统治力扩大规模的选择。但"寻租"对企业创新的效用是复杂的（Nguyen et al.，2016），它可以扮演一种帮助企业越过制度障碍的角色。企业利用"寻租"更容易获得经营许可和产品创新许可，客观上减少了创新的阻碍，在严重的制度"寻租"环境中这种效应更加明显（Goedhuys et al.，2016）。由于"寻租"在企业研发中的作用既复杂又模糊（Nguyen et al.，2016），因而它对制造业企业雇佣的影响也是模糊的。因此，"寻租"的替代效应对制造企业雇佣的影响仍然是不清楚的，正面和负面的影响都是可能的（见图 2 - 1）。因此，我们提出假设 2：

H2："寻租"也能够通过产出效应和替代效应对企业雇佣产生影响。

2.2.4　"寻租"和环境规制强度

从式（2.8）可以看出，"寻租"可能会通过影响环境规制的实施强度对企业雇佣产生重要影响。"寻租"可能会带来政府机构的无效率，这可能会导致来自政府层面环境规制实施的无效性（Damania et al.，2004）。它带来松散的政府机构，为政府规制的无效性提供了温床，使环境规制的实施出现"妥协"（Carter，1996）。并且，由于污染在新古典经济学中可以看作一种生产要素，环境规制会引起污染要素价格上升，它事实上是将企业生产的负外部性内部化（Cole and Elliott，2007；Copeland and Taylor，2013）。很多企业利用"寻租""经营"自己的制度环境禀赋，并且将这种资源运用自如。例如，中国早期的环境规制政策由于"实施代差"导致效用不显著（Jin et al.，2016），这是由于当地政府和制造业企业的"寻租"共识所导致的（Sapio，2008）。"寻租"最终会破坏环境规制的有效性，并因此影响制造企业的雇佣决策（见图2-1）。因此，我们引入第三个假设：

H3："寻租"可能会削弱环境规制强度对制造业企业雇佣的影响。

进一步地，由于企业雇佣关于产出 ρ_e 和准固定投入要素 β_m 的系数通常取决于制造业企业的特征，如企业规模（Bercovitz and Mitchell，2007）、"寻租"强度（Li et al.，2016）和所有权结构（Dachs and Peters，2014）。其引发的雇佣效应在不同的制造业企业间也有差异。因此，有必要通过研究环境规制和"寻租"对不同类型制造业企业的影响来检验"寻租"是怎样导致环境规制的实施偏差的。我们尝试通过分样本回归来检验环境规制是如何影响面临不同层级"寻租"容忍度企业的雇佣的。因此，我们提出了假设4：

H4：环境规制和"寻租"对不同制造业企业雇佣的影响随着企业类型的不同而具有异质性特征。

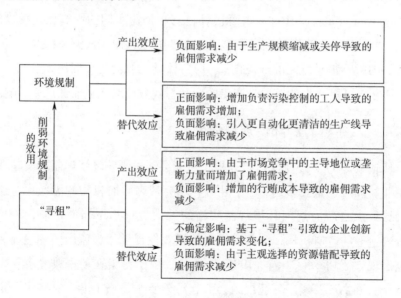

图2-1　环境规制、"寻租"与企业雇佣的影响机制

2.3　研究方法

2.3.1　数据描述

（1）因变量和自变量

本章中的数据来源于世界银行 2003 年对 18 个中国城市的投资环境调查
（ICS）（World Bank，2003）。由于世界银行未在后续调查中同时涉及中国的
"寻租"和环境规制问题，ICS 2003 世界银行是关于"寻租"和环境规制对
雇佣影响的最完整的最新的数据。由于中国仍处于社会转型阶段（Zhao，
2010），使用 ICS 2003 仍然适合检验中国环境政策对雇佣的影响。ICS 选择了
来自中国东部、中部和西部地区的 2400 家公司，涵盖了各种规模和行业的企
业。由于服务行业受环境规制力度的影响较小，因此样本中加入服务业企业
估计环境规制对于企业雇佣的影响会导致估计偏差（López – Gamero et al.，
2009）。因此，本研究排除了服务业样本，特别关注环境规制强度和"寻租"
对制造企业雇佣的影响。最终有效样本量为 1596 个。

由于问卷中询问了企业从 1999—2002 年这四年的雇佣人数，本章使用
企业雇佣变化率来衡量，参考 Ayyagari et al.（2011）和 Clarke et al.
（2016）的处理方法，将 2002 年企业雇佣的员工数目减去 1999 年的员工
数，再除以这两个年份正式员工人数的平均值，用于缓解此期间雇佣人数
的波动问题（emp）。

自变量包括环境规制强度和"寻租"。由于数据获取困难，目前对环
境规制程度的衡量存在较大差异，现有研究主要采用污染物排放密度
（Cole and Elliott，2003）、厂商受到稽查的严厉程度（Deily and Gray，
1991）、企业治污投资与总成本的比值（Lanoie et al.，2008）等进行代理。
根据以上的研究和问卷中的数据，我们使用企业受到环保部门罚款的数额
或被罚没的资产来表示企业受到环境规制的强度（reg）。此外，Donchev
（2014）认为，一个国家的"寻租"程度可以被一个数字有意义地捕获，
个体公司的感知可以用来反映"寻租"。由于直接衡量"寻租"强度具有

挑战性，我们使用环境保护部门的工作人员向企业索要的贿赂金额作为"寻租"程度的反映（cor）。这些支付可以影响公共部门对公共投资项目规模和对这些制造企业规制强度的经济决策（Rose - Ackerman，1997）。它是一个连续变量，能够准确地反映"寻租"容忍度变化对制造企业雇佣的持续影响。

（2）控制变量和虚拟变量

出口行为与制造业企业的雇佣往往密切相关。总体来说，出口企业有更高的商业活动水平和利润，因此有更大的动力进行规模扩张（Calof，1994）。此外，出口还可以促进技术进步，改善制造业企业的雇佣结构（Wagner，2002）。为了控制出口对制造业企业雇佣的影响，我们选择它们的出口行为（ext）作为控制变量，具有出口行为的制造企业赋值为1，而没有出口行为的企业赋值为0。

由于不同类型的制造企业的雇佣弹性对于环境规制和"寻租"的强度存在很大差异（Dachs and Peters，2014），我们选择所有制结构（own）作为控制变量来反映国有企业和私营企业之间关于雇佣结构的差异。私营企业赋值为1，同时国有企业赋值为0。

企业规模可能会影响制造企业所面临的环境规制的强度，也可能影响制造企业寻求利用"寻租"路径作为处理环境规制的机制，导致它们创造雇佣、产生新的雇佣的能力差异较大（Ayyagari et al.，2011）。为了反映制造企业规模对雇佣的影响，我们使用2002年制造企业产品和服务的总价值（sca）来表示企业规模。使用sca的对数消除了企业规模绝对水平的影响。

市场结构也是对雇佣产生重要影响的因素。由于更加激烈的市场竞争具有更高的资源配置效率，因而激烈的竞争更有可能推动制造企业提高生产效率，扩大规模，提升竞争力；反过来，这会影响制造企业的雇佣（Nickell，1996）。企业所在主要市场核心业务竞争者数量在问卷中可以被分为5个等级来衡量市场结构。其中第一、第二、第三、第四和第五级分别代表竞争对手的数量（1～3个，4～6个，7～15个，16～100个，以及超过100个）。因此，市场结构层级（str）被选为控制变量来衡量市场结构对企业雇佣的影响。

作为制造企业市场力量表现的产能利用水平也可能影响雇佣。由于制造企业的固定生产要素在短期内不能改变,因而产能利用率越高,表明业务运营越好,这可能导致供应短缺。因此,制造企业有迫切的意愿扩大规模以避免这种情况的出现,这将鼓励制造企业雇用更多的劳动力来提高它们的生产力(Fagnart et al.,1997)。因此,我们选择产能利用率(cap)作为控制变量来评估产能利用率对制造企业雇佣的影响。

制造企业所处生命周期的阶段是影响雇佣的另一个重要因素。在成长期的制造企业需要扩大生产,导致更高的雇佣;而成熟期的制造业企业由于企业规模稳定而没有显著的雇佣波动(Haltiwanger et al.,2013)。因此,我们选择企业建立年份的对数形式(yea)作为控制变量,以反映制造企业的生命周期对雇佣的影响。最后,由于 1596 个样本制造企业分布在 18 个城市的 12 个行业中,我们使用城市(D_1)和行业(D_2)虚拟变量来控制在不同城市和行业环境规制强度和"寻租"对雇佣的影响差异。表 2 - 1 是主要变量的描述统计。

表 2 -1   变量定义及描述性统计

变量	变量定义	均值	标准差	最小值	最大值
因变量					
emp	雇佣波动率	0.0166	0.116	- 0.467	0.495
自变量					
reg	环保部门的惩罚(百万元)	0.0033	0.125	0	5
cor	"寻租"额(百万元)	0.0036	0.0761	0	2.587
控制变量					
ext	出口行为(出口 =1 进口 =0)	0.245	0.430	0	1
own	所有权结构(私营企业 =1 国企 =0)	0.804	0.397	0	1
sca	制造业企业产品和服务总价值的对数	7.080	2.298	- 1.897	14.92
str	市场结构(1—5 级)	3.073	1.394	1	5
cap	产能利用率(%)	71.85	24.54	0.500	100
yea	企业成立年份的对数(年)	2.489	0.776	1.099	3.970
虚拟变量					
D_1	城市虚拟变量	—	—	—	—
D_2	地区虚拟变量	—	—	—	—

数据来源:World Bank (2003)。

2.3.2　模型设定

用于探索环境规制强度和"寻租"对雇佣影响的计量经济模型的一般形式由模型（2.9）表示：

$$
\begin{aligned}
\ln emp = & \alpha + \beta_1 reg + \beta_2 cor + \gamma_1 ext + \gamma_2 own + \gamma_3 sca + \gamma_4 str + \\
& \gamma_5 cap + \gamma_6 yea + \sum_{i=1}^{18} \lambda_{1i} D_{1i} + \sum_{j=1}^{12} \lambda_{2j} D_{2j} + \mu
\end{aligned}
\tag{2.9}
$$

其中，emp 作为因变量表示制造企业的雇佣；reg 和 cor 作为自变量分别表示环境规制强度和"寻租"；ext、own、sca、str、cap 和 yea 是表 2 - 2 中的控制变量。此外，α 是常数；$\beta_k(k=1,2)$ 表示第 k 个自变量的系数；$\gamma_l(l=1,2,\cdots,6)$ 表示第 l 个控制变量的系数；$\lambda_{1i}(i=1,2,\cdots,18)$ 和 $\lambda_{2j}(j=1,2,\cdots,12)$ 分别表示城市（D_{1i}）的第 i 个虚拟变量和第 j 个行业的虚拟变量的系数（D_{2j}）；μ 是一个随机干扰项。

2.4　结果

2.4.1　总样本回归

我们使用所有的制造业企业样本数据作为公式（2.9）的输入，结果在表 2-2 中显示、模型（1）中不包括城市和行业虚拟变量（D_1 和 D_2），模型（2）包括这些虚拟变量，所有模型通过稳健标准误进行了修正。

表 2-2　　　　　　　　　　全样本回归结果

模型	(1)	(2)
reg	- 0.0150 ***	- 0.0204 ***
	(- 13.61)	(- 7.122)
cor	- 0.0268 ***	- 0.0386 ***
	(- 6.597)	(- 6.354)
ext	0.0102	0.0132 *
	(1.454)	(1.772)

续表

模型	（1）	（2）
own	0. 0296 ***	0. 0292 ***
	(4. 055)	(3. 861)
sca	0. 00318 **	0. 00464 ***
	(2. 219)	(2. 794)
str	－ 0. 000612	－ 0. 000847
	（ － 0. 285）	（ － 0. 390）
cap	0. 000940 ***	0. 000916 ***
	(6. 600)	(6. 473)
yea	－ 0. 0437 ***	－ 0. 0430 ***
	（ － 10. 64）	（ － 10. 14）
常数项	0. 0128	0. 00498
	(0. 614)	(0. 153)
虚拟变量	否	是
样本量（个）	1375	1375

注：括号内数字为稳健标准误；＊、＊＊、＊＊＊分别表示在 10％、5％和 1％水平上显著。

　　根据表 2 - 2，不管是否包括虚拟变量，在模型（1）和模型（2）中环境规制强度和"寻租"的系数在 1％水平上均显著为负，这表明它们与 *emp* 显著负相关。表 2 - 3 中 *reg* 和 *cor* 的负向系数表明，"寻租"和环境规制的强度都会减少制造企业的雇佣，这证实了第一和第二个假设。结果表明，当其他变量固定时，环境规制强度每增加 1 个单位，制造业企业的雇佣将减少 0. 02 个单位。类似地，当"寻租"强度增加 1 个单位时，制造企业的雇佣人数将减少 0. 04 个单位。此外，表 2 - 2 中 *yea* 的系数的绝对值是最大且最显著的，表明制造企业的成立时间与雇佣的负向关系最显著。

2. 4. 2　分样本回归

　　本部分进一步探讨了环境规制强度和"寻租"对不同类型制造业企业雇佣影响的差异。因为我们在式（2.9）中继续使用相同的自变量、因变量、控制变量和虚拟变量来检查分样本，不同分样本的回归结果可以直接用于比较。由于制造企业与政府之间的关系对制造企业所受的环境规制强度会产生差异化的影响（Damania et al.，2004），因而环境规制的强度对制造企业雇佣的影响随着"寻租"程度的差异也可能具有异质性。

在这里，我们按照企业规模、"寻租"容忍度和所有制结构对制造业企业进行分类，以检验环境规制强度和"寻租"对不同类型制造业企业影响的差异。首先，我们根据员工人数将制造企业划分为大型和小型企业。在问卷中大于员工平均数（超过 458 名员工）的制造企业被视为大型企业，反之则相反。由于因变量是雇佣变化率而不是雇员人数，因而根据雇员人数划分样本并不会导致样本之间的相关性（许多研究中采用了类似的分类方法，如 Piva 和 Vivarelli（2018））。其次，我们将制造企业的"寻租"容忍度划分为高"寻租"容忍度和低"寻租"容忍度。"寻租"容忍度是通过问卷中企业对金融"寻租"的接受程度来衡量的。"寻租"容忍度小于或等于中位数（3 级）被视为低级别的"寻租"容忍度，而高于 3 级的值则被视为高"寻租"容忍度。最后，由于我国国有企业和政府经常会形成特殊关联（Cull and Xu，2003），制造企业根据其所有制结构被分为国有企业和非国有企业，并分别进行检验。分样本被用于估计等式（2.9），结果如表 2-3 所示。

根据模型（3）和模型（4）（见表 2-3），对于小型企业来说，环境规制强度的系数（reg）较小（-0.0205），并且"寻租"的系数不显著。而大型企业的两个变量的系数均显著为负，这表明大型企业的雇佣比小型企业更容易受到环境规制强度和"寻租"的影响。模型（5）和模型（6）的比较表明，具有低水平"寻租"容忍度的制造企业在受到环境规制后（-0.0206）显著减少了雇佣，而具有高水平"寻租"容忍度的制造企业的雇佣不会明显受到环境规制强度的影响。这一结果表明，严重的"寻租"削弱了环境规制的有效性，由此证实了第三个假设。

此外，根据模型（7）和模型（8）可以得到，对于私营企业来说 reg 的系数显著为负（-0.0185），而国有企业 cor 的系数则显著为负（-0.0454）。该结果表明，私营企业的雇佣减少更多是由于环境规制的影响，而国有企业工作的减少更多是因为"寻租"。分样本回归结果表明，不同类型的制造业企业所受的环境规制强度和"寻租"程度对雇佣的影响是不同的，由此第四个假设得到了证实。

表 2 – 3　　　　　　　　　　　　分样本回归结果

模型	(3) 小型企业	(4) 大型企业	(5) 低"寻租"容忍度	(6) 高"寻租"容忍度	(7) 非国有企业	(8) 国有企业
reg	− 0. 0205 *** (− 6. 240)	− 1. 507 * (− 1. 856)	− 0. 0206 *** (− 5. 958)	0. 873 (1. 307)	− 0. 0185 *** (− 4. 841)	5. 344 (0. 952)
cor	1. 650 (0. 740)	− 0. 0353 *** (− 3. 501)	− 0. 0411 *** (− 6. 161)	− 0. 746 (− 1. 035)	− 0. 841 (− 0. 596)	− 0. 0454 *** (− 6. 833)
ext	0. 0124 (1. 382)	0. 0166 (1. 279)	0. 0238 *** (2. 773)	− 0. 00827 (− 0. 553)	0. 0211 *** (2. 620)	− 0. 0331 (− 1. 555)
own	0. 0281 *** (2. 898)	0. 0266 ** (2. 088)	0. 0185 ** (2. 007)	0. 0467 *** (3. 293)	—	—
sca	0. 00677 *** (2. 932)	0. 00220 (0. 661)	0. 00337 * (1. 662)	0. 00830 *** (2. 880)	0. 00455 ** (2. 486)	0. 00477 (1. 203)
str	3. 27e − 05 (0. 0129)	− 0. 00298 (− 0. 688)	− 0. 00184 (− 0. 734)	0. 000474 (0. 111)	0. 000381 (0. 155)	− 0. 00535 (− 0. 993)
cap	0. 000917 *** (5. 506)	0. 000843 *** (3. 283)	0. 000992 *** (6. 107)	0. 000652 ** (2. 237)	0. 000914 *** (5. 459)	0. 000828 *** (3. 527)
yea	− 0. 0477 *** (− 8. 863)	− 0. 0278 *** (− 3. 403)	− 0. 0410 *** (− 7. 985)	− 0. 0439 *** (− 5. 385)	− 0. 0500 *** (− 10. 16)	− 0. 0201 ** (− 2. 278)
常数项	0. 0242 (0. 726)	− 0. 139 *** (− 3. 108)	0. 0184 (0. 563)	− 0. 0404 (− 0. 457)	0. 0248 (0. 630)	0. 0168 (0. 393)
样本量（个）	1070	305	945	430	1114	262

注：括号内数字为稳健标准误；*、**、*** 分别表示在 10%、5% 和 1% 水平上显著。

2.4.3　稳健性和内生性检验

本章通过替换因变量和对变量数据缩尾来进行稳健性检验，以验证上述结果的稳健性。由于制造企业中非正式全职员工处于相对弱势的地位，他们的雇佣权利得不到保障（Pollert and Charlwood，2009），因而当短期内雇佣减少时，这类没有固定合同的员工将首先会被解雇。由于非正式员工雇佣人数的相对变化能很好地反映制造业企业雇佣的变动（Gakovic and Tetrick，2003），因而我们用非正式全职员工的雇佣变化率来代替原有的雇佣变化率（emp）来检查模型的稳健性。此外，我们还使用在 1% 显著性水平下进行双边缩尾的（emp）来减少由极端值引起的估计偏误。表 2 - 4 的模型（9）和模型（10）显示了替换因变量和使用双边缩尾的变量进行估计的结果。

表 2 - 4 中的模型（9）的结果表明，环境规制强度和"寻租"的系数显著为负，这表明环境规制强度和"寻租"程度增加会降低企业对非正式员工的需求。表 2 - 4 还表明，模型（10）中的 reg 和 cor 的系数与模型（1）和模型（2）中的系数都是一样显著的，并且都与制造企业的雇佣负相关。因此，模型（11）和模型（12）的结果表明，环境规制强度、"寻租"和制造企业雇佣之间的关系是稳健的。

此外，"寻租"与制造企业的雇佣之间可能存在内生性问题。Beltrán（2016）认为，许多制造企业会选择减少雇佣以避免"寻租"带来的"寻租"。由于环保部门的罚款额与所要求的贿赂有关，因而我们将卫生部门所要求的贿赂用作环保部门所要求租金的工具变量。原因是制造企业与环保部门之间的"寻租"也可以反映为制造企业与卫生部门之间的"寻租"，因为在一个地区"寻租"的环境中，各类机构进行"寻租"行为的影响是相似的。问卷中被调查企业主要属于服装、电子、汽车、运输装备等制造行业。由于卫生部门对于制造企业的"寻租"与这类企业自身的生产或运营没有密切关系，因而卫生部门要求的贿赂成为理想的工具变量。表 2 - 4 的模型（11）显示了使用贿赂作为工具变量进行内生性检验的结果。

根据模型（11）的结果，弱工具变量检验的 F 值是 31.285，高于 10% 显著性水平下的临界值（16.38），结果表明模型（1）和模型（2）中不存在弱工具变量问题。此外，"寻租"系数显著为负，这与全样本回归的结果一致，表明"寻租"确实减少了制造业企业的雇佣。

表 2 - 4   稳健性和内生性检验

模型	稳健性检验		内生性检验
	（9）	（10）	（11）
reg	- 0.0168 ***	- 0.0202 ***	
	(- 4.119)	(- 7.795)	

续表

模型	稳健性检验		内生性检验
	（9）	（10）	（11）
cor	−1.191**	−0.0385***	−0.668***
	（−2.141）	（−6.712）	（−2.916）
常数项	−0.00916	0.00204	0.00655
	（−0.313）	（0.0639）	（0.203）
控制变量	Yes	Yes	Yes
F 值			31.285
样本量（个）	965	1375	1376

注：括号内数字为稳健标准误；*、**、*** 分别表示在 10%、5% 和 1% 水平上显著。

2.4.4　传导机制检验

（1）环境规制强度和"寻租"的传导机制检验

本节检验了影响机制，以探讨不同类型的制造企业应对"寻租"和环境规制强度雇佣影响的差异。根据等式（2.6）和式（2.7），环境规制强度和"寻租"通过改变生产规模来影响制造企业的雇佣，从而带来产出效应。此外，环境规制强度和"寻租"也会通过研发支出影响制造企业的雇佣，从而产生替代效应。因此，我们选择调查问卷中的研发支出（*rd*）作为中介变量来反映替代效应，同时选择辅助工人人数（*aw*）和新设备投资（*nq*）作为中介变量来反映产出效应。表 2 − 5 是中介变量的描述性统计。

表 2 − 5　　　　　　　　　中介变量定义及描述性统计

变量	变量定义	单位	均值	标准差	最小值	最大值
rd	研发支出	千元	2.5073	3.301	0	13.2
aw	辅助工人数量	人	47.66	165.5	0	3614
nq	新设备投资	千元	3.7338	3.513	0	13.98

数据来源：World Bank（2003）。

通过使用上述三个变量作为中介，本章使用 Baron 和 Kenny（1986）提出的中介机制检验来同时验证环境规制强度和"寻租"的中介效应。表 2 − 6 显示了"寻租"和环境规制强度的中介机制检验结果。

表 2 - 6　　　　　　　环境规制强度和"寻租"的中介检验结果

模型	(12)	(13)	(14)	(15)	(16)	(17)
因变量	aw	rd	nq	emp	emp	emp
aw				-4.61e-05 *		
				(-1.734)		
rd					0.00292 **	
					(2.499)	
nq						0.00550 ***
						(5.166)
reg	-13.18 ***	0.616 ***	-0.780 ***	-0.0211 ***	-0.0220 ***	-0.0160 ***
	(-3.631)	(9.856)	(-11.72)	(-7.321)	(-7.353)	(-5.275)
cor	-61.55 ***	1.225 ***	0.607 ***	-0.0415 ***	-0.0418 ***	-0.0417 ***
	(-5.879)	(5.258)	(3.478)	(-6.699)	(-6.550)	(-6.691)
ext	-3.651	-0.0490	0.591 ***	0.0124 *	0.0133 *	0.0104
	(-0.198)	(-0.247)	(3.224)	(1.656)	(1.783)	(1.400)
own	-22.66 *	-0.106	-0.0791	0.0286 ***	0.0301 ***	0.0294 ***
	(-1.647)	(-0.524)	(-0.362)	(3.757)	(3.947)	(3.941)
sca	33.32 ***	0.705 ***	0.868 ***	0.00621 ***	0.00275	-0.000253
	(6.346)	(15.28)	(18.76)	(3.320)	(1.427)	(-0.134)
str	4.776	-0.219 ***	-0.241 ***	-0.000746	-0.000251	0.000488
	(1.568)	(-3.682)	(-4.190)	(-0.340)	(-0.112)	(0.224)
cap	-0.299 **	-0.00543 *	0.00275	0.000901 ***	0.000937 ***	0.000906 ***
	(-2.365)	(-1.719)	(0.816)	(6.331)	(6.562)	(6.400)
yea	18.05 ***	-0.0181	-0.123	-0.0421 ***	-0.0429 ***	-0.0421 ***
	(2.640)	(-0.167)	(-1.132)	(-9.826)	(-9.960)	(-10.02)
常数项	-162.9 ***	-2.076 ***	-2.215 ***	-0.00250	0.00954	0.0167
	(-3.735)	(-3.144)	(-2.661)	(-0.0767)	(0.293)	(0.507)
样本量（个）	1377	1368	1389	1362	1352	1373

注：括号内数字为稳健标准误；*、**、*** 分别表示在10%、5%和1%水平上显著。

表 2 - 6 中的模型（12）、模型（13）和模型（14）显示了环境规制强度和"寻租"作为自变量，rd、aw 和 nq 分别作为因变量的回归结果。结果表明，环境规制强度和"寻租"的系数是显著的。模型（15）、模型（16）和

模型（17）分别是使用 rd、aw 和 nq 作为自变量，emp 作为因变量的回归结果。结果表明，每个中介变量和自变量的系数均显著，表明环境规制强度与制造业企业雇佣之间以及"寻租"与制造业企业雇佣之间存在中介效应。

表 2－6 中的结果表明 reg 与 rd 显著正相关，并且 rd 与 emp 也显著正相关，这表明环境规制强度通过研发支出对制造企业的雇佣有积极影响。此外，结果还表明 reg 与 nq 负相关，而 nq 与 emp 正相关，这表明通过新设备投资，环境规制的强度与制造企业的雇佣呈显著负相关。但是，环境管制和"寻租"对雇佣的影响是产出和替代效应结合的结果。尽管通过研发支出，环境规制的强度与雇佣呈正相关，但在考虑了产出效应和替代效应后我们发现规制对雇佣的总体影响可能为负。

此外，我们还检验了环境规制强度和"寻租"的中介效应。结果分别如表 2－7 和表 2－8 所示。

表 2－7　　　　　　　　　环境规制强度的中介检验结果

模型	(18)	(19)	(20)	(21)	(22)	(23)
因变量	aw	rd	nq	emp	emp	emp
aw				$-4.70\text{e}-05^*$ (-1.816)		
rd					0.00303^{***} (2.632)	
nq						0.00563^{***} (5.308)
reg	-14.82^{***} (-3.975)	0.586^{***} (10.07)	-0.814^{***} (-13.13)	-0.0213^{***} (-7.791)	-0.0222^{***} (-7.882)	-0.0158^{***} (-5.445)
ext	-3.744 (-0.229)	-0.154 (-0.788)	0.510^{***} (2.800)	0.0132^* (1.784)	0.0141^* (1.923)	0.0113 (1.548)
own	-22.23 (-1.568)	-0.138 (-0.681)	-0.0793 (-0.366)	0.0289^{***} (3.830)	0.0306^{***} (4.057)	0.0300^{***} (4.058)
sca	34.20^{***} (6.973)	0.742^{***} (16.62)	0.888^{***} (20.13)	0.00618^{***} (3.431)	0.00249 (1.310)	-0.000574 (-0.312)

续表

模型	（18）	（19）	（20）	（21）	（22）	（23）
因变量	aw	rd	nq	emp	emp	emp
str	4.083	−0.284***	−0.257***	−0.000646	0.000100	0.000737
	（1.224）	（−4.987）	（−4.668）	（−0.298）	（0.0452）	（0.339）
cap	−0.238*	−0.00751**	0.00158	0.000892***	0.000930***	0.000899***
	（−1.817）	（−2.393）	（0.476）	（6.263）	（6.494）	（6.353）
yea	20.16***	−0.0595	−0.147	−0.0420***	−0.0427***	−0.0419***
	（2.798）	（−0.555）	（−1.378）	（−9.982）	（−10.16）	（−10.19）
常数项	−173.6***	−1.722***	−2.094**	−0.00302	0.00884	0.0164
	（−3.636）	（−2.584）	（−2.506）	（−0.0927）	（0.272）	（0.498）
样本量（个）	1378	1369	1390	1363	1353	1374

注：括号内数字为稳健标准误；*、**、*** 分别表示在10%、5%和1%水平上显著。

表2-8　　　　　　　　　　"寻租"的中介检验结果

模型	（24）	（25）	（26）	（27）	（28）	（29）
因变量	aw	rd	nq	emp	emp	emp
aw				−4.58e−05*		
				（−1.728）		
rd					0.00290**	
					（2.486）	
nq						0.00553***
						（5.203）
cor	−61.08***	1.211***	0.630***	−0.0408***	−0.0410***	−0.0411***
	（−5.872）	（5.195）	（3.608）	（−6.624）	（−6.471）	（−6.657）
ext	−3.549	−0.0470	0.593***	0.0126*	0.0134*	0.0105
	（−0.193）	（−0.237）	（3.236）	（1.672）	（1.798）	（1.412）
own	−22.69*	−0.0877	−0.0913	0.0284***	0.0299***	0.0293***
	（−1.653）	（−0.432）	（−0.419）	（3.748）	（3.930）	（3.942）
sca	33.30***	0.707***	0.866***	0.00616***	0.00271	−0.000312
	（6.351）	（15.34）	（18.74）	（3.295）	（1.410）	（−0.165）
str	4.818	−0.217***	−0.241***	−0.000707	−0.000226	0.000531
	（1.581）	（−3.653）	（−4.194）	（−0.323）	（−0.101）	（0.244）

续表

模型	（24）	（25）	（26）	（27）	（28）	（29）
因变量	*aw*	*rd*	*nq*	*emp*	*emp*	*emp*
cap	− 0.301**	− 0.00554*	0.00277	0.000900***	0.000937***	0.000905***
	（− 2.378）	（− 1.756）	（0.825）	（6.331）	（6.564）	（6.398）
yea	17.94***	− 0.0156	− 0.128	− 0.0423***	− 0.0431***	− 0.0422***
	（2.629）	（− 0.144）	（− 1.178）	（− 9.866）	（− 9.996）	（− 10.05）
常数项	− 162.6***	− 2.107***	− 2.186***	− 0.00187	0.0101	0.0172
	（− 3.736）	（− 3.191）	（− 2.630）	（− 0.0572）	（0.311）	（0.521）
样本量（个）	1378	1369	1390	1363	1353	1374

注：括号内数字为稳健标准误；*、**、***分别表示在10%、5%和1%水平上显著。

表 2 - 7 的模型（18）和模型（20）中环境规制强度系数显著为负，而模型（19）中的环境调节强度系数显著为正，这表明，增加环境规制强度可以减少辅助工人的数量和新设备投入，但是可以促进研发支出增加。因此，环境规制强度增加导致反向的产出效应和正向的替代效应。模型（21）、模型（22）和模型（23）的结果显示，每个中介变量和环境规制强度的系数均很显著，这表明环境规制强度与制造企业雇佣之间存在中介效应。

表 2 - 8 的模型（24）中"寻租"的系数也显著为负，而在模型（25）和模型（26）中分别显著为正。这表明"寻租"强度的增加可能会减少辅助工人的数量，但会增加研发支出和新设备的投资。因此，"寻租"的替代效应是正向的，但其产出效应是不确定的。模型（27）、模型（28）和模型（29）的结果还表明，"寻租"与制造业企业的雇佣之间存在中介效应。表 2 - 6、表 2 - 7 和表 2 - 8 中环境规制强度和"寻租"的系数均显著为负，表明环境规制和"寻租"通过影响生产规模和研发支出而减少了制造业企业的雇佣。

（2）不同类型企业的中介效应

为了进一步探究环境规制强度和"寻租"对不同类型的制造企业雇佣影响的差异，针对不同类型的制造业企业，本章从三个方面考察了环境规制强度和"寻租"的中介效应：规模、所有权结构和"寻租"程度。表 2 - 9、表 2 - 10 和表 2 - 11 分别显示了不同类型制造企业的中介机制检验结果。

表 2 - 9　　　　　　　　　　工业企业规模的中介检验结果

Models	(30)	(31)	(32)	(33)	(34)	(35)
	小型企业	大型企业	小型企业	大型企业	小型企业	大型企业
因变量	aw	aw	rd	rd	nq	nq
reg	- 106. 3 ***	- 11. 61 *	42. 54 ***	0. 590 ***	- 3. 597	- 0. 962 ***
	(- 5. 003)	(- 1. 896)	(3. 405)	(4. 540)	(- 0. 304)	(- 8. 159)
cor	473. 7	- 84. 65 ***	6. 234	0. 858 ***	414. 8 ***	0. 238
	(1. 343)	(- 5. 597)	(0. 0201)	(2. 745)	(2. 695)	(0. 924)
ext	0. 701	- 0. 218	- 0. 0811	0. 119	0. 614 **	0. 542 **
	(0. 964)	(- 0. 00725)	(- 0. 290)	(0. 443)	(2. 293)	(2. 173)
own	0. 527	- 28. 36	0. 239	- 0. 0819	0. 0492	0. 137
	(0. 629)	(- 1. 291)	(1. 196)	(- 0. 288)	(0. 173)	(0. 442)
sca	0. 665 ***	66. 62 ***	0. 261 ***	0. 959 ***	0. 492 ***	0. 998 ***
	(4. 353)	(5. 433)	(4. 439)	(11. 89)	(7. 374)	(12. 65)
str	- 0. 209	8. 762	- 0. 0800	- 0. 341 ***	- 0. 219 ***	- 0. 222 **
	(- 1. 194)	(1. 592)	(- 1. 224)	(- 3. 693)	(- 3. 002)	(- 2. 519)
cap	0. 00794	- 0. 641 **	- 0. 00355	- 0. 00545	0. 00661 *	0. 000527
	(0. 830)	(- 2. 411)	(- 1. 064)	(- 1. 014)	(1. 692)	(0. 0980)
yea	1. 584 ***	39. 38 ***	- 0. 578 ***	0. 310 **	- 0. 485 ***	- 0. 0381
	(3. 345)	(3. 200)	(- 4. 782)	(1. 980)	(- 3. 207)	(- 0. 252)
常数项	0. 426	- 464. 9 ***	0. 929	- 5. 691 ***	0. 417	- 4. 704 ***
	(0. 0967)	(- 4. 026)	(1. 562)	(- 6. 185)	(0. 515)	(- 2. 852)
样本量（个）	671	706	660	708	674	715

注：括号内数字为稳健标准误；*、**、*** 分别表示在 10%、5% 和 1% 水平上显著。

表 2 - 10　　　　　　　　　所有权结构层面的中介检验结果

模型	(36)	(37)	(38)	(39)	(40)	(41)
	非国企	国企	非国企	国企	非国企	国企
因变量	aw	aw	rd	rd	nq	nq
reg	- 12. 87 ***	6, 375	0. 662 ***	172. 7	- 0. 742 ***	195. 2
	(- 2. 978)	(1. 203)	(9. 811)	(1. 269)	(- 9. 535)	(1. 066)
cor	1210	- 73. 69 ***	104. 7 ***	0. 758 **	6. 434	0. 335
	(1. 004)	(- 4. 874)	(3. 856)	(2. 564)	(0. 348)	(1. 115)

续表

模型	(36)	(37)	(38)	(39)	(40)	(41)
	非国企	国企	非国企	国企	非国企	国企
因变量	*aw*	*aw*	*rd*	*rd*	*nq*	*nq*
ext	4.261	-22.38	0.0490	-0.557	0.802 ***	-0.457
	(0.196)	(-0.641)	(0.219)	(-1.181)	(3.985)	(-0.931)
sca	27.89 ***	51.75 ***	0.615 ***	1.027 ***	0.854 ***	0.919 ***
	(4.523)	(6.123)	(11.59)	(11.03)	(16.61)	(8.338)
str	3.016	11.72	-0.221 ***	-0.125	-0.199 ***	-0.396 ***
	(1.143)	(1.122)	(-3.304)	(-0.978)	(-3.140)	(-2.807)
cap	-0.277 **	-0.250	-0.00319	-0.0102	0.00410	0.00152
	(-2.135)	(-0.671)	(-0.922)	(-1.254)	(1.084)	(0.200)
yea	22.43 ***	-7.013	-0.0444	0.0287	-0.204 *	-0.0297
	(3.090)	(-0.395)	(-0.374)	(0.112)	(-1.702)	(-0.105)
常数项	-152.9 ***	-238.3 ***	-1.848 ***	-3.693 **	-2.405 **	-1.481
	(-3.402)	(-3.184)	(-2.631)	(-2.388)	(-2.539)	(-0.729)
样本量（个）	1116	262	1108	261	1126	264

注：括号内数字为稳健标准误；*、**、*** 分别表示在10%、5%和1%水平上显著。

表 2 - 11　　　　　　　"寻租"容忍度层面的中介检验结果

模型	(42)	(43)	(44)	(45)	(46)	(47)
	低"寻租"容忍度	高"寻租"容忍度	低"寻租"容忍度	高"寻租"容忍度	低"寻租"容忍度	高"寻租"容忍度
因变量	*aw*	*aw*	*rd*	*rd*	*nq*	*nq*
reg	-11.25 ***	-841.3 *	0.606 ***	39.53 **	-0.778 ***	16.26
	(-3.192)	(-1.696)	(7.988)	(2.308)	(-9.406)	(0.955)
cor	-66.68 ***	1268	1.031 ***	59.38 ***	0.554 ***	28.34
	(-7.344)	(1.402)	(5.710)	(5.265)	(2.994)	(1.186)
ext	11.12	-40.52	0.150	-0.272	0.809 ***	0.337
	(0.815)	(-0.717)	(0.614)	(-0.795)	(3.720)	(0.971)
own	-34.04 *	1.811	-0.241	0.166	-0.255	0.190
	(-1.948)	(0.0845)	(-0.950)	(0.468)	(-0.972)	(0.486)
sca	32.90 ***	34.11 **	0.730 ***	0.593 ***	0.852 ***	0.875 ***
	(6.581)	(2.466)	(13.36)	(6.841)	(15.40)	(9.844)

续表

模型	(42)	(43)	(44)	(45)	(46)	(47)
	低"寻租"容忍度	高"寻租"容忍度	低"寻租"容忍度	高"寻租"容忍度	低"寻租"容忍度	高"寻租"容忍度
因变量	*aw*	*aw*	*rd*	*rd*	*nq*	*nq*
str	2.251	9.658*	−0.212***	−0.238**	−0.210***	−0.321***
	(0.575)	(1.875)	(−2.965)	(−2.128)	(−3.057)	(−2.936)
cap	−0.274*	−0.330	−0.00995***	0.00399	−0.000951	0.00685
	(−1.720)	(−1.502)	(−2.640)	(0.672)	(−0.234)	(1.145)
yea	10.10	37.29***	0.0548	−0.126	−0.202	0.0650
	(1.346)	(2.857)	(0.421)	(−0.658)	(−1.551)	(0.331)
常数项	−153.0***	−157.5*	−2.238***	−1.527	−2.406***	−0.591
	(−3.755)	(−1.682)	(−3.046)	(−0.909)	(−2.647)	(−0.567)
样本量（个）	949	428	942	426	955	434

注：括号内数字为稳健标准误；*、**、*** 分别表示在10%、5%和1%水平上显著。

表2-9中的结果表明，不管是小型企业还是大型企业，环境规制强度与 *aw* 和 *nq* 都显著负相关，而与 *rd* 呈显著正相关，这表明，无论小型企业还是大型企业，环境规制强度的提高都导致辅助工人数量和新设备投资的显著减少，但是能增加研发支出。小型企业环境规制强度系数的绝对值高于大型企业，表明小型企业中介变量受环境规制强度的影响更大。但是，"寻租"的系数仅在模型（31）中显著为负，而在模型（33）和模型（34）中则显著为正，这表明"寻租"将会减少大型企业中辅助工人的数量，同时增加其研发支出。但是，"寻租"只能增加小型企业的新设备投资。

表2-10中只有非国有环境规制强度系数显著，这表明环境规制强度的提高能够促进非国有企业增加研发支出，减少辅助工人的数量和新设备投入额。但是，环境规制强度不会影响国有企业的中介变量。在模型（37）、模型（38）和模型（39）中"寻租"的系数是显著的，表明"寻租"强度的增加将减少国有企业对辅助工人的需求，同时会增加非国有和国有企业的研发支出。

根据表2-11，除模型（47）以外，所有模型的环境规制强度系数均显著。这表明,增加环境调节强度将大大降低具有低"寻租"容忍度的制造企业对辅助工人的需求和新设备的投资,同时增加它们的研发支出。对于面临较高"寻租"环境的制造业企业,增加环境规制强度将减少对辅助工人的需求,但会增加其研发支出。在模型(42)、模型(44)、模型(45)和模型(46)中,"寻租"系数显著,表明"寻租"程度的增加将降低具有较低"寻租"容忍度的制造企业对辅助工人的需求,但会增加其研发支出和新设备投资。但是,"寻租"只能增加具有高度"寻租"容忍度的制造企业的研发支出。

表 2 - 11 的结果表明,不同类型的制造企业中环境规制强度和"寻租"的中介效应完全不同,这也证实了第四个假设。

2.5　讨论

环境规制可能会减少制造企业的雇佣。中介机制检验的结果表明,在中国环境规制强度的增加显著减少了对辅助工人的需求和新设备的投入,同时增加了企业的研发支出。中国自上而下的治理结构将环境保护视为官方绩效评估的重要指标(Zhang and Wen,2008),该指标表明了政府官员在实施环境规制的过程中采取强制性措施关闭大量制造企业的趋势,结果导致生产规模减少(Wang and Chen,2010;Cheng et al.,2018)。满足规制要求带来的生产规模下降导致制造企业无法进一步投资新设备和增加劳动力(Chen et al.,2018)。因此,在中国环境规制强度的产出效应对制造业企业雇佣产生负面影响。

此外,制造企业需要重新配置其资源以应对由环境规制引起的生产规模的下降,即环境规制强度的替代效应。制造业企业通常倾向于通过研发将生产要素分配给更清洁、更高效的生产技术,这可能对制造业企业的雇佣产生负面影响(Harrison et al.,2014)。引进先进的生产设备可以直接提高生产效率,从而替代劳动力并减少雇佣(Zuniga and Crespi,2013)。一般而言,环境规制强度的产出效应和替代效应的结合最终会对制造企业的雇佣产生不利影响。

　　"寻租"还通过产出效应和替代效应影响雇佣，因此可以削弱环境规制强度的影响。我们的结果表明，在我国，"寻租"程度的增加可以促进企业增加研发支出并增加新设备投入，但是会减少对辅助工人的需求。"寻租"产生的竞争优势使制造企业能够占据独特的资源并克服业务经营和创新活动的障碍（Goedhuys et al.，2016）。结果，制造企业可以通过创新创造出更高效的生产设备，它可以取代劳动力，从而减少了雇佣（Brouwer et al.，1993）。因此，"寻租"的替代效应会对制造企业的雇佣产生负面影响。

　　而且，尽管制造企业可以在短期内通过"寻租"获得市场领导地位，但由于"寻租"成本高昂，从长期来看，制造企业的经营优势变得难以为继，反过来，这会影响企业的生产规模和雇佣（Li et al.，2018）。"寻租"成本的增加将给制造企业带来沉重负担，对生产规模和制造企业的雇佣产生负面影响（Wu，2009）。因此，我们的结果还表明，"寻租"的产出效应对制造企业的雇佣产生了负面影响。此外，"寻租"可能通过与政府建立特殊关系来鼓励制造业企业规避环境规制，从而抑制环境规制的有效性（Wang et al.，2003）。

　　环境规制和"寻租"的强度对制造企业雇佣的影响在企业之间是异质的。我们的结果表明，受企业规模、"寻租"容忍度和所有权结构差异影响，环境规制强度和"寻租"对制造业企业雇佣的影响效用存在显著差异。

　　首先，与小企业相比，大型企业的雇佣比小企业更容易受到环境规制和"寻租"的影响，因为与大企业相比，小企业的生产更灵活，生产技术更容易升级（Schmidt and Spindler，2002）。因此，与大型企业相比，小型企业可以比大型企业更有效地减少环境规制强度对雇佣的影响（通过改变中介变量），因为这些中介变量对环境规制强度更加敏感。因此，大型企业通常比小型企业受环境规制强度的影响更大。

　　而且，本章研究结果还表明，"寻租"强度的增加将对大企业的雇佣产生负面的产出效应和正向的替代效应，同时对小型企业的雇佣将产生正向的产出效应。大型企业需要比小型企业支付更高的贿赂成本才能获得市场主导地位，这将大大增加大型企业引致的成本，从而导致生产规模的减少（DeBacker et al.，2015）。大型企业通常倾向于通过增加研发来提高生产效率，从而弥补生产规模的下降并保持市场领先地位（De Waldemar，2012），这增加了替代效应的影响。与大型企业相比，较低的贿赂成本和非正式的组织结构使小型企业更容易从"寻租"中受益，这激励了小型企业进一步扩大其生产规模（Tonoyan et al.，2010）。

其次，与国有企业相比，非国有企业的雇佣受环境规制强度的负面影响更大；而与非国有企业相比，国有企业的雇佣受"寻租"的负面影响更大。由于国有企业与政府之间的密切关系，国有企业的议价能力比非国有企业强，这使国有企业更容易规避政府实施的环境规制（Wang et al.，2003）。但是，环境规制强度将对非国有企业产生负面的产出效应和正向的替代效应。主要是因为非国有企业比国有企业有更强的创新动机以减轻环境规制强度的不利影响（De Marchi，2012）。

此外，我们的研究结果还表明，"寻租"强度加剧的程度将对国有企业的雇佣产生负向的产出效应和正向的替代效应。原因是国有企业更有可能受到审计和监管，因此与民营企业相比，他们的贿赂行为更加复杂（Wu and Zhu，2011），这迫使国有企业减少生产规模以应对"寻租"引起的交易成本上升。此外，国有企业倾向于通过增加研发投入来提高生产效率，从而减轻生产规模下降所造成的损失（Xu and Yano，2017），这会导致替代效应的影响增加。

最后，与"寻租"容忍度较高的制造企业相比，"寻租"容忍度较低的制造企业的雇佣更容易受到环境规制强度和"寻租"的不利影响。由于对"寻租"的容忍度较低，因此很容易执行环境规制（Huang and Liu，2014），这通常对制造企业的产出效应产生更大的影响。具有低水平"寻租"容忍度的政治和商业环境将同时鼓励制造企业进行创新（Anokhin and Schulze，2009），从而产生积极的替代效应。但是，"寻租"强度的提高会为低级别的容忍"寻租"的企业带来额外的交易成本，迫使它们主动控制自己的生产规模以应对交易成本增加的负担（Montiel et al.，2012）。因此，"寻租"对"寻租"容忍度较低的制造企业的雇佣产生不利的影响。

此外，制造企业还可以通过"寻租"与政府建立良好关系，从而消除创新障碍，从而鼓励制造企业增加其研发投资（Goedhuys et al.，2016）。因此，"寻租"对具有低度和高度"寻租"容忍度的制造企业的雇佣表现出积极的替代作用。

2.6　主要结论与启示

环境规制强度和"寻租"在制造业企业雇佣中的作用已成为中国重要的政治和经济问题，并受到越来越多的关注（Li et al.，2018；Liu et al.，2017）。但是，"寻租"尚未纳入环境规制强度和企业雇佣的理论框架，以全面探索制造企业雇佣中环境规制强度和"寻租"的影响机制。在有效的理论背景下，本研究考察了环境规制和"寻租"的强度在制造企业的雇佣中如何相互作用，并分析了其影响机制的中介者。

我们的贡献可以概括为三个部分：首先，我们将"寻租"引入现有的研究框架中，建立了一个新的理论框架，以研究环境规制强度和"寻租"对制造业企业雇佣的影响。其次，我们使用来自中国制造业企业的微观数据进行实证研究，以确认环境规制强度和"寻租"对制造业企业雇佣的不利影响，并揭示"寻租"可以通过影响环境规制强度来进一步影响雇佣。最后，我们通过研究制造企业雇佣的影响机制，确定环境规制强度和"寻租"对雇佣产生影响的中介者。

研究结果表明：第一，环境规制的强度通过产出效应和替代效应对制造企业的雇佣产生负面影响。加大环境规制力度可以减少辅助人员和新设备投资，同时增加研发支出。因此，由于减少了辅助工人和新设备投资而产生的产出效应，以及由于用先进的机器替代人工而产生的替代效应，都减少了制造企业的雇佣。第二，"寻租"还可以通过产出效应和替代效应来影响雇佣。"寻租"加剧，可以增加企业的研发支出，增加新设备投资，同时减少辅助工人。因此，"寻租"的产出和替代效应都会减少制造企业的雇佣。第三，"寻租"会削弱环境规制强度的影响。"寻租"可能会通过与政府建立特殊关系来鼓励制造企业规避环境规制，从而抑制了环境规制的有效性。第四，由于企业规模，"寻租"容忍度和所有权结构的差异，环境规制和"寻租"的强度对制造企业雇佣的影响在企业之间是异质的。与小型企业相比，大型企业的雇佣更容易受到环境规制和"寻租"的影响。与国有企业相比，环境规制强度对非国有企业的雇佣影响更大，而"寻租"对国有企业的雇佣影响更大。与具有较高"寻租"容忍度的制造企业相比，具有较低"寻租"容忍度的制造企业的雇佣更容易受到环境规制和"寻租"程度的不利影响。

上述结果对设计环境规制政策有以下几点启示：首先，决策者需要同时考虑环境规制对制造业企业雇佣的产出和替代效应。因此，决策者可以向制造企业提供财政支持，以鼓励清洁技术的应用和增加研发活动，从而减少产出对雇佣的负面影响。决策者还可以减少企业发展的体制障碍，避免"寻租"造成的资源错配，从而减少替代效应对雇佣的不利影响。其次，有必要通过加大监管力度以减少"寻租"并提高环境规制政策的有效性来增加"寻租"成本。因此，决策者需要改善商业环境，以减少制造企业行贿的诱因，并增加政府"寻租"的机会成本。最后，由于环境规制对制造业企业雇佣的影响是多种多样的，因而应根据企业类型实施不同的环境规制政策。决策者应避免制定统一的环境规制政策，而应根据企业规模、"寻租"容忍度和所有权结构，制定与制造企业实际情况相匹配的差异化环境规制政策。

第 3 章　信贷管制与
农户信贷可得性研究

3.1　问题的提出

　　近年来，随着我国农村经济市场化与经营多样化的不断深入，农户对资金的需求越发强烈（张晓琳等，2017）。然而，有效抵押物的普遍缺乏导致正规金融机构信贷供给不足（林乐芬等，2015）、农户贷款难的问题一直未得到解决（彭克强等，2017）。为盘活土地资产，破解资金难题，国家于 2008 年开展农村土地产权抵押贷款试点工作。2014 年，中央 1 号文件在 "三权分置" 的基础上，赋予农户土地（主要包括耕地、林地、草地等）产权的抵押权能，在政策层面上认可了农村土地产权抵押贷款制度。然而，农村土地产权不稳定和土地流转市场不完善导致农村土地产权价值不高，弱化了抵押物的担保功能，增加了银行信贷风险（罗兴等，2017），但在中央政府积极推动农村土地产权抵押贷款制度以及地方政府贯彻落实农村土地产权抵押贷款制度的大形势下，商业银行响应了国家号召，只是在双方共同制定的农村土地产权抵押贷款政策中，涉及贷款条件、期限、利率在内的一系列合约内容双方进行了严格限制，即信贷管制（刘祖军等，2012；黄惠春等，2016）。因此，不得不思考，信贷管制的存在是否会抑制制度目标的实现，即信贷管制会影响农户的信贷可得性吗？这种抑制效应的内在机制如何？对这些问题的研究，不仅可为包括林权在内的农村土地产权抵押贷款制度的具体改革提供理论依据与经验支撑，也能为探索推行"三权分置",以及提高农户收入水平、缩小城乡收入差距及缓解贫困等"三农"问题的解决提供有益的政策参考。

现有文献对信贷管制与农户信贷可得性的关系展开了许多有益探讨。研究发现,农村土地产权抵押贷款制度中存在土地规模约束(黄惠春等,2016;Carter et al.,2003)、资金用途限制(Diagne et al.,2001)、额外担保(张龙耀等,2015)等信贷管制,并证实了上述管制越强,农户的信贷可得性越低。考虑到林权抵押贷款制度实施较早,且林地上附着物价格相对较高,因此,林权在农村土地产权中价值通常较高,银行接受林权作为抵押物的概率更大。然而,现有研究实地调研结果发现,商业银行为降低信贷风险,林权抵押贷款同样受到抵押林木林龄、抵押林地面积、抵押担保额度、额外担保、抵押率、资金用途限制与贷款周期等信贷管制(刘璨等,2019)。当林权抵押贷款制度存在信贷管制且抑制农户信贷可得时,其他土地产权作为抵押物可能遭受更强的信贷管制,农户获得其他土地产权贷款的难度往往更大,因此以林权抵押贷款为例,可为其他产权的抵押贷款制度提供借鉴意义。鉴于此,本章在已有文献的基础上,以林权抵押贷款制度为例,运用集体林区县级林权抵押贷款制度与农户调研数据,全面梳理林权抵押贷款中的信贷管制,并参考现有研究对法律文本赋值方法,测度出信贷管制强度,为客观分析信贷管制强度与农户信贷可得性的定量关系提供可能。在此基础上,运用中介效应模型进行机制检验,打开信贷管制影响农户信贷可得性的黑箱,为制定缓解农户信贷约束的政策提供重要前提。

3.2　理论与假设

3.2.1　文献回顾

农村土地产权抵押贷款制度中广泛存在土地规模约束、其他形式担保、资金使用限制等信贷管制现象(黄惠春等,2016;Carter et al.,2003)。关于土地规模,有学者通过实地调查发现,湖北省武汉市及江苏省多数县市的土地产权抵押贷款制度将贷款对象限定为经营规模较大的农户，小规模农户被直接排除在外，降低了农户获得农村土地产权抵押贷款的概率（黄惠春等，2016）。Carter et al.（2003）对巴拉圭农村土地产权抵押贷款制度的考察也证实，只有土地规模达到 15 公顷以上的农户才能获得农村土地产权抵押贷款，银行放贷存在明显的财富偏见。黄惠春（2014）则采用双变量 Probit 模型，对我国农村土地产权抵押贷款制度进行定量分析，同样发现大农户的信贷可得性更高，小农户的融资困境仍未得到缓解。

　　各地区银行还要求农户提供其他形式的抵押担保或第三方担保作为增信机制，否则无法获得农村土地产权抵押贷款（张龙耀等，2015）。相关研究结果表明，政府担保有利于水域滩涂养殖证对渔户信贷的可得性的促进作用，而使用权确权未能缓解渔户面临的信贷约束。换言之，仅是使用权确权但缺乏政府担保，农户信贷的可得性无法增加（阮荣平等，2016）。另外，各地区银行还将农村土地产权抵押贷款的用途限于农业（林业）生产，但农户借款需求主要呈现非生产性特征（安海燕等，2016），又因银行限制资金用途，降低了农户参与正规信贷市场的可能性（Diagne et al.，2001）。石道金等（2011）运用 Probit 模型发现，林权抵押贷款的用途受限会对农户贷款需求产生显著的负向影响。在此基础上，为进一步探究多项贷款限制对农户信贷可得性的影响，有学者运用主成分分析法，在众多指标中提炼出资金用途、借贷额度、借贷时间和便捷程度成为制度约束，并发现上述限制会增加农户贷款成本，导致多数农户选择非正规金融，即产生"挤出效应"，降低了农户从正规金融机构获得信贷的可能性（匡桦等，2011）。

　　综上所述，已有文献较深入地探究了农村土地产权抵押贷款制度的信贷管制对农户信贷可得性的影响，为进一步研究信贷管制与农户信贷可得性的理论机制提供了极有价值的线索，也为实证研究提供了相应的方法论指导。但仍有以下两个方面的内容需要进一步思考与完善。一方面，多数文献多聚焦一个或多个信贷管制。事实上，银行为降低信贷风险，联合当地政府对林权抵押条件设置了一系列的管制措施，仅聚焦于单个或多个信贷管制，则无法从政策文本出发，全面梳理农村土地产权抵押贷款制度的系列约束（张红霄等，2015）。另一方面，已有文献多采用"黑箱法"，发现信贷管制抑制了农户信贷可得性，但未能考察抑制作用形成的内在机理。然而，对二者关系内在机制的剖析不仅可加深对信贷管制与农户信贷可得性之间关系的理解，更能为深化农村土地产权抵押贷款制度完善，并设计出缓解农户信贷约束的政策提供依据。

3.2.2　理论分析

林权抵押贷款所面临的信贷管制，不仅对农户信贷可得性产生直接约束效应（直接抑制效应），而且还会通过降低农户的信贷需求（需求抑制效应）及土地产权价值（价值抑制效应），进而对农户信贷的可得性产生间接抑制作用。

（1）信贷管制提高了林权抵押贷款的信贷门槛

具体而言，部分地区将林地经营权抵押的贷款对象瞄准为通过流转获得林地经营权的规模经营主体，同时要求政府等第三方机构提供风险担保（张龙耀等，2015）。刘祖军等（2012）经过实地考察发现，过高的抵押贷款利率是众多受访农户未参与林权抵押贷款的原因。张红霄（2015）课题组实地调研结果进一步发现，南方集体林区的 7 个调研县均对林权抵押贷款制度中林地面积做出限制要求，最低约束为 3.33 公顷，最高为 33.33 公顷，据调查样本，仅有 17% 的样本家庭林地面积达到最低要求。倘若考虑抵押林龄、贷款额度等其他门槛，达到贷款资格的农户则不足 7%。因此，大多数农户由于达不到贷款条件而直接被排除在林权抵押贷款的市场之外，农户信贷可得性降低（刘祖军等，2012；黄惠春等，2016）。

（2）林权抵押贷款的信贷管制还会通过作用于信贷需求对农户信贷可得性产生影响

具体来说，尽管民间借贷等非正规金融产品利率较高，但较之林权抵押贷款制度的高门槛条件，其具有程序简单、期限灵活、无须抵押担保等优势（Guirkinger，2008），所以农户往往优先选择亲友借贷、民间借贷等非正规金融（刘西川等，2014）。简而言之，当正规信贷的门槛较高时，易产生"挤出效应"，即在长期信贷管制约束下，农户正规信贷需求会因非正规信贷产品的存在而受到抑制（Boucher et al.，2008），而对非正规金融产品的诉求则会成为一种惯性（王冀宁等，2007）。有学者实地调研发现，有20.45%的样本农户认为林权抵押贷款手续烦琐因而选择其他渠道获得贷款（石道金等，2011）。更重要的是，由于农户与银行间存在信息不对称问题，与同村村民沟通是农户获取贷款信息的主要途径。当有农户认为申请林权抵押贷款困难且实际也未获得贷款时，其他农户往往会效仿其决策，形成"羊群效应"。这进一步降低了农户对林权抵押贷款的需求，农户信贷的可得性因此被遏制。

（3）信贷管制也会通过林地产权价值进一步对农户信贷可得性产生影响

依产权理论，管制导致的私有产权的削弱，会限制产权价值（Galiani et al.，2011）。具体而言，较高的贷款条件与严苛的贷款内容导致农户抵押权受限，抑制了农户投资热情（Deininger et al.，2011），结果是大多数农户不愿意租入林地来扩大生产。有研究通过实地调研发现，农户间林地流转频次仅占林地流转频次的7.71%，林地流转多发生在林场、公司及生产大户之间（刘浩等，2016）。这意味着农户通过流转林地产权变现的能力减弱，林地产权价值下降。更为关键的是，较低的抵押物价值无疑增加了处置抵押物成本，银行的经营风险随之提高。此时，银行的理性决策即是控制放贷金额，林权抵押贷款的机会因此不能显著增加（黄惠春，2014；Galiani et al.，2011）。总而言之，信贷管制导致林权价值受到抑制，降低了银行放贷意愿以及农户获得林权抵押贷款的概率。

3.2.3　研究假说

基于此，本章提出以下2个研究假说：

假说1：在其他条件不变的情况下，农民所面临的信贷管制越强，其获得贷款的可能性越低。

假说2：在其他条件不变的情况下，信贷管制强度不仅会直接降低农户获得贷款可能性，还会通过抑制农户信贷需求和农村土地产权价值这两个途径，进一步降低农户获得贷款的概率，即产生直接抑制效应、需求抑制效应和价值抑制效应。其理论机制如图 3 - 1 所示。

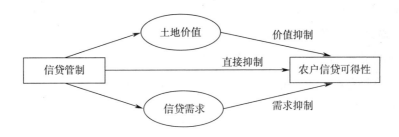

图 3 - 1　理论机制示意

3. 3　研究方法

本章在通过设定 Probit 模型的基础上，设定中介效应模型以识别信贷管制对农户信贷可得性影响的内在机制。

3. 3. 1　基准回归模型设定

我们借鉴农户行为的已有研究（Ma，2013），构建以下简化式模型：

$$ACCESS_i = \alpha_0 + \alpha_1 CR_i + \sum_{j=0} \alpha_{2j} Z_{ji} + \varepsilon_i \qquad (3.1)$$

式（3.1）中，i 表示受访农户，CR_i 表示本章的关键变量，是指林权抵押贷款制度的信贷管制。$ACCESS_i$ 表示被解释变量，即农户的信贷可得。α_0 表示截距项，α_1 表示信贷管制对农户信贷可得性的影响系数，Z_{ji} 表示计量模型中的控制变量，ε_i 表示残差项。

农户是否获得信贷属于二值选择变量，因此选择 Probit 模型进行估计。尽管我们系统梳理了各调研县林权抵押贷款制度的信贷管制情况，但仍有理由怀疑文本制度收集或整理中存有偏漏，即信贷管制强度可能存在测度偏误。而且，中央政府可能会因过低的林权抵押贷款概率要求地方政府进一步落实与完善林权抵押贷款制度，使得信贷管制强度与农户信贷可得性存在反向因果关系。因此，为避免测度偏误、互为因果导致的内生性问题，本章参照已有文献做法选取"林农所在调研县是否为林权抵押贷款试点县"作为工具变量（何文剑等，2016），并采用 ivprobit 对式（3.1）进行估计。

使用工具变量的前提是满足相关性和外生性条件。一方面，由于林权经营权抵押贷款制度的信贷管制是县级政府会同银行共同制定，因此在省级部门的监管和晋升机制的激励下，试点县更会响应国家号召，积极促进林权经营权抵押贷款制度的实施（以下简称林权抵押贷款）。通过对县级政策梳理我们已证实上述分析，林权抵押贷款试点县的主要工作为弱化各项信贷管制，故林农所在县是否为林权抵押贷款试点县与林权抵押贷款制度的信贷管制强度之间具有相关性。另一方面，林权抵押贷款试点县是国家林业部门事先确定的，原则上与银行是否放贷的决策无关，故满足工具变量的外生性条件。因此，构建以下模型：

$$y_{Ai}^* = \alpha x_i + \beta y_{Bi} + u_i \tag{3.2}$$

$$y_{Bi} = \gamma x_i + \gamma z_i + v_i \tag{3.3}$$

$$y_{Ai} = 1(y_{Ai}^* > 0) \tag{3.4}$$

式（3.2）、式（3.3）、式（3.4）中，y_{Ai}^* 表示不可观测的潜变量。y_{Bi} 表示模型中的内生解释变量。y_{Ai} 表示可观测的虚拟变量，即农户是否获得信贷。u_i 和 v_i 表示随机扰动项。

假定扰动项（u_i, v_i）服从期望值为 0 的二维正态分布，即

$$\begin{pmatrix} u_i \\ v_i \end{pmatrix} \sim N\left[\begin{pmatrix} 0 \\ 0 \end{pmatrix}, \begin{pmatrix} 1 & \rho\sigma_v \\ \rho\sigma_v & \sigma_v^2 \end{pmatrix} \right] \tag{3.5}$$

式（3.5）中，u_i 的方差被标准化为 1，ρ 是（u_i, v_i）的相关系数。进一步假设（u_i, v_i）独立于 x_i 和 z_i，因此式（3.2）中 x_i 为外生解释变量。并且 z_i 可以当作内生解释变量 y_{Bi} 的工具变量，因为 z_i 与 y_{Bi} 相关，且与 u_i 无关。因此，在给定 x_i 和 z_i 时，（y_{Ai}^*, y_{Bi}）已被确定。将联合概率密度 $f(y_{Ai}^*, y_{Bi} \mid x_i, z_i)$ 分解为 $f(y_{Ai}^* \mid y_{Bi}, x_i, z_i)$ 与 $f(y_{Bi} \mid x_i, z_i)$，得到样本数据（y_{Ai}^*, y_{Bi}）的似然函数，从而进行最有效率的 MLE 估计。

3.3.2　机制检验模型设定

由于直接抑制效应很难识别，因此本章先验证需求抑制效应和价值抑制效应。对三个效应的检验虽然在检验顺序上存在一定联系，但对结果的解释均是相互独立的。换言之，无论需求抑制效应和价值抑制效应是否存在，在控制住信贷需求、林权价值两个变量后，CR 的系数均表征直接抑制效应。

首先，为验证需求抑制效应，即农户信贷需求是否为信贷管制影响信贷可得性的中介变量，在式（3.1）的基础上构建式（3.6）和式（3.7）。

$$DEMAND_i = \beta_0 + \beta_1 CR_i + \sum_{j=0} \beta_{2j} Z_{ji} + \varepsilon_i \qquad (3.6)$$

$$ACCESS_i = \gamma_0 + \gamma_1 CR_i + \gamma_2 DEMAND_i + \sum_{j=0} \gamma_{3j} Z_{ji} + \mu_i \qquad (3.7)$$

式（3.6）、式（3.7）中，$DEMAND_i$ 为农户的信贷需求，我们采取"农户是否具有信贷需求"来测度农户的信贷需求（王定祥等，2011）。当农户有林权抵押贷款的需求时取值为 1，否则为 0。在实际调研的 465 户样本户中，137 户有林权抵押贷款的需求，可见农户的信贷需求并不高。

同时，我们采取逐步法检验回归系数，在式（3.1）的系数 α_1 基础上，检验式（3.6）的系数 β_1 和式（3.7）的系数 γ_2，这实际是检验系数乘积的显著性（即检验 $H_0: \beta_1 \times \gamma_2 = 0$），具体思路如图 3-2 所示。若系数 β_1 和 γ_2 均显著，则表明存在需求抑制效应。若系数 β_1 和 γ_2 至少一个不显著，则需检验二者乘积的显著性。由于本章样本 465 户可视为大样本，故

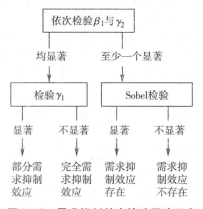

图 3-2　需求抑制效应检验思路示意

运用 Sobel 法检验系数 β_1 和 γ_2 的联合显著性；若系数 β_1 和 γ_2 的乘积显著为负，则表明需求抑制效应存在；若不显著，则表明需求抑制效应不存在。关于估计方法，考虑到林权抵押贷款制度的信贷管制强度可能存在测度偏误从而导致内生性问题，本章对式（3.6）和式（3.7）均采用 ivprobit 进行估计。

其次，为验证价值抑制效应，即林权价值是否为信贷管制影响信贷可得性的中介变量，在式（3.1）的基础上构建式（3.8）、式（3.9）。

$$VALUE_i = \theta_0 + \theta_1 CR_i + \sum_{j=0} \theta_{2j} Z_{ji} + \varepsilon_i \tag{3.8}$$

$$ACCESS_i = \delta_0 + \delta_1 CR_i + \delta_2 VALUE_i + \sum_{j=0} \delta_{3j} Z_{ji} + \mu_i \tag{3.9}$$

式（3.8）、式（3.9）中，$VALUE_i$ 表示林权价值。θ_0 和 δ_0 表示截距项。实际上，林权价值表现为林权通过流转变现的价值，所以我们选取"林地流转价格"作为林权价值的代理变量。与验证需求抑制效应相同的是，我们采取逐步法检验林权价值的中介效应是否存在，具体思路如图 3-3 所示。关于估计方法，考虑到林地流转价格为连续变量，且模型可能存在测度偏误导致的内生性问题，本章采用 2SLS 对式（3.8）进行估计。同时对式（3.9）仍然采用 ivprobit 进行估计。

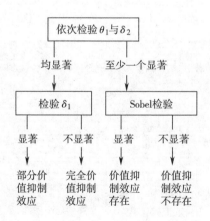

图 3-3　价值抑制效应检验思路示意

最后，验证直接抑制效应。若需求抑制效应与价值抑制效应均存在，则应该将信贷需求与林权价值均加入模型中，CR 前面的回归系数显著即表示存在直接抑制效应。若需求抑制效应、价值抑制效应仅存在一个，那么在控制该效应后，系数 γ_1 或 δ_1 即代表直接抑制效应。若上述两个效应均不存在，则式（3.1）中 α_1 为直接抑制效应。

3.4　数据

本章基于实地调研数据选择研究变量，并通过梳理林权抵押贷款相关政策文件等方式对相关变量进行设定。

3.4.1　数据来源

本章的数据来自课题组于 2019 年 7—8 月的实地调查。调研选择较早实施林权抵押贷款制度的江西省、浙江省、安徽省为案例省，三省以各县林权抵押贷款执行情况为依据，选择贷款申请数、发放笔数等各项指标排名靠前的 2 个县为调研县，每县随机抽选 4 个村，每村随机抽选 20 户农户发放问卷，共计调查 6 个县 24 个村 480 户农户，收回有效问卷 465 份，有效问卷率为 96.88%。调研主要在县级和农户 2 个层面展开：一是县级层面，在与分管林改、计财等工作人员进行焦点小组座谈基础上，广泛收集各调研县有关林权抵押贷款制度的政策文件，包括但不限于深化集体林权改革意见，林权抵押贷款制度的指导意见、实施方案，以及林木资产评估细则等；二是农户层面，通过调查问卷和半结构式访谈等方式，详细询问农户对林权抵押贷款制度熟知、获得林权抵押贷款等情况，同时收集了农户个体特征、林地特征等信息。

3.4.2　变量选择与测度

（1）因变量

本章参照多数学者的调研方法，采取"农户是否获得信贷"来测度农户的信贷可得性（彭克强等，2017；Kondo et al.，2008）。当农户实际获得林权抵押贷款时取值为 1，否则为 0。实际上，案例省早于 2008 年前后已开展林权抵押贷款制度，调研时却发现 465 户样本户中，有 122 户样本户申请贷款，而通过林权抵押获得贷款的只有 19 户，占总样本户的 4.1%。可见，农户获得林权抵押贷款的可能性很低。

（2）自变量

本章在研读县级林业部门与当地银行共同制定的政策文本基础上，系统梳理林权抵押贷款制度设定的各种门槛条件，构建林权抵押贷款制度的信贷管制指标体系，进而测度出信贷管制强度。综合调研县（市）林权抵押贷款相关政策，借鉴已有文献做法（张红霄，2015），将抵押贷款限制划分为 7 个限制指标，因 6 个调研县（市）林权抵押贷款制度存在差异而分成不同等级（见表 3 - 1）。

本章参考现有研究对法律文本赋值方法（李宁等，2017）。首先，以等差方式对表 3 - 1 中的限制指标进行赋值，取值越大，意味着信贷管制强度越强，其中，0 为无限制，1 为最高限制。需要说明的是，以等差方式赋值是因为各政策分级状况类似于等差，各级之间的差距对于农户抵押权限制是等作用力的（李宁等，2017）。其次，在对限制指标赋值的基础上，结合样本户自身情况，确定各个样本户的限制分值。因篇幅限制，此处仅以抵押林龄为例来说明。当农户所在县（市）政策规定抵押林木林龄至少为 3 年时，若该农户达不到此要求，则该限制指标取值为 0.5；若达到此要求，则取值为 0，即说明抵押林龄对其无约束。由于信贷管制的各限制指标属于并列关系，本章以熵值法确定指标之间的权重。最终结果表明，465 户样本农户中，林权抵押贷款制度的信贷管制强度最高为 0.92，中位数为 0.712，均值为 0.631，其中大于信贷管制强度均值的有 148 户。可见，受访农户面临较强的信贷管制。

表 3 - 1　　　　林权抵押贷款制度的信贷管制评价体系与指标测度

	限制指标	限制等级	赋值
林权抵押贷款制度信贷管制强度	抵押林木林龄	分三级：无限制、需 3 年以上、需 5 年以上	林龄由短到长分别赋值 0、0.5、1
	抵押林地面积	分四级：不受限、需 3.33 公顷以上、需 6.67 公顷以上、需 33.33 公顷以上	抵押林地面积由小到大分别赋值 0、0.333、0.667、1

续表

限制指标		限制等级	赋值
林权抵押贷款制度信贷管制强度	抵押贷款额度	分两级：无限制、不低于 50 万元	无/有限制，分别赋值 0、1
	额外担保	分两级：无要求、有要求	无/有要求，分别赋值 0、1
	抵押率	经济林分三级：60%、50%、40% 用材林分五级：80%、70%、60%、50%、40%	经济林抵押率由大到小分别赋值 0.333、0.667、1 用材林抵押率由大到小分别赋值 0.2、0.4、0.6、0.8、1
	贷款期限	分四级：10 年、8 年、5 年、3 年	贷款期限由长到短分别赋值 0.25、0.5、0.75、1
	贷款利率	分五级：银行基准利率上浮 0、30%、46%、50%、60%	贷款利率由低到高分别赋值 0、0.25、0.5、0.75、1

注：数据源自课题组于 2019 年 7—8 月的实地调查。

（3）控制变量

参考已有文献，本章选取农户户主特征和家庭特征变量作为控制变量。其中农户户主特征变量包括户主年龄、受教育程度（彭克强等，2017）、户主是否为党员（刘辉煌等，2015），农户家庭特征变量包括林地规模（石道金等，2011）、农户家庭收入（彭克强等，2017）、家庭劳动力数（黄惠春等，2014）以及山林依赖度（石道金等，2011）。各变量定义与基本描述统计分析如表 3 - 2 所示。

表 3 - 2　　　　　　　　各变量定义与描述性统计

变量名称	缩写	定义	均值	标准差
信贷管制	CR	对限制政策赋值并确定权重	0.631	0.233
信贷可得性	ACCESS	获得信贷赋值 1，否则 0	0.043	0.204
户主年龄	AGE	户主的实际年龄（岁）	50.384	10.771
户主受教育程度	EDU	户主受正规教育年限（年）	8.034	3.080
是否为党员	PM	是赋值 1，否则 0	0.378	0.486
林地规模	AREA	林地面积（0.067 公顷）	90.787 (6.052)	331.61 (22.107)
农户家庭收入（对数）	LNIN	农户家庭总收入对数	3.455	4.534
家庭劳动力数	LABOR	农户家庭劳动力总数（人）	2.357	0.890
山林依赖度	RELY	林业收入占总收入的比重（%）	0.276	0.295

注：数据源自课题组于 2019 年 7—8 月的实地调查。

3.5 结果与讨论

本节在阐述林权抵押贷款的信贷管制影响农户信贷可得性基准回归结果的基础上，通过中介效应模型，检验林权抵押贷款的信贷管制对农户信贷可得性的内在机制。

3.5.1 信贷管制与农户信贷可得性关系的基准回归结果

为验证自变量之间是否存在严重多重共线性，本章在对模型进行回归分析前，先汇报自变量的相关系数矩阵。根据表 3 - 3 可知，自变量两两相关系数的绝对值均小于 0.5，可见解释变量不存在严重多重共线性，可将所有自变量一并放入模型之中。为避免可能存在的异方差问题，本章采用稳健标准误。

表 3 - 3　　　　　　　　　　　自变量的相关系数矩阵

	CR	AGE	EDU	PM	AREA	LNIN	LABOR	RELY
CR	1.000							
AGE	0.052	1.000						
EDU	− 0.077	− 0.470 ***	1.000					
PM	0.102 **	0.023	0.184 ***	1.000				
AREA	0.048	0.022	− 0.016	0.116 **	1.000			
LNIN	0.037	− 0.006	0.074	0.052	0.110 **	1.000		
LABOR	0.060	− 0.091 *	0.115 **	0.039	0.370 ***	0.124 **	1.000	
RELY	0.373 ***	0.145 ***	− 0.031	0.101 **	0.127 **	0.268 ***	0.034	1.000

注：*** 表示在 0.01 水平上具有显著性，** 表示在 0.05 水平上具有显著性，* 表示在 0.1 水平上具有显著性。计算结果基于实地调研的定量分析。

模型最终估计结果如表 3 - 4 所示。其中，第 1 列为 Probit 模型估计结果，且仅考虑信贷管制强度对农户信贷可得性的影响。第 2 列在第 1 列的基础上加入控制变量，同时为缓解制度测度偏误问题，加入县级虚拟变量，这考虑到林权抵押贷款制度由当地县级政府联合银行一同制定，制度可能受到县级政府偏好影响。第 3 列和第 4 列为 ivprobit 模型估计结果，其中第 3 列使用的是稳健标准误，考虑到农户信贷可得性在同一村庄内可能高度相关，第 4 列使用了村级层面的聚类稳健标准误。

对比表 3-4 中第 1 列与第 2 列结果发现，加入控制变量后，信贷管制强度系数由正变负，这说明遗漏其他变量与县级效应确实会造成估计结果有偏。第 3 列和第 4 列为 ivprobit 估计结果，第一阶段估计中 F 值均超过 10，可以认为工具变量满足相关性条件，同时工具变量的影响在 1% 水平上显著为正，表明工具变量"是否为林权抵押贷款试点县"对内生变量"林权抵押贷款制度的信贷管制强度"有较强的解释力（限于篇幅未报告结果）。与第 2 列相比，第 3 列中信贷管制强度的影响系数由负向不显著变成负向显著，表明忽略内生性问题可能导致结果有偏。第 4 列换成聚类稳健标准误后，关键变量的影响方向和显著性与第 3 列一致，可见标准误的增大不足以对回归结果产生太大影响。故本章以第 4 列结果为准进行分析。

关键变量林权抵押贷款制度的信贷管制强度对农户信贷可得性存在负向影响，且在 5% 水平上显著。可见，农户所面临的信贷管制越强，林权抵押贷款制度中贷款条件和贷款内容的门槛越高，农户越难获得贷款。进一步估计信贷管制对信贷可得性的平均边际影响为 -0.102，这表明信贷管制强度每增加 1 个单位，农户获取林权抵押贷款的概率即会降低 10.2%，这验证了研究假说 1。上述结果与 Diagne 等（2001）对马拉维、Carter 等（2003）对巴拉圭及黄惠春等（2016）对我国的相关研究结论一致，且与实地调研情况相吻合。举例来说，A 村受访的 21 户农户均以经营杉木林为主，其中 18 户申请过林权抵押贷款，但仅有 1 户最终获得贷款。究其原因，A 村所在的调研县规定林地面积需在 6.67 公顷以上才可获得林权抵押贷款，21 户农户中仅有 5 户达到此条件，而对杉木林林龄 5 年以上的要求，又将刚更新造林的 4 户农户排除在林权抵押贷款市场之外。

对于控制变量，户主年龄和受教育程度在 5% 水平以上对农户的信贷可得性存在负向影响，这表明户主年龄越大，其信贷可得性越低，可能是因为年龄较大的农户可以自给自足，从而不愿意扩大生产，并且对借贷行为持有谨慎态度，抑制了农户的信贷需求以及信贷可得性。户主受教育程度越高，获得林权抵押贷款的概率越小，这与已有研究结论不符（石道金等，2011）。结合实地调研，本章认为，农户受教育程度越高，其知悉林权抵押贷款制度的概率越大，则更了解林权抵押贷款的风险，这抑制了农户对林权抵押贷款的需求，信贷可得性降低。另外，农户的林地面积与山林依赖度对其信贷可得性存在显著正向影响，表明农户的林地面积越大，对山林依赖度越高，其获取林权抵押贷款的可能性越大，这是因为对于拥有较大林地规模和山林依赖度强的农户，其信贷需求相对旺盛，因而提高了其获得贷款的概率。

表3-4   信贷管制对农户信贷可得性的影响：基准回归

变量	稳健标准误				聚类稳健标准误
	Probit	Probit	Ivprobit	clogclog	Ivprobit
	(1)	(2)	(3)	(4)	(5)
CR	1.135 **	-0.799	-3.408 *	-4.756 ***	-3.408 **
	(0.464)	(1.180)	(1.813)	(1.842)	(1.668)
AGE		-0.050 **	-0.027	-0.075 **	-0.027 **
		(0.023)	(0.019)	(0.036)	(0.014)
EDU		-0.123	-0.129 **	-0.196	-0.129 ***
		(0.083)	(0.059)	(0.140)	(0.043)
PM		-0.238	-0.344	0.425	-0.344
		(0.336)	(0.349)	(0.412)	(0.306)
AREA		0.003 **	0.001	0.004 **	0.001 *
		(0.001)	(0.001)	(0.002)	(0.000)
LNINCOME		0.127 ***	0.058	0.196 **	0.058
		(0.043)	(0.041)	(0.088)	(0.053)
LABOR		-0.139	0.006	-0.189	0.006
		(0.182)	(0.181)	(0.292)	(0.152)
RELY		0.132	0.686 ***	0.020	0.686 ***
		(0.238)	(0.186)	(0.520)	(0.149)
县级效应	未控制	控制	控制	控制	控制
Cons	-2.479 ***	2.539	1.445	1.451	1.445
	(0.337)	(2.076)	(2.087)	(2.694)	(2.258)

续表

变量	稳健标准误				聚类稳健标准误
	Probit	Probit	Ivprobit	clogclog	Ivprobit
	（1）	（2）	（3）	（4）	（5）
Wald 卡方值/F 值	5.98 **	46.21 ***	29.02 ***	187.13 ***	107.03 ***
Log – pseudo likelihood	– 72.390	– 24.860	– 8.245	– 39.826	– 8.245
N	465	465	465	465	465

注：*** 表示在 0.01 水平上具有显著性，** 表示在 0.05 水平上具有显著性，* 表示在 0.1 水平上具有显著性。第 1 列、第 2 列、第 3 列和第 4 列括号内数字为稳健标准误，第 5 列括号内数字为聚类稳健标准误。回归结果基于实地调研的定量分析。

3.5.2　内生性问题的进一步探讨

尽管本章已经以"林农所在县是否为林权抵押贷款试点县"为工具变量，采用 ivprobit 模型以缓解模型内生性问题，但国家林业部门在确定试点县时可能受到当地金融发展水平的影响，导致农户信贷可得性本来就很高的县被优先划为试点，以"林农所在县是否为林权抵押贷款试点县"为工具变量可能存在样本自选择问题。因此，进一步使用倾向匹配得分法（Propensity Score Matching，PSM）进行稳健性检验。通过政策梳理发现，林权抵押贷款试点县的主要工作为弱化各项信贷管制，故可将林权抵押贷款试点县作为处理组，非试点县的农户作为对照组，并且选择农户收入、林地面积和木材市场价格作为协变量。

PSM 估计结果一致性的前提是处理组与控制组的匹配结果较好地平衡了数据，故本章对所有匹配变量进行平衡性检验，匹配后的标准偏差绝对值均在 20% 以下，可认为匹配效果较好。同时，t 检验结果也不拒绝处理组与控制组无系统差异的原假设。进一步地，控制变量平均标准误差、衡量倾向得分方程拟合优度的 Pseudo R^2 值在匹配后均有所降低；控制变量系数联合显著性检验的 p 值显示匹配前控制变量系数是联合显著的，但在匹配后无法拒绝"控制变量系数联合为 0"的原假设，意味着匹配后的控制变量不能决定是否成为林权抵押贷款试点县。因此，本章较好地匹配了试点县与非试点县农户，区分出管制强度较弱与管制强度较强的农户。

考虑模型异方差问题，我们使用自助法获得稳健标准误，同时我们分别估计了带宽为 0.03、0.06 和 0.09 的核匹配，以及 1 对 1、1 对 2 和 1 对 4 的近邻匹配方法下的平均处理效应，结果如表 2 - 5 所示。无论何种匹配方法，参与者平均处理效应（Average Treated Effect，ATE）均在 10% 水平以上显著为正，表明林权抵押贷款试点县的农户获得林权抵押贷款的概率更高，换言之，林权抵押贷款制度的信贷管制强度越弱，农户信贷可得性越高。可见，模型中样本自选择问题并不严重，基准回归结果具有稳健性。

表 3 - 5　　　　　信贷管制对农户信贷可得性的平均处理效应

匹配方法	ATT
核匹配（带宽 0.03）	0.060 * （0.035）
核匹配（带宽 0.06）	0.079 *** （0.026）
核匹配（带宽 0.09）	0.063 ** （0.028）
近邻匹配（1 对 1）	0.076 ** （0.036）
近邻匹配（1 对 2）	0.076 ** （0.031）
近邻匹配（1 对 4）	0.065 ** （0.028）

注：*** 表示在 0.01 水平上具有显著性，** 表示在 0.05 水平上具有显著性，* 表示在 0.1 水平上具有显著性。括号内数字为通过自助法获得的标准误（重复 200 次）。结果基于实地调研的定量分析。

3.5.3　稳健性检验

（1）调整关键变量赋值方法

尽管本章试图最大可能地还原林权抵押贷款制度本身，但采用等差法进行赋值，尤其是对限制等级之间的 "公差" 确定，以及将调研县最高限制等级赋值为 "1" 的做法是包含个人主观意志的。为检验这种主观意志对模型估计结果的影响程度，此处将原先的 "公差" 和最高限制等级的赋值进行调整（见表 3 - 6），依旧采用 ivprobit 模型。最终估计结果见表 3 - 7 第 1 列，关键变量林权抵押贷款制度的信贷管制强度指数依旧对农户信贷可得性具有抑制作用，并在 10% 水平上显著。因此，认定基准回归的结果具有稳健性。

表 3 - 6　　　　　　　　　　　　　**限制等级赋值调整**

限制指标赋值	调整前	调整后
抵押林木林龄由短到长	0、0.5、1	0、0.4、0.8
抵押林地面积由小到大	0、0.333、0.667、1	0、0.267、0.533、0.8
抵押贷款额度有无限制	无限制，赋值0；有限制，赋值1	无限制，赋值0；有限制，赋值0.8
额外担保	无限制，赋值0；有限制，赋值1	无限制，赋值0；有限制，赋值0.8
抵押率由大到小	经济林0.333、0.667、1	经济林0.267、0.533、0.8
	用材林0.2、0.4、0.6、0.8、1	用材林0.16、0.32、0.48、0.64、0.8
贷款期限由长到短	0.25、0.5、0.75、1	02、0.4、0.6、0.8
贷款利率由低到高	0、0.25、0.5、0.75、1	0、0.2、0.4、0.6、0.8

注：根据政策梳理分析进行赋值调整。

（2）采用其他模型

考虑到 Probit 模型的参数估计值不是边际效应，为此，我们同时报告线性概率模型的回归结果，尽管线性概率模型在估计二值选择变量时存在一定问题，但其计算方便且容易得到边际效应，可作为粗略参考（见表 3 - 7 第 2 列）。而且，本章还采用 Biprobit 模型，通过联立信贷需求和信贷可得性方程，将有信贷需求和无信贷需求的所有样本信息包含在内，以期解决样本选择偏误问题（见表 3 - 7 第 3 列）。结果显示，采用 OLS 回归与 Biprobit 模型，林权抵押贷款制度的信贷管制分别在 5% 与 10% 水平以上对农户信贷可得性呈现负向影响。可见，基准回归结果具有稳健性。

表 3 - 7　　　　**信贷管制对农户信贷可得性的影响：稳健性检验**

变量	调整赋值	其他估计方法	
	Ivprobit	OLS	Biprobit
	（1）	（2）	（3）
CR	- 4.264 *	- 0.068 **	- 1.412 *
	(2.278)	(0.034)	(0.803)
控制变量	控制	控制	控制
县级效应	控制	控制	控制
Cons	1.442	0.196	0.440
	(2.090)	(0.077)	(1.633)

续表

变量	调整赋值	其他估计方法	
	Ivprobit	OLS	Biprobit
	(1)	(2)	(3)
Wald 卡方值/F 值	29. 01 ***	8. 94 ***	1949. 31 ***
Log – pseudo likelihood	16. 595	—	– 247. 731
N	465	465	465

注：*** 表示在 0. 01 水平上具有显著性，** 表示在 0. 05 水平上具有显著性，* 表示在 0. 1 水平上具有显著性。括号内数字是稳健标准误。限于篇幅，第 3 列 Biprobit 模型仅汇报信贷可得性方程的回归结果。数据来自课题组于 2019 年 7—8 月的实地调查。

3.5.4　信贷管制与农户信贷可得性的关系：机制检验

在前文获得基准回归结果的基础上，通过中介效应模型检验信贷管制对农户信贷可得性的需求抑制效应、价值抑制效应与直接抑制效应，中介效应回归结果如表 3 - 8 所示。

（1）需求抑制效应检验结果见表 3 - 8 第 1 列、第 2 列和第 3 列

第 1 列是判断林权抵押贷款制度的信贷管制强度对中介变量"信贷需求"的影响。为防止遗漏变量导致的内生性问题，加入控制变量及村级和县级虚拟变量。结果显示，信贷管制强度的系数为负，但并不显著，这说明林权抵押贷款制度的信贷管制对农户信贷需求的影响可能不存在。第 2 列和第 3 列在控制信贷管制强度的基础上，考察农户信贷需求对信贷可得性的影响，其中第 2 列运用 ivprobit 模型进行估计，在控制信贷管制后农户信贷需求对信贷可得性并未在 10% 水平以上呈现显著正向影响。第 3 列在第 2 列基础上使用村级层面的聚类稳健标准误，对组内自相关进行修正。结果表明，信贷需求对信贷可得性的影响也不显著。

由于 β_1 和 γ_2 均不显著，故进行 Sobel 检验，发现二者乘积的 t 值为 – 0. 571，对应的 P 值为 0. 568，未通过联合性检验，故需求抑制效应未被证实。对此可以做出的解释是，林权抵押贷款制度实施不久，农户对制度认知程度不足，由于农户对林权抵押贷款的需求以知道该制度为前提，所以林权抵押贷款制度的信贷管制对农户信贷需求并未呈现显著影响。我们

实地调研发现，465 户农户中有 326 户不知道林权抵押贷款制度，占总样本的 70%。更为关键的是，定量分析结果表明，农户是否知道林权抵押贷款制度对其信贷需求在 1% 水平上呈现正向影响，限于篇幅原因，在表 3 - 8 中省略。

（2）价值抑制效应检验结果见表 3 - 8 第 4 列、第 5 列和第 6 列

在加入控制变量以及村级效应和县级效应基础上，第 4 列结果表明，林权抵押贷款制度的信贷管制强度对中介变量"林权价值"的影响在 5% 水平上显著为负，而且信贷管制强度每增加 1 个单位，林权价值降低 53.5%，这在一定程度上表明对信贷市场的管制会阻碍林地流转市场。第 5 列和第 6 列运用 ivprobit 模型，在控制信贷管制强度的基础上，考察林权价值对信贷可得性的影响，其中第 5 列使用稳健标准误，第 6 列使用村级层面的聚类稳健标准误，结果均显示，林权价值对信贷可得性呈现显著正向影响，这符合理论预期，说明林权价值越高，银行向农户发放贷款的意愿越强。进一步估计林权价值对信贷可得性的平均边际影响为 0.052，这表明林权价值每增加 1 个单位，农户获取林权抵押贷款的概率会增加 5.2%。由于 θ_1 与 δ_2 均显著，意味着价值抑制效应存在。这表明林权抵押贷款制度的信贷管制通过降低林权价值，进而抑制了农户获得林权抵押贷款的可能性。

（3）由于需求抑制效应不存在，所以式（3.9）的系数即代表直接抑制效应

由表 3 - 8 第 5 列和第 6 列可知，在控制住林权价值对信贷可得性的影响下，林权抵押贷款制度的信贷管制强度对信贷可得性仍然呈现显著的负向影响，即影响显著，意味着直接抑制效应也存在，这说明林权抵押贷款制度的高门槛直接将未达到抵押标准的农户排除在外，抑制了其信贷可得性。

因此，林权抵押贷款的高门槛条件不仅会直接抑制农户信贷可得性，而且会通过林权价值阻碍农户获得林权抵押贷款的概率。进一步，价值抑制效应（中介效应）占总效应的比例为 1.535 × 0.052/0.102 = 78.3%，则直接抑制效应至多占比 21.7%。这说明林权抵押贷款制度的信贷管制主要

是通过降低林权价值从而抑制农户获得林权抵押贷款的可能性。

表 3 - 8 信贷管制对农户信贷可得性的内在机制：
需求抑制效应与价值抑制效应

变量	需求抑制效应			价值抑制效应		
	Ivprobit	Ivprobit	Ivprobit	2SLS	Ivprobit	Ivprobit
	(1)	(2)	(3)	(4)	(5)	(6)
	CD	ACCESS	ACCESS	LNVA	ACCESS	ACCESS
CR	- 0.761	- 5.212	- 5.212	- 1.535 **	- 11.881 ***	- 11.881 ***
	(0.835)	(7.264)	(8.375)	(0.621)	(1.381)	(4.038)
CD		1.268	1.268			
		(1.458)	(1.733)			
LNVA					0.932 ***	0.932 ***
					(0.155)	(0.336)
控制变量	控制	控制	控制	控制	控制	控制
村级效应	控制	未控制	未控制	控制	未控制	未控制
县级效应	控制	控制	控制	控制	控制	控制
Cons	- 0.833	10.007	10.007	7.990 ***	5.480 ***	5.480 *
	(0.710)	(19.780)	(8.120)	(0.764)	(1.710)	(3.011)
Wald 卡方值/F 值	27.01 ***	19.97 *	4702.82 ***	215.76 ***	129.64 ***	134.47 ***
Log – pseudo likelihood	- 120.439	46.359	46.359	—	67.388	67.388
N	465	465	465	465	465	465

注：*** 表示在 0.01 水平上具有显著性，** 表示在 0.05 水平上具有显著性，* 表示在 0.1 水平上具有显著性。第 1 列、第 2 列、第 4 列和第 5 列括号内数字为稳健标准误，第 3 列和第 6 列括号内数字为聚类稳健标准误。数据来自课题组于 2019 年 7—8 月的实地调查。

3.6 主要结论与启示

本章在理论分析了信贷管制对农户信贷可得性存在直接抑制效应、价值抑制效应和需求抑制效应的基础上，以林权抵押贷款制度为例，利用课题组在集体林区 8 个调研县收集的有关林权抵押贷款制度的政策文本及所在县 465 个农户调研数据，定量分析检验了信贷管制对农户信贷可得性的影响。结果表明：（1）林改后各调研县（市）对林权抵押贷款设定了较严苛的抵押条件，多数农户遭受信贷管制，且高强度的信贷管制确实抑制了农户信贷可得性。该结果不仅考虑了测量误差、遗漏变量及互为因果等内生性问题，而且在运用 PSM 以解决样本选择偏误问题，即在更换估计方法并调整关键变量赋值法后，研究结果依旧具有稳健性。（2）进一步的机制检验发现，信贷管制不仅会直接抑制农户的信贷可得，还会通过降低林权价值从而间接抑制农户信贷可得性，其中价值抑制效应占总效应的比例为78.3%，意味着林权价值是信贷管制影响农户信贷可得性的主要中介变量。（3）林地抵押贷款制度的信贷管制对农户信贷需求未呈显著影响。

在"三权分置"背景下，国家逐步放松对林权抵押贷款制度的管制，积极推行林权抵押贷款制度，试图缓解农户林业生产经营融资困难。然而，林地产权不稳定和林地流转市场不完善等原因弱化了林权经营权作为抵押物的担保功能。因此，在制度实施过程中，银行为降低信贷风险，联合地方政府对林权抵押贷款实行一系列严苛的抵押条件限制。由于信贷管制提高了林权抵押贷款的信贷门槛，多数农户被排除在信贷市场之外。林权抵押贷款的高门槛条件不仅会直接抑制农户信贷可得性，还会导致农户抵押权受限，抑制农户营林热情。这将进一步阻碍林地流转市场发展，降低林地产权价值，银行处置抵押物成本与信贷风险也随之提高，农户获得林权抵押贷款的可能性下降。鉴于农户对林权抵押贷款的需求是以了解林权抵押贷款制度为前提，而在政策初期农户对林权抵押贷款制度认知度较低，因此，信贷管制对农户信贷可得性的需求抑制效应也未被证实。

鉴于林权抵押贷款制度的信贷管制对农户信贷可得性具有抑制作用，因此，弱化银行和地方政府对林权抵押贷款制度的苛刻限制则为本研究的应有之义。然而，包括林权在内的农村土地产权流转市场不完善等增强了土地产权作为抵押物的信贷风险，银行理性决策即是提高贷款门槛。因此，直接强制要求银行弱化信贷管制是不现实的。考虑到信贷管制还会通过土地产权价值和农户信贷需求对农户信贷可得产生间接影响，因而可行的做法是增强土地产权价值和农户信贷需求，从而缓解信贷管制对农户信贷可得性的抑制作用。首先，不断完善农村土地流转服务系统。因存在价值抑制效应，完善包括林权在内的农村土地产权流转服务系统，可以缓解银行与农户间的信息不对称问题，降低银行高昂的信息搜寻成本和处置抵押物成本，提高土地产权价值，最终减轻信贷管制的负向影响。其次，加大宣传，优化林权抵押贷款制度。由于需求抑制效应未被证实的原因是农户对林权抵押贷款制度的不知情，导致农户选择其他贷款方式或效仿其他农户是更优策略，因而，在村级层面大力宣传包括林权在内的农村土地产权抵押贷款政策，尤其是对该政策的申请程序、条件等进行宣传，是缓解农户信贷约束的可能途径之一。

第4章 京津冀区域碳交易市场
连接的社会经济影响研究

4.1 问题的提出

作为全球最大的温室气体排放国，近年来中国提出并实施了一系列有雄心、有担当的减排措施。2016 年，中国向《联合国气候变化框架公约》秘书处正式递交了《强化应对气候变化行动——中国国家自主贡献》（IN-DC），承诺到 2030 年碳排放强度（单位 GDP 碳排放）将比 2005 年下降60% ~65%。作为温室气体减排的重要经济手段之一，碳排放权交易因其灵活的市场机制在全球备受青睐。2011 年，我国就开始探索建立碳交易市场，先后在深圳、天津、上海、北京、广东、湖北、重庆、四川和福建等省市开展碳排放交易试点工作并构建区域碳交易市场（郑爽，2014）。在区域碳交易市场探索阶段，各碳交易试点和区域碳交易市场积极探索，基于自身的经济水平、产业特征和资源禀赋建立起各具特色的碳交易制度体系（王科等，2017）。随着我国区域碳交易试点工作的不断深化和减排需求的不断增加，我国也逐步筹备建立全国统一的碳交易市场。2017 年 12月 19 日，国家发展改革委组织召开全国碳排放交易体系启动工作电视电话会议，宣布基于电力行业的全国碳排放交易体系正式启动。

与单独的区域碳交易市场相比，碳交易市场连接在经济效率上具有显著的优势。所谓碳交易市场连接，即允许不同区域碳交易市场之间进行互动，使得一个碳交易市场可以使用其他碳交易市场的碳排放配额或者碳减排信用。在没有任何交易限制下，碳市场连接能有效节约减排成本（Klepper et al.，2004）。通过更多的主体参与碳交易市场的方式可以使得各参与主体有更多的减排资源和减排选择，降低不同国家和地区的边际减排成本，实现市场连接双方全社会减排成本的最低，从而在经济上减排效率更高。为实现《京都议定书》减排目标，与没有碳交易相比，基于国家建立统一碳市场、构建全球统一碳市场能带来显著的成本节约（Yohe et al.，2000；张中祥，2003）。特别地，全球统一的碳市场能带来约50%全球总经济福利成本节约，诸多发展中国家都将因此获益，而部分发达国家经济福利可能会受损（Böhringer et al.，2004）。另外，碳市场连接还能使得碳交易标的物在市场的流动性更强，从而降低整个国家或者区域的碳配额的价格波动，减少对市场势力的担忧，使得碳市场更加平稳发展（Metcalf et al.，2012）。

碳交易市场连接虽然能带来整体的减排效率提升，但可能使得连接主体在一定程度上丧失对自身市场的设计和控制，更重要的是带来分配效应，即可能对部分区域或部分产业带来较为不利的负面冲击。碳交易市场连接对连接各方参与主体（行业或企业）的分配效应取决于连接对参与主体所面临的配额价格变化以及其在市场中买家和卖家角色定位（Hawkins et al.，2014）。连接后的碳交易市场配额价格将会收敛至均衡价格，这就使得原先碳配额价格较高的市场中配额卖方将不得不以相对较低的价格出售配额，而原先碳配额价格较低的碳市场中配额买方将不得不以相对较高的价格购买配额，从而对区域产业乃至经济产生不同程度的影响。同时，对于开展碳交易的地区而言，涉及碳交易市场的关键行业部门数量有限，而这些行业往往是该区域社会经济发展的核心产业部门。Alexeeva 和 Anger 评估了碳交易市场连接对欧盟竞争力的影响，发现欧盟整体竞争力变化较小，但工业对碳交易市场连接更加敏感（Alexeeva et al.，2016）。由此可见，碳交易市场连接虽然能降低全社会整体的减排成本，并使得各连接区域有所收益，但依然会对区域中不同行业或企业主体产生显著的分配效应，从而对各区域的产业竞争力乃至区域经济可持续发展带来显著的影响（Marschinski et al.，2012）。

碳市场连接会对不同区域的产业竞争力带来不同程度的影响（Hübler et al.，2014；闫云凤，2015）。全球来看，中国、欧盟、澳大利亚碳市场相互连接可计算一般均衡（CGE）模型模拟显示，中国由于经济规模和碳排放量较大，与欧盟和澳大利亚的碳市场连接使得碳价格下降约 45.4%，但中国火电行业产出将会遭受约 3.3% 的下降（齐天宇等，2014）。如果进一步将连接市场扩大到美国、新西兰、韩国和日本，可能会进一步使得配额进口国将减排压力转移到中国，导致钢铁、石油炼焦等能源密集型行业产出降低，同时还会对中国净出口产生较大影响。相反，碳配额进口国的能源密集型行业产出和净出口则有不同程度的上升（Zhang et al.，2017）。此外，考虑俄罗斯未来的不同经济发展情景，其与欧盟开展碳市场连接虽然能显著降低欧盟达到京都目标的合规成本，提升自身 GDP 和社会福利，但会对能源生产行业和能源密集型行业产出带来较大负面影响（Lokhov et al.，2008）。在中国内部，碳市场试点的连接也会带来不同的产业竞争力影响（傅京燕等，2015）。广东和湖北的碳市场连接会对电力、非金属矿物制品、非金属矿采选业、金属冶炼及压延加工和化工行业等高排放强度行业冲击较大，而对服务业的影响较小（刘宇等，2013）。另外，相对于仅七个独立的试点碳市场，试点市场的跨区交易和全国统一的碳市场的确可以降低减排成本，但会对电力部门和燃气生产供应部门带来较大冲击，甚至会进一步加剧区域经济发展不平衡（Fan et al.，2016；袁永娜等，2013）。

我国幅员辽阔，区域社会经济发展水平、资源禀赋、产业结构异质性显著，从而导致不同区域碳排放水平和减排成本存在较大差异。碳市场连接后，对各地区而言，碳排放配额在不同区域之间的分配会产生显著的收入财富分配效应和结构调整效应，碳配额在各地区之间的交易会进一步导致区域间投资、生产要素等的重新分配。同时，长期以来，我国各产业生产大多依赖于以煤炭为主的高能源投入，使得我国能源密集型行业竞争力可能更容易受到碳交易影响。另外，不同的连接方式对市场配额的价格会产生不同程度的影响（Gruell et al.，2012），不同的碳市场连接方式带来的企业生产成本的增加程度对中国不同类型产业竞争力效应影响可能会更加突出。因此，在国内经济转型、产业发展需要及国际减排责任承担的多重压力下，定量分析不同碳市场连接方式对我国区域社会经济和产业竞争力影响显得十分必要。

考虑到北京市和天津市目前是我国碳排放交易试点，且 2014 年河北省承德市和北京市之间已经开始了跨区域碳交易试点工作，所以未来的区域间连接可能性较大。此外，京津冀三省市相互毗邻，社会经济的高度相关联，且三省市发展水平、产业结构、能源结构存在显著差异。因此，本章选取京津冀地区作为研究对象，构建 2012 年多区域可计算一般均衡模型探究碳交易市场连接对各区域社会经济和产业竞争力的影响，并将为各区域制定差异化的减排策略和发展路径提供参考。

4.2　研究方法

本章旨在评估中国各区域碳市场连接可能产生的对产业竞争力的影响，对于区域间的差异、区域间经济主体之间的相互贸易关联和反馈的刻画将是研究的关键。因此，本章拟在国内外多区域 CGE 模型的基础上，构建京津冀多区域 CGE 模型，对京津冀碳交易市场连接的社会经济和产业竞争力进行模拟。基本模型主要由生产模块、收入分配和需求模块、贸易模块、市场均衡模块、宏观闭合模块组成，模型涉及北京、天津、河北和全国其他省市四个区域和 36 个主要国民经济行业（见表 4 - 1）。

表 4 - 1　　　　京津冀多区域可计算一般均衡模型主要部门

编号	行业名称	编号	行业名称
01	农林牧渔产品和服务	11	化学产品
02	煤炭采选产品	12	非金属矿物制品
03	石油和天然气开采产品	13	金属冶炼和压延加工品
04	金属矿采选产品	14	金属制品
05	非金属矿和其他矿采选产品	15	通用设备
06	食品和烟草	16	专用设备
07	纺织	17	交通运输设备
08	木材加工品和家具	18	电气机械和器材
09	造纸印刷和文教体育用品	19	通信设备、计算机和其他电子设备
10	石油、炼焦产品和核燃料加工品	20	仪器仪表

续表

编号	行业名称	编号	行业名称
21	其他制造产品	29	太阳能发电
22	废品废料	30	其他发电技术
23	煤电	31	燃气生产和供应
24	燃油发电	32	水的生产和供应
25	燃气发电	33	建筑
26	水电	34	交通运输、仓储和邮政
27	核电	35	批发零售、住宿和餐饮
28	风电	36	其他服务业

4.2.1　生产模块

生产模块的构建需要针对不同生产部门进行生产活动的刻画，选择不同类型的生产函数。一般生产部门的生产活动涉及各类型能源商品、非能源商品中间投入和生产要素投入。然而，部分生产部门的投入有所差异，例如，在电力生产部门中，由于存在不同的生产技术（燃煤发电、燃油发电、风电、太阳能发电等），可再生能源生产部门不需要化石燃料的投入，因此，需要区分不同生产技术的生产活动。在本研究中，多区域多部门CGE 模型将各区域生产活动部门区分为一般生产部门和电力生产部门，以进行针对性刻画。

对于一般生产部门而言，生产过程中涉及不同生产要素和各部门商品的差异化投入。目前，针对生产过程涉及的劳动力、资本和能源商品之间的嵌套，大多首先将劳动力—资本进行嵌套后再与能源商品进行嵌套（黄英娜等，2003；吴洁等，2015）。因此，这里所构建模型通过四层嵌套的生产函数刻画不同区域的一般生产部门生产活动（见图 4 - 1）。最顶层刻画总产出形成过程所需的非能源中间投入复合商品和增加值—能源复合束之间投入关系。第二层嵌套分别刻画非能源中间投入复合商品和增加值—能源复合束各自的生产活动中的投入，第三层嵌套分别刻画能源复合商品和增加值各自生产活动中的投入组合，第四层嵌套刻画化石能源复合商品生产过程中不同化石能源类型之间的优化组合。

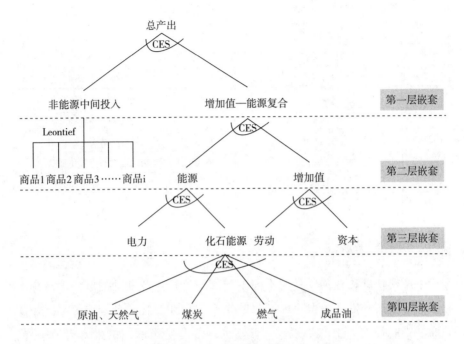

图 4 - 1　京津冀多区域 CGE 模型一般生产部门生产结构嵌套

对于电力生产部门而言，为了准确刻画不同能源类型电力生产过程的能源投入和碳排放，本节针对不同的电力生产技术，将电力生产部门划分为八种不同的电力子生产部门进行刻画。在所构建模型中，电力生产部门共包含三种非可再生能源发电技术（燃煤发电、燃气发电、燃油发电）和五种可再生能源发电技术（水力发电、太阳能发电、风力发电、核电、其他可再生电力）。电力行业生产结构图如图 4 - 2 所示。电力行业的产出由非可再生能源发电和可再生能源发电各子部门基于恒替代弹性（CES）生产函数获得。

4.2.2　收入分配和需求模块

在收入分配和需求模块，本研究所构建多区域 CGE 模型主要包括企业、居民家庭、地方政府和中央政府四个机构主体。各机构主体消费者的目标是在自身预算约束条件下实现自身效用的最大化。值得注意的是，考虑中国当前的政府管理和收支模式，中国多区域 CGE 模型除了涉及地方政

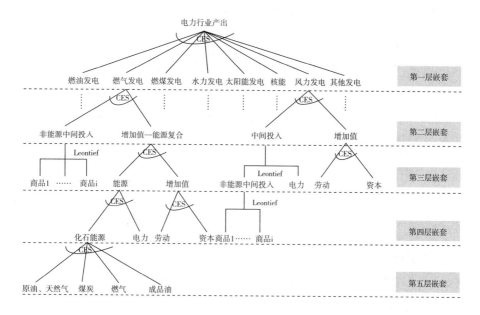

图 4-2　京津冀多区域 CGE 模型电力行业生产活动结构嵌套

府外，还增加了一个中央政府。

居民家庭通过劳动力收入、资本收益分配到居民家庭部分、企业对居民的转移支付以及地方政府和中央政府对居民的转移支付等部分获得收入。居民家庭在向地方政府和中央政府缴纳个人所得税后，居民家庭针对自身消费行为偏好进行不同类型商品消费或进行储蓄。居民家庭所有的收入主要用于包括居民家庭向地方政府和中央政府所缴纳的个人所得税、商品消费以及居民储蓄等各项消费支出活动。本研究假设居民对不同类型商品的消费效用为柯布—道格拉斯效用函数。

企业主要收入源自于资本报酬之和。此外，企业在向中央政府和地方政府缴纳所得税后，税后收入需要向居民进行一部分转移支付，其余部分作为企业储蓄。

地方政府主要通过向居民征收个人所得税、向企业征收企业所得税、生产税以及中央下拨地方获取收入，地方政府收入在扣除对居民的转移支付和地方上解中央部分后，需要在不同类型的商品上进行消费支出，剩余部分即为地方政府储蓄。本研究假设地方政府对不同类型商品的消费效用为柯布—道格拉斯效用函数。

中央政府主要通过向居民征收个人所得税、向企业征收企业所得税、生产税、地方上解中央以及征收进口税获取收入，中央政府收入在扣除对居民的转移支付和中央下拨地方部分后，需要在不同类型的商品上进行消费支出，剩余部分即为中央政府储蓄。本研究同样假设中央政府对不同类型商品的消费效用为柯布—道格拉斯效用函数。

4.2.3　贸易模块

贸易模块主要包含区域流出贸易和流入贸易两部分。如图 4 - 3 所示，在区域商品流出方面，各地区生产部门所生产的商品一部分通过出口销售往世界其他地区，剩余部分则留在国内市场进行销售。国内市场销售部分，一部分留在区域本地市场，另一部分则调出到国内其他地区进行销售。在区域商品的流入方面，各地区的商品供给由本地生产的商品、进口商品和其他地区生产商品调入三部分组成。

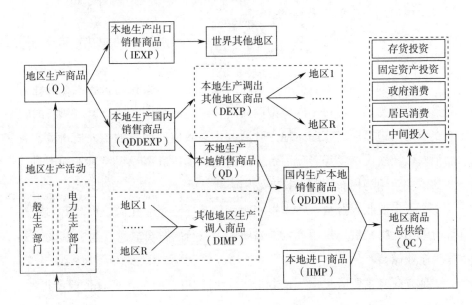

图 4 - 3　贸易模块嵌套示意

对于区域本地生产的商品而言，本研究假设用于出口的商品和用于国内市场销售的商品之间存在不完全替代关系，使用恒转换弹性（CET）函数进行表示，其函数表达形式和 CES 生产函数表达形式一致。对于本地生产用于国内市场销售商品而言，本研究同样假设本地生产用于本地销售的商品和本地生产调出其他地区销售的商品之间不完全相互替代，使用 CET 函数形式表示。

区域消费的商品主要来源于本地生产用于本地销售的商品、其他地区生产调入的商品和进口商品。本研究假设本地生产用于本地销售的商品、其他地区生产调入的商品和进口商品之间符合"阿明顿条件"，即本地生产用于本地销售商品、进口商品和其他地区调入商品之间进行不完全相互替代。换言之，企业、家庭或者政府并不是直接消费进口商品或者国内生产商品，而是消费一种由不同来源组成的"阿明顿商品"。三种之间的关联通过两层嵌套的 CES 函数进行刻画。

4.2.4　市场均衡和宏观闭合模块

市场均衡模块主要包含商品市场均衡、要素市场均衡、投资储蓄平衡、区域收支平衡、国际和区域收支平衡。商品市场中，整个市场中各地区各部门的总供给和总需求相等。劳动力要素主要有各种类型居民家庭供给，居民家庭通过劳动力供给获得收入。在均衡状态下，劳动力市场出清，决定均衡状态下的劳动力价格。对于资本要素，资本收益由家庭、企业和国外资本分配。在均衡状态下，资本市场出清，决定均衡状态下的资本价格。

在本研究中，各区域各生产部门的总储蓄和总投资相等。总投资活动包括固定资本形成和存货变动。本研究假设各区域投资活动对各类商品的需求符合柯布—道格拉斯函数形式，对存货变动的投资额按照固定比例进行投资。对于存货变动而言，其对各行业的商品需求同样符合柯布—道格拉斯函数形式。总储蓄包括居民储蓄、地方政府储蓄、中央政府储蓄、企业储蓄、外省储蓄和国外储蓄。市场均衡模型还涉及各地区国际账户和区域间账户的收支平衡。在国际收支账户中，出口和国外储蓄之和等于进口和国外投资收益之和。在区域间贸易账户中，其他区域调入等于调出到其他省份和外省储蓄之和。

宏观闭合模块可以决定模型的平衡方式。本研究所构建的 CGE 模型中，假设市场中劳动力和资本两种生产要素外生给定，汇率价格外生。

4.3   情景设计和数据来源

4.3.1   区域减排目标设定

2016 年 10 月，国务院印发的《"十三五"控制温室气体排放工作方案》明确指出，到 2020 年碳排放强度相对于 2015 年下降 18%，且针对各区域设定了具体的碳强度减排任务。本研究即基于《"十三五"控制温室气体排放工作方案》中各区域碳排放强度减排任务设定各区域的减排目标。本研究采用静态多区域可计算一般均衡模型进行模拟分析，模型基准数据年份为 2012 年，无法直接使用《"十三五"控制温室气体排放工作方案》中各区域碳排放强度减排任务作为减排目标，因此研究拟将各区域减排任务转换为基准数据年份相应的总量减排目标进行处理。

首先，基于 2012 年各地区碳排放和 GDP 求出 2012 年各地区碳排放强度。考虑到随着社会经济的不断发展，各地区的碳排放强度会有自然下降，因此本研究基于崔连标和范英等人所模拟得到的各地区碳排放年均自然下降率（崔连标等，2013；范英等，2016），求出在没有任何减排措施下的 2020 年各地区的碳排放强度。在此基础上，基于 2015 年各地区 GDP 和各地区国民经济和社会发展"十三五"规划 GDP 年均增长目标求出 2020 年各地区 GDP，并进一步求得各地区 2020 年碳排放目标。其次，研究基于 2012 年各地区碳排放强度和各地区碳排放年均自然下降率以及《"十三五"控制温室气体排放工作方案》中各地区"十三五"各地区强度减排目标求出 2020 年各地区碳排放强度，求得"十三五"减排目标下各地区 2020 年碳排放强度。最后，对比无减排目标下和"十三五"减排目标下的 2020 年目标排放量，中间差额可作为 2020 年减排目标折算到 2012 年减排目标。

4.3.2　碳交易市场连接情景设计

目前，我国的碳交易试点大多以石化、化工、建材、钢铁、有色、造纸、电力、航空等高耗能行业为碳交易对象，配额发放方式多为免费发放 + 拍卖相结合的方式。然而，考虑到未来国家碳交易市场的不断完善，纳入的行业不断增加会使得碳交易市场交易更加活跃，配额流动性和价格更加稳定，从而带来更高的减排效率，且碳配额的完全拍卖也能带来最优的减排成本。因此，为便于衡量不同类型的碳交易市场连接对区域产业竞争力和区域减排的影响，本研究拟假设碳交易市场涉及社会经济全行业部门，且各行业配额均由地方政府拍卖获取。此外，研究针对北京市、天津市、河北省和全国其他地区四个碳市场，设置以下几种碳市场连接情景（见表 4 - 2）。

◇ 基准情景（Baseline）：京津冀和全国其他地区均为无碳交易市场，无减排目标。

◇ 京津冀独立碳市场情景（No - linking Scenario，NL）：京津冀 3 省市各自独立建立碳交易市场，但相互之间不进行连接，且不与全国其他地区碳市场之间进行连接，减排总量目标为《"十三五"控制温室气体排放工作方案》中减排目标所折算的各区域减排任务。在各独立碳市场内部，为实现区域减排成本最小化，在碳交易市场达到均衡时，碳交易价格为各省市的边际减排成本，各省市之间的碳减排价格不相等。

◇ 京津冀碳市场连接情景（Regional - linking Scenario，RL）：京津冀 3 省市各自独立建立碳交易市场，且相互之间进行连接，但不与全国其他地区碳市场之间进行连接，减排总量目标为《"十三五"控制温室气体排放工作方案》中减排目标所折算的各区域减排任务。在京津冀碳市场内部，为实现区域减排成本最小化，在碳交易市场达到均衡时，碳交易价格为京津冀整体区域的边际减排成本，京津冀三省市碳市场的碳价格相等。

◇ 全国统一碳市场情景（Full - linking Scenario，FL）：京津冀 3 省市碳交易市场相互之间进行连接，且与全国其他地区碳市场之间进行连接，减排总量目标为《"十三五"控制温室气体排放工作方案》中减排目标所折算的各区域减排任务。全国统一碳市场达到均衡时，碳交易价格为全国边际减排成本，各省市碳市场碳价格相等。

表4-2　　　　　　　　　　　　碳市场连接情景

情景	编号	碳市场连接	其他设定
基准情景	Baseline	各地区无减排目标，无碳交易市场。	—
京津冀独立碳市场情景	NL	京津冀三省市各自独立建立碳交易市场，不相互连接，且不与全国其他地区碳市场连接。	各区域碳配额均通过政府拍卖获取，且配额收益归地方政府所有。
京津冀碳市场连接情景	RL	京津冀三省市建立碳交易市场，相互之间连接，但不与全国其他地区碳市场连接。	
全国统一碳市场情景	FL	京津冀三省市建立碳交易市场，相互连接，且与全国其他地区碳市场连接。	

4.3.3　碳交易市场连接模块

本研究所刻画二氧化碳排放 $E(PS,R)$ 主要来自各区域 R 各生产部门 PS 化石能源消耗，通过化石能源的消费量和各种化石能源的碳排放系数相乘获得，如式（4.1）至式（4.2）所示。

$$E(PS,R) = \sum_{CC} (QXFE(CC,PS,R) \cdot effc(CC,R)) \qquad (4.1)$$

$$Eref(R) = \sum_{PS} EM_{2012}(PS,R) \qquad (4.2)$$

其中，$EM(PS,R)$ 为各区域 R 各生产部门 PS 生产活动化石燃料消费所产生的二氧化碳排放总量，$EM_{2012}(PS,R)$ 为基准情景下各区域 R 各生产部门 PS 的二氧化碳排放量，$effc(CC,R)$ 为各地区 R 生产部门生产活动所消费的化石燃料 CC 的排放因子，$Eref(R)$ 为各地区 R 生产部门在基准情况下的总二氧化碳排放量。

在无碳市场连接情景下，各区域通过独立实施碳交易市场完成减排目标 $targ(R)$，各地区将会基于自身边际减排成本产生各自的碳市场价格，见式（4.3）。在本研究中，碳配额将作为一种与能源和增加值类似的生产要素，因此，企业的单位产出成本就会有所上升，见式（4.4）。

$$Eref(R) \cdot (1 - targ(R)) = \sum_{PS} EM(PS,R) \qquad (4.3)$$

$$(1 - ritlg(PS,R) - ritcg(PS,R)) \cdot PX(PS,R)$$

$$= CX(PS,R) + PCO_2(R) \cdot EM(PS,R)/X(PS,R) \qquad (4.4)$$

其中，$ritlg(PS,R)$ 和 $ritcg(PS,R)$ 分别为各区域 R 各生产部门 PS 向地方政府和中央政府所缴纳的间接税税率。$X(PS,R)$、$CX(PS,R)$ 和 $PX(PS,R)$ 为各区域 R 各生产部门 PS 的产出、单位生产成本和产出价格。

在京津冀统一碳市场连接情景下，京津冀地区将通过实施碳交易市场完成京津冀区域的减排目标，京津冀整体区域将会基于区域总体的边际减排成本产生统一的碳市场价格 PCO_2，见式（4.5）。在这种情况下，不同地区不同部门企业的单位产出成本会有不同程度上升，见式（4.6）。

$$\sum_R (Eref(R) \cdot (1 - targ(R))) = \sum_R \sum_{PS} EM(PS,R)R \in (BJ,TJ,HB)$$
$$(4.5)$$

$$(1 - ritlg(PS,R) - ritcg(PS,R)) \cdot PX(PS,R)$$

$$= CX(PS,R) + PCO_2 \cdot EM(PS,R)/X(PS,R) \qquad (4.6)$$

在全国完全统一碳市场连接情景下，京津冀地区和全国其他地区（OP）将通过实施碳交易市场完成全国总体的减排目标，这样，各地区的碳市场价格（PCO_2N）将会完全一致，不同地区不同部门企业的单位产出成本进一步发生变化，从而对整个社会经济系统产生不同的影响，见式（4.7）至式（4.8）。

$$\sum_R (Eref(R) \cdot (1 - targ(R))) = \sum_R \sum_{PS} EM(PS,R)R \in (BJ,TJ,HB,OP)$$
$$(4.7)$$

$$(1 - ritlg(PS,R) - ritcg(PS,R)) \cdot PX(PS,R)$$

$$= CX(PS,R) + PCO_2N \cdot EM(PS,R)/X(PS,R) \qquad (4.8)$$

4.3.4　数据来源

本研究基于构建的京津冀多区域 CGE 模型进行模拟分析，主要需要以下三方面数据。首先，本研究基于 2012 年各地区 42 个行业的投入产出表编制 2012 年京津冀多区域社会核算矩阵（SAM 表）（国家统计局国民经济核算司，2016）。多区域的宏观 SAM 表主要包含商品账户、活动账户、生产要素账户（包括劳动力账户和资本账户）、居民账户、企业账户、政府账户（地方政府账户和中央政府账户）、国内其他地区账户、国外账户、资本形成账户（包括固定资本形成账户、存货变动账户），共 12 个账户，编制方法参考王其文和李善同（王其文等，2008）所提供的方法，其他主要数据来源于《中国财政年鉴 2013》《中国税务年鉴 2013》《中国统计年鉴 2013》《中国统计年鉴 2014》等。其次，模型各模块不同嵌套所涉及的 CES 或 CET 等函数所需的替代弹性参数主要基于 Guo 等人的研究（Guo et al.，2014）进行获取，主要份额参数基于编制的 SAM 表矫正获取。最后，碳交易模块所需要的化石燃料二氧化碳排放因子主要源于 Liu 等人研究（Liu et al.，2015；Shan et al.，2016）。虽然 IPCC 和国家发展改革委都提供了不同能源类型的碳排放参数，然而，基于国家碳专项对中国 100 个大型煤矿地区的 602 个煤炭样本的实验测量，IPCC 和国家发展改革委所提供的碳排放参数均比中国实际的碳排放参数要高（Liu et al.，2015；Shan et al.，2016）。因此，本研究中使用实测的碳排放参数，相对于 IPCC 和国家发展改革委提供的数据更为精准。

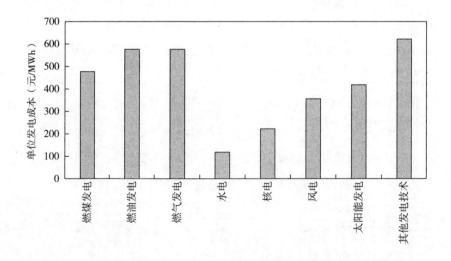

图 4 – 4　2012 年中国各种发电技术单位生产成本

值得注意的是，本研究对电力生产部门进行了针对性处理。在中国官方发布的 43 个行业和 139 个行业投入产出表中，涉及电力生产的生产部门仅有"电力、热力的生产和供应"一项，并未针对不同的发电技术进行处理。为有效表征不同发电技术在电力生产和经济系统中的作用，本研究拟将"电力、热力的生产和供应"进一步拆分为八种主要电力技术。电力部门的拆分需要将不同电力生产技术过程中所涉及的各种商品中间投入和生产要素投入进行拆分，需要较为翔实的生产过程数据支撑。然而，现实中往往缺少丰富的微观数据支撑。因此，在针对电力行业拆分的模型构建过程中，往往采用较为简单的拆分方案，如基于各地区不同发电技术发电量比例（王克，2011）或不同发电技术发电成本比例（Wing，2008）进行拆分。考虑到不同地区的产业结构和资源禀赋等因素，这两种拆分方法在不同区域可能会有较大差别。本研究首先基于《中国电力年鉴 2013》和2012 年环境统计数据库基库得到各地区详细的八类电力生产技术发电量占比。在此基础上，基于国际能源署（IEA）和国际经合组织核能机构（NEA）的发电技术成本报告（IEA et al.，2015），得到中国八类电力生产技术单位的发电成本，如图 4 - 4 所示。结合各地区八类电力生产技术发电量和单位发电成本数据，得到 2012 年各地区八类电力生产技术发电成本比例。

4.4　碳交易市场连接的社会经济影响研究

4.4.1　碳市场连接对碳价格的影响

　　随着碳交易市场连接规模的不断扩大，北京市和天津市的碳价格不断下降，而河北省的碳价格有所上升。如图 4 - 5 所示，为实现《"十三五"控制温室气体排放工作方案》区域减排目标，京津冀三省市独立开展碳交易市场时，北京市、天津市和河北省的配额价格分别为 191.5 元/吨、116.9 元/吨和 76.5 元/吨，可见北京市和天津市的边际减排成本要显著高于河北省。与基准情景相比，北京市、天津市和河北省分别完成 941.3 万吨、2047.6 万吨和 8901.3 万吨的二氧化碳减排。一旦京津冀三省市之间碳市场进行区域碳市场连接，北京市和天津市将会从河北省获取更多的较为廉价的减排选择，在这种情况下，京津冀整个区域碳价格为 79.9 元/吨。由于边际减排成本较低的河北省碳交易市场的纳入，北京市和天津市将从河北购入碳配额，从而实现自身碳减排的降低。此时，北京市和天津市将分别完成 545.1 万吨和 1723.3 万吨的二氧化碳减排，较独立碳市场情景减排量分别下降 42.10% 和 15.84%，而河北省则因此承担了更多的减排，较独立碳市场情景增长约 8.10%，减排总量达到 9621.9 万吨。在全国统一碳市场情景下，由于更低边际减排成本的其他地区碳市场的纳入，全国统一的碳交易市场碳价格降至 66.9 元/吨，北京市和天津市碳减排进一步降低，分别降至 471.0 万吨和 1496.5 万吨，较独立碳市场情景分别下降 49.96% 和 26.92%，而河北省的减排量也较独立碳市场下降约 11.73%，减排量则降至 7856.8 万吨。就京津冀整体区域而言，在独立碳市场和京津冀统一碳市场情景下，京津冀三地区减排量均为 11890.2 万吨，而在全国碳市场连接情景下，京津冀三省市总减排量有所下降，降至约 9824.3 万吨，这也意味着京津冀区域将自身减排任务转移到减排成本更低的全国其他地区。

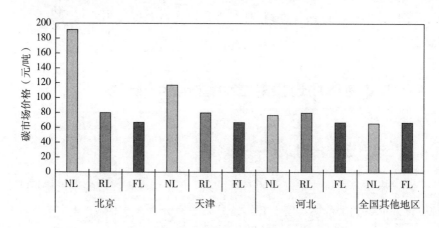

图 4-5　不同碳市场连接情景下各地区碳交易价格

4.4.2　碳市场连接对区域宏观经济的影响

4.4.2.1　碳市场连接对区域 GDP 的影响

基于不同碳市场连接情景的比较显示，碳市场连接规模的不断扩大能有效降低碳交易对区域宏观经济的损失。如图 4-6 所示，与基准情景相比，当京津冀三省市独立开展碳交易市场进行碳减排时，北京、天津和河北三省市 GDP 损失分别为 1.13%、2.48% 和 5.67%。一旦京津冀三省市进行碳市场连接，北京和天津的 GDP 损失将会有所降低，分别降至 0.61% 和 2.03%，而河北省则因承担了北京市和天津市所额外转移的减排任务 GDP 损失有所增长 (5.85%)。在全国碳市场连接情景下，北京和天津因更多廉价的全国其他地区的减排选择而放弃本地区的减排，GDP 损失得以进一步降低，分别降至 0.52% 和 1.73%，河北也同样因此获益，GDP 损失下降至 4.94%。整体看来，京津冀碳市场的连接和全国碳市场的连接分别能使得京津冀地区获得 0.18 个和 0.70 个百分点的 GDP 损失减少，分别相当于 2012—2013 年度京津冀地区 GDP 增长的 1.40% 和 5.40%。

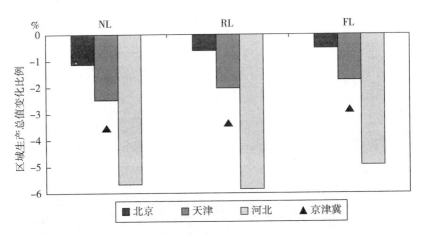

图 4-6　不同碳市场连接情景下各地区 GDP 变化

另外，通过碳市场连接范围的不断扩大能显著降低区域碳减排负担。本研究使用区域碳配额支出占区域 GDP 比重表征各区域所面临的碳减排负担。与能源、高能耗行业占比较重的河北省相比，北京市和天津市在独立碳市场情景下的碳配额支出占 GDP 比重 (0.33% 和 1.24%) 显著低于河北省 (1.79%)。这也表明，对人均 GDP 较低且经济欠发达的河北省而言，独立碳市场的运行将对其区域宏观经济带来相对北京和天津更高的负担。然而，从区域整体层面而言，通过碳市场连接一定程度上可以降低各区域的碳配额支出占区域 GDP 的比重。在京津冀区域碳市场连接和全国碳市场连接的情景下，京津冀整体的碳配额支出占区域 GDP 比重从 1.38% 分别降至 1.16% 和 0.99%。在这两种情景下，北京市和天津市的配额支出占 GDP 比重均有不同程度下降，但因减排任务的转移使得京津冀区域碳市场连接情景下的河北省和全国碳市场连接情景下的全国其他地区碳配额支出占区域 GDP 比重反而有所上升。可以看出，在整体区域甚至国家的碳市场连接中，虽然整体的 GDP 损失和负担有所降低，但其中个别地区往往会因此受到较大的 GDP 损失，从而使得区域发展不均衡。

4.4.2.2 碳市场连接对区域社会居民福利影响

扩大碳市场连接规模可以使碳减排对区域社会福利的损失降低。本研究使用希克斯等价变动（Hicksian Equivalent Variation，EV）来衡量各地区居民福利变化，即假设政策实施前后商品价格不变情况下居民效用水平的变化。总体而言，如图 4-7 所示，与基准情景相比，京津冀三省市总体社会居民福利损失在 NL、FL 和 RL 三种情景下分别达到 545.5 亿元、516.5 亿元和 438.6 亿元，分别占基准情景下社会居民总福利约 3.28%、3.11% 和 2.64%。对于北京市和天津市而言，碳市场连接规模的不断扩大使得区域社会居民福利损失不断降低，与区域单独碳交易市场相比，北京市和天津市在全国统一碳市场下的社会居民福利损失分别降低 0.50 个和 0.85 个

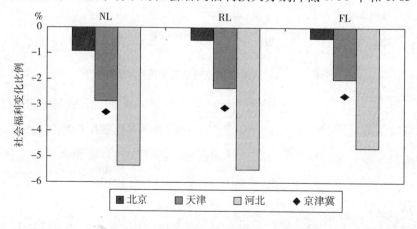

图 4-7　不同碳市场连接情景下各地区社会居民福利变化

百分点。单独碳交易市场情景下，由于承担较高的减排任务，河北省社会居民福利损失在三省市中最大，达 401.9 亿元。当京津冀碳市场连接时，河北省社会居民福利损失由于替北京市和天津市进行额外的减排，损失的社会居民福利将增加 414.4 亿元（与 NL 情景相比增加约 3.09%）。与单独碳交易市场情景相比，全国碳市场的建立则使河北省的社会居民福利损失下降约 12.57%。

4.4.3　碳市场连接对区域产业竞争力的影响

4.4.3.1　碳市场连接情景对区域行业产出的影响

为完成《"十三五"控制温室气体排放工作方案》中所分配的区域减排任务，京津冀地区整体在不同碳市场连接情景下的行业总产出损失为 3.19% ~ 3.87%。如图 4 - 8 所示，在不同碳市场连接情景下，北京市行业总产出遭受损失较小，天津市次之，而河北省则受到较大的行业总产出损失。在基准情景下，河北省的单位产出碳排放强度分别约为北京和天津的 5.0 倍和 2.7 倍，较高的单位产出碳排放强度使得河北省的高耗能产业更容易受到碳交易带来的冲击。另外，随着碳市场连接规模的不断扩大，北京市和天津市所遭受的总产出损失持续降低，通过减排任务的转移使得北京市和天津市的行业总产出损失分别从 0.87% 和 2.71% 下降至 0.44% 和

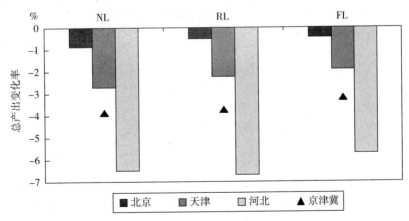

图 4 - 8　不同碳市场连接情景下区域总产出变化

1.91%。对于河北省而言，在京津冀区域碳市场连接情景下，由于要额外承担北京和天津的减排任务，行业总产出损失一度上升至 6.68%。在全国碳市场连接情景下，河北省行业总产出损失下降至 5.70%，甚至低于区域独立碳市场连接情景，但值得注意的是，此时全国其他地区因承担了京津冀额外的减排量，行业总产出损失进一步加剧。

碳交易市场的运行使得京津冀三省市各行业生产成本大幅上升，从而导致各行业出现不同程度的产出损失。一方面，能源、高耗能行业由于自身的高碳排放属性，生产成本相应上升较高，行业产出也因此受到较大冲击；另一方面，京津冀三省市自身产业结构差异导致产出损失的行业差异也很显著。在独立碳市场连接情景下，北京市遭受损失的行业集中，煤炭采选业、石油和天然气开采业生产成本分别上升约 12.1% 和 9.85%，行业产出受到较大冲击，分别较基准情景行业产出下降约 21.48% 和 13.41%。紧随其后，燃气生产和供应业、石油炼焦行业、火电行业（燃煤发电、燃油发电和燃气发电）、交通运输行业分别遭受了约 1.74%、1.65%、1.40% 和 1.30% 的行业产出损失。此外，其他受损的行业遭受影响相对较小，均不足 1%。对于天津市而言，遭受行业产出损失的行业相对北京市较为分散。其中，天津市的燃气生产和供应业、煤炭采选业、火电行业和石油炼焦行业等能源生产行业遭受影响最大，分别较基准情景行业产出下降 24.64%、16.73%、7.60% 和 4.85%。此外，化工行业、非金属矿物制品业、金属冶炼和压延加工业、金属矿和非金属矿采选业等高耗能行业也遭受了 2.83% ~4.83% 的行业产出损失。相对于北京和天津两个直辖市，河北省第二产业普遍遭受较为严重的产出损失。首先，煤炭采选业、石油和天然气采选业、石油炼焦行业、燃气生产和供应业和火电行业等主要能源生产行业均遭受 10.48% ~15.21% 的行业产出损失。其次，化工行业、非金属矿物制品业、金属冶炼和压延加工业、金属矿和非金属矿采选业等主要高耗能行业也遭受了 8.09% ~12.83% 的行业产出损失。此外，碳交易市场的运行和连接可以有效促进可再生能源和服务业的产出上升。在京津冀单独碳市场连接情景下，北京市、天津市和河北省的可再生能源电力分别约有 8.91%、10.39% 和 8.51% 的产出增长，其中，风电和水电产出增加相对较多。天津市和河北省的其他服务业也分别获得了 1.75% 和 6.4% 的产出上升。

碳市场连接规模的不断扩大可以有效降低对区域主要行业产出的冲击。与京津冀单独区域碳市场相比，京津冀区域碳市场连接能有效降低对北京和天津的各行业产出的负面影响。在京津冀区域碳市场连接情景下，北京市的煤炭采选业和石油、天然气采选业的行业产出损失分别下降至 14.37% 和 5.47%，天津市的煤炭采选业、燃煤发电和石油炼焦行业的行业产出损失分别下降了约 2.70 个、1.30 个和 0.89 个百分点。相应地，河北省因为承担了北京和天津额外的减排任务，主要行业负面影响有所扩大。京津冀区域碳市场连接情景使得河北省煤炭采选业、石油和天然气采选业、石油炼焦行业、燃气生产和供应业和火电行业等主要能源生产行业产出损失增长至 13.43% ~ 16.14%，使得河北省化工行业、非金属矿物制品业、金属冶炼和压延加工业、金属矿和非金属矿采选业等主要高耗能行业产出损失分别增长至 8.33% ~ 13.19%。在全国统一碳市场情景下，京津冀三省市的行业产出损失均获得不同程度的下降。特别地，河北省主要能源生产行业和高耗能行业产出下降幅度较大，甚至低于京津冀独立碳市场情景。另外，相对于京津冀独立碳市场情景下的可再生能源行业和其他服务业行业产出增加，这些行业的产出上升程度在碳市场连接情景下有所减缓。在全国碳市场连接情景下，北京市和天津市的可再生能源电力产出分别较基准情景下降了 1.59 个和 3.40 个百分点，全国其他地区的可再生能源电力得到进一步发展，上升了约 0.85 个百分点。同样，天津市和河北省的其他服务业产出分别下降了 0.50 个和 0.80 个百分点。

4.4.3.2　碳市场连接情景对区域行业贸易的影响

碳市场的运行会对区域总出口和总调出带来负面影响，但碳市场连接一定程度上可以降低这种负面冲击。图 4 - 9 显示不同碳市场连接情景下京津冀三省市的出口和国内区域间调出变化情况。在不同碳市场连接情景下，京津冀三省市的出口和区域总调出分别有 0.16% ~ 7.06% 和 0.94% ~ 7.85% 的下降，其中，河北省因其相对较高的碳排放强度出口和总调出降低较多，北京所受影响最小。区域总出口的下降主要由出口供给的下降和国外对区域商品需求的降低两方面造成。第一，碳交易市场的运行使得行业生产成本上升，产出由此下降，出口供给相应有所下降；第二，企业生产成本的上升带来区域商品价格的上升，从而导致区域商品在国际市场价格竞争力有所降低，影响全球其他国家对京津冀区域商品的需求，进一步导致出口下降。相对于区域总出口的下降，区域总调出下降幅度更大。主要原因在于，一方面，区域碳交易市场运行生产成本的上升，导致区域商品价格上升，使区域商品在国内市场的价格竞争力有不同程度的降低；另一方面，国内其他地区也受到碳交易市场运行的影响，各区域经济系统商品需求有所收缩。在此双重作用下，区域总调出相对于区域出口降低更多。随着碳市场连接规模的不断扩大，京津冀三省市出口和调出损失都有不同程度的缓解。与京津冀三省市独立碳市场情景相比，北京市和天津市在区域碳市场连接情景和全国碳市场连接情景下的出口和调出的下降程度均有不同程度的缓解，而河北省在区域碳市场连接情景下则因承担了额外的减排任务，出口和调出所遭受的冲击进一步加剧，在全国统一碳市场情景下，河北省的出口和调出所受负面影响因将部分减排任务转移至全国其他地区而有所缓解。

　　碳市场的运行同样会对区域总进口和总调入带来负面影响，而碳市场连接同样也可以降低这种负面冲击。如图4-9所示，在京津冀三省市独立碳市场情景下，碳交易的运行导致各区域经济系统收缩，对外部地区商品需求降低，京津冀三省市进口和总调入有0.61%～9.74%和0.79%～5.46%的下降，其中，河北省因其相对较高的碳排放强度进口和总调入降低较多，北京所受影响最小。在京津冀区域碳市场情景和全国碳市场连接情景下，北京市和天津市进口和调入的降低同样有不同程度的缓解，碳市场连接范围越大，区域商品流入的损失越小。对于河北省而言，与对出口和调出的影响类似，在区域碳市场连接情景下，河北省进口和总调入进一步下降，但在全国统一碳市场情景下，对进口和总调入的负面影响因减排任务的转移而有所缓解。

　　从区域行业层面来看，碳交易市场的运行对出口和总调出的负面影响在各区域有显著的行业集聚特征，而碳交易市场的连接能降低连接区域整

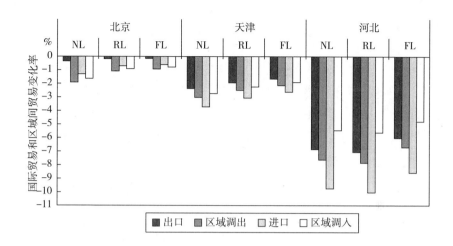

图 4 - 9　不同碳市场连接情景下的区域贸易变化

体因碳减排所带来的对贸易的负面影响。与不同碳市场连接情景对产出变
化影响类似，北京市和天津市的出口和调出损失较大的行业同样主要集中
在能源生产行业。以北京市出口损失行业为例，煤炭采选产业和石油和天
然气开采业出口下降比例最高，在不同碳市场连接情景下分别高达
12.44% ~ 14.57% 和 5.35% ~ 8.87%。天津市在不同碳市场连接情景下的
主要出口损失最大的行业也是煤炭采选产业（12.14% ~ 16.73%），而其
他行业的出口损失均在 5% 以下。相比较而言，河北省的诸多行业出口损
失均较大，其中，煤炭采选产业、金属矿采选业、非金属矿和其他矿采选
业、石油、炼焦产品和核燃料加工业和金属冶炼和压延加工业的出口损失
均在 10% 以上，另外，化工行业、金属制品业和非金属矿物制品和各类设
备制造业的出口也有 5% ~ 10% 的降低。此外，值得注意的是，随着碳市
场运行对于区域其他服务业产出的正面影响，其他服务业的出口和总调出
在京津冀三省市也出现了不同程度的上升。相对于独立碳市场情景，对各
独立碳市场进行连接能有效缓解各行业的出口和调出下降。以区域行业调
出为例，与 NL 情景相比，北京市和天津市各行业调出的下降程度在 RL 和
FL 情景下得到有效缓解，而河北省各行业调出损失在 RL 情景较 NL 情景
有不同程度的上升，特别地，能源生产部门和高能耗部门的调出有 0.07 ~
0.4 个百分点的上升。而在全国碳市场连接情景中，各行业区域调出较 NL

情景有 0.3 ~ 1.8 个百分点的上升。

对于不同碳市场连接情景对区域行业进口和调入的影响而言，碳市场的运行和连接对区域行业进口和调入的影响也基本与对出口和调出的影响类似。北京市和天津市进口比例下降最大的行业同样主要是煤炭采选业，其他行业进口所受影响相对而言要小得多，主要原因在于煤炭的高碳属性使得其在区域内部经济系统中的需求不断收缩。但值得注意的是，除了电力行业、水的生产和供应业、燃气生产和供应业无进口外，河北省几乎其他所有行业的进口均受到较大影响。其中，特别是高能耗行业和能源生产行业进口比例均有较大幅度下降，这种进口的下降程度在区域碳市场连接情景下进一步加剧，而在全国碳市场连接情景下有所缓解。

4.5　主要结论与启示

为完成《"十三五"控制温室气体排放工作方案》所分配区域减排任务，京津冀区域独立碳市场的运行导致各区域 GDP 和社会居民福利产生不同程度的损失。其中，北京市和天津市所受的 GDP 和社会居民福利损失相对较少，而河北省遭受冲击较为严重。产业竞争力方面，北京市和天津市各国民经济行业中，能源生产行业（煤炭采选业、天然气生产供应业）受到远超其他行业的负面影响，而河北省由于自身产业结构中能源、高耗能产业占比较高，受到较大冲击部门较多，主要高能耗行业和能源生产行业皆受到较为严重的冲击，产业竞争力受损相对更为严重。此外，碳交易市场的运行在一定程度上能促进各区域可再生能源和其他服务业的进一步发展。

与京津冀区域独立的碳市场情景相比，京津冀区域碳市场连接和全国碳市场连接能显著降低区域所遭受的社会经济冲击。与京津冀区域独立碳市场相比，京津冀区域碳市场连接和全国碳市场连接能使得京津冀地区 GDP 损失分别降低 0.18 个和 0.70 个百分点，使得京津冀地区社会居民福利损失降低 0.17 个和 0.64 个百分点。在产业竞争力影响方面，京津冀区域和全国碳市场连接均有效降低碳减排对北京市和天津市各行业产出、进出口、调入调出的负面影响，但河北省由于受到连接后市场中北京市和天津市减排任务的转移，增加的减排任务使得河北省 GDP、社会福利和产业竞争力受到进一步损失，从而带来区域发展不均衡。基于上述考虑，虽然我国目前已经开启基于电力行业的碳市场建设工作，但全国统一的全行业碳市场的构建和运行仍需不断积累丰富的经验。在这种情况下，可以推进部分区域之间碳市场的连接，特别是有碳市场运行经验的地区和周边邻近地区之间，如北京市、天津市两个碳交易试点地区与河北省之间开展区域碳市场连接，传播自身的碳交易市场运行经验，从而为尽早开展全国性碳交易工作打下基础，也能更大限度地降低区域总体减排成本。

　　本研究尚存在一些不足，未来将主要针对以下几方面进行拓展。首先，本研究所构建多区域模型重点考虑京津冀三省市，将全国其他的省市均归为全国其他地区，一定程度上将全国其他各省市产业结构、能源结构等所存在的差异进行了均一化处理，在分析不同的碳市场连接情景对各区域的针对性影响方面存在较大局限性。其次，本研究主要基于 2012 年各区域的生产结构进行模拟预测，而应对气候变化的减排工作往往需要长时间的不断努力，后期产业结构、电力生产成本等各方面可能会有所变化，此时动态化的模型将能更有效模拟分析碳市场连接对我国社会经济在中长期所产生的影响，为我国区域减排路径设计提供更为科学的依据和政策建议。因此，下一步将会对模型的空间分辨率进行进一步拓展和动态化处理。最后，本研究所涉及的碳交易仅仅包括能源消费所产生的二氧化碳排放，并没有将工业生产过程的二氧化碳排放纳入。对于农业生产过程所产生的甲烷和氧化亚氮以及其他行业可能产生的氟化物等温室气体同样没有在模型中有所体现。因此，将多来源、多类型的温室气体纳入到模型考量也是未来需要进一步研究之处。

第 5 章　直接环境监管是否促进了
重污染行业绿色技术创新

5.1　问题的提出

　　工业化进程引发的能源消耗和污染排放对中国生态环境带来严重威胁，特别是重污染行业因其高耗能和高污染的特征，成为环境污染的重要源头。有效治理重污染行业的污染排放，将对中国环境质量改善和绿色发展起到积极推动作用。绿色技术作为节约资源、避免或减少环境污染，实现原材料和废弃物的再循环利用的新技术范式（Nicolò Barbieria et al.，2020），是解决过度资源消耗和严重环境污染问题的重要途径。然而，绿色技术和非绿色技术间具有高度可替代性，在没有外部监管的前提下，由于市场规模效应和非绿色技术的初始生产力优势将扩大生产部门对非绿色技术创新的偏好，大部分重污染行业企业不愿主动开展绿色技术创新，导致环境污染程度的不断加剧，所以借助政府环境监管外生力量，引导重污染行业企业绿色技术创新显得尤为重要（Acemoglu et al.，2012；王锋正，2018）。

　　中国作为全球最大的发展中国家和第二大经济体，在经济跨越式发展过程中面临环境污染严重的难题，如何同时实现经济高质量发展和环境污染有效治理是新时代中国环境监管面临的重大挑战。从 1979 年我国首次颁布《中华人民共和国环境保护法（试行）》，四十年来已建立了一套比较完善的环境法规体系。目前，这一体系包括 26 部有效法律，50 多部行政法

规，大约 800 个标准和 660 多项规章的地方性法规（黄锡生，2014）。但
是，在长期较为宽松的环境监管下，中国工业技术进步很大程度上是偏向
于非绿色技术创新（修静，2016），导致现阶段中国工业还呈现出高能耗
高污染的特点。加强直接环境监管已成为中国实现环境有效治理的重要举
措。2015 年，我国正式实行修订后的《中华人民共和国环境保护法》，新
法加大了对违法行为的处罚力度，新增"按日计罚"制度、行政拘留等方
式。据中国生态环境部统计，2018 年中国实施行政处罚案件 18.6 万件，
罚款数额 152.8 亿元，比 2017 年上升 32%，是新环境保护法实施前
（2014 年）的 4.8 倍，新环保法对中国环境治理产生了积极影响。

大量的实证研究发现直接环境监管对控制污染物排放具有积极的作用
（Shapiro，2016；何彬和潘新美，2017），但学术界关于直接环境监管能否
促进绿色技术创新形成了不一致的结论。基于传统经济学理论的观点认
为，间接环境监管主要通过价格机制促使企业减少环境污染，与命令型的
直接环境监管相比，具有较大灵活性，更好地促使企业积极寻找最有效的
解决途径，并且企业能够从超额完成的部分获利。因此，直接环境监管不
会对绿色技术创新产生太多的激励效应，而环境税、可交易排放配额等间
接环境监管提供了最大的创新动力（Jaffe and Stavins，1995；Brunnermeir
and Cohen，2003；Jaffe et al.，2004；Eiadat et al.，2008；Johnstone et al.，
2010；Villegas – Palacio et al.，2010；Hattori，K.，2017）。而基于广义希克
斯理论的观点则认为，直接环境监管对绿色技术创新的激励来自企业合规
的隐性成本。由于企业总会以最小成本实现法定的排污标准，所以技术创
新的激励效应也是存在的（Newell et al.，1999）。因此，直接环境监管机
制也能够显著刺激绿色技术创新（Popp，2003；Yuan et al.，2017；Klemet-
sen et al.，2018；Ramanathan et al.，2018；Zhang et al.，2018）。

然而，现有文献侧重于从区域和行业层面，探讨直接环境监管对绿色
技术创新的影响（Johnstone et al.，2010；Villegas – Palacio et al.，2010；
Hattori，K.，2017；Cai and Li，2018），无法直接反映出企业在直接环境监
管压力下的绿色技术创新行为。仅有少数文献关注了企业层面（Popp，
2003；Klemetsen et al.，2018；Ramanathan et al.，2018），主要在西方发达

经济制度背景下展开研究。但是，中国和发达国家差异较大，发达国家基本实现了工业现代化并建立了完善的环境监管体系，而中国还处于实现工业现代化的进程中，环境监管体系尚不完善（李国冉，2019），所以缺乏直接环境监管如何影响企业绿色技术创新的中国制度背景。同时也没有强调企业所有权异质性和行业异质性下直接环境监管对企业绿色技术创新的差异影响，研究成果的实践意义有待提升。此外，中国的经济规模已远超除美国以外的发达国家，庞大的工业企业及其广泛的地理分布，使得中国直接环境监管面临更大的挑战。近年来，我国发布了一系列严厉的直接环境监管措施，如关停能耗高、污染重的企业等，这些监管措施是否对重污染企业绿色技术创新产生积极影响？本章通过考察中国直接环境监管对重污染行业绿色技术创新的影响来回答这一问题，研究结果将对发展中国家实现重污染行业绿色转型具有重要现实意义。

本章的主要贡献在于：首先，以往的研究大多集中在产业和区域层面，很少使用微观层面的数据。本章首次收集了中国企业层面的直接环境规制和绿色专利数据，是对现有研究的补充。其次，在直接环境规制有效刺激绿色技术创新的基础上，估算了直接环境规制对重污染行业绿色技术创新激励的边际效应。最后，考虑行业和公司特点，本研究考察了直接环境监管促进绿色技术创新的所有制和行业异质性，更全面地揭示直接的环境管制对绿色技术创新的影响。

本章其他部分安排如下。第二部分通过对理论和文献的分析，提出本章的研究假设；第三部分主要介绍研究的实证模型、数据来源和变量衡量方案；第四部分为回归结果和稳健性检验；最后一部分为本章主要结论和相应的政策建议。

5.2　理论与假设

5.2.1　直接环境监管与重污染行业绿色技术创新

在以往的发展模式中，中国政府对污染治理的主要手段是要求企业在生产末端安装除污设备、建立污染集中处理点等末端治理措施（刘伟明，2014）。企业主要通过非绿色技术创新带来的竞争优势获取高额利润应对增加的治污支出。随着直接环境监管不断趋紧，末端治理高成本和低效率的缺陷开始显现，工业界开始倾向于通过绿色技术创新减少污染排放实现清洁生产（Machiba，2010）。绿色技术创新能够在降低污染的同时改进生产工艺，提高生产效率，从源头上减少污染排放，降低重污染行业企业治污成本和运营成本，提升企业竞争力。虽然非绿色技术创新避免了创新过程中更多的投入和更大的风险，但是随着直接环境监管的趋紧和企业规模的扩大，为了实现利润最大化，企业会有强烈的意愿开展绿色技术创新活动，降低污染排放水平，以抵消政府直接环境监管强约束带来的环境成本。并且基于希克斯的引致创新理论，更严格的监管标准导致投入要素价格变化，迫使企业采用绿色技术应对。因此，更严格的直接环境监管使得重污染行业面临更大的环境合法性压力，更能有效地促进重污染行业绿色技术创新。所以，本章提出以下假设：

H1：直接环境监管能够激励重污染行业绿色技术创新，更严格的直接环境监管对重污染行业绿色技术创新的激励效用更显著。

5.2.2　所有制异质性下的直接环境监管与绿色技术创新

直接环境监管是中国政府硬约束，国有企业和非国有企业均须执行。但是，国有企业和非国有企业因治理模式差异和创新特征不同，直接环境监管对绿色技术创新的激励也存在差异。相对于非国有上市公司，国有上市公司通常较多受到来自政府的干预，其组织目标往往与国家重大战略方向一致（钱雪松等，2018）。近年来，随着可持续发展、绿色发展等理念上升到国家战略高度，重污染行业国有上市公司在此过程中承担了较大的社会期望和社会责任，同时也获得来自政府更多的补贴支持（孙晓华等，2017），能够应对绿色技术变革过程中的创新风险。所以，重污染行业国有上市公司面临来自直接环境监管的合规压力时，绿色技术创新的动力和资源更充足，更倾向通过绿色技术创新的方式降低污染排放水平，减少环境成本。而非国有上市公司受到的政府干预较小，其组织行为往往具有较大的灵活性，当面临直接环境监管的制度压力时，更多从组织资源考虑，权衡绿色技术创新和非绿色技术创新两种途径的合规成本，实现组织利益最大化。因此，中国重污染行业非国有上市公司更多注重组织的经济效应。由于绿色技术创新不仅需要额外的研发投入，还要承担新的风险，相反非绿色技术创新途径则避免了创新不确定因素和成本，中国重污染行业非国有上市公司更愿意选择末端治理等非绿色技术创新的途径。所以，本章提出以下假设：

H2：相对于中国重污染行业非国有企业，直接环境监管对中国重污染行业国有企业绿色技术创新的激励效应更大。

5.2.3　行业异质性下的直接环境监管与绿色技术创新

重污染行业包括采矿、冶金、造纸和火电等行业，由于行业间污染密集度、创新能力、要素密集等差异较大，所以直接环境监管对不同类型行业绿色技术创新的促进作用有所差异。本章从要素密集的视角，参考韩燕等（2008）、赵文军和于津平（2012）的研究，将重污染行业进一步细分为技术—资本密集型与劳动—资源密集型两组来考察行业异质性。

技术—资本密集型行业具有资本密集或技术密集等重要特点，专利密集度和创新能力以及绿色创新效率和绩效也远高于劳动—资源密集型行业，能够快速将绿色技术优势转化为竞争优势（朱承亮等，2018）。凭借充沛的资本要素支持，技术—资本密集型行业具有较高的研发投入，直接环境监管对技术—资本密集型行业绿色研发投入的挤出效应较小，更能促进技术—资本密集型重污染行业绿色技术创新。王娟茹和张渝（2018）以中国高端制造业为研究样本，实证结果表明直接环境监管对绿色技术创新具有显著的正向诱导作用。而劳动—资源密集型行业具有低技术密集的特点，根据偏向性技术创新理论，企业在利润最大化目标的驱使下，价格效应和市场规模效应共同作用形成了技术创新的整体偏向性，导致该类行业存在非绿色技术创新的锁定效应，严厉的直接环境监管不会促使此类行业企业积极开展绿色技术创新，反而可能因为增加治污成本、挤占绿色技术创新投入而产生消极作用，最终使得直接环境监管难以促进劳动—资源密集型重污染行业绿色技术创新。所以，本章提出以下假设：

H3：相对于劳动—资源密集型重污染行业，直接环境监管对技术—资本密集型重污染行业绿色技术创新的激励效应更为显著。

5.3   研究方法

本章主要关注的问题是直接环境监管能否促进重污染行业绿色技术创新以及这种作用效果的边际效应。由于衡量绿色技术创新的代理变量为环境专利申请量，属于计数型变量，因此，本章设定如下的面板计数模型。

$$\ln(\lambda_{it}) = \sum_{m \in \{1,2\}} \alpha_m I(Level_{i,t-1} = m) + \beta \cdot I(Risk_{i,t-1} = 1) + x'_{i,t-1}b + \nu_i$$

(5.1)

其中，$I(\cdot)$ 为指示函数，当 $Level = 1$、$Level = 2$ 和 $Risk = 1$ 时，$I(\cdot) = 1$；反之，当 $level = 0$ 和 $Risk = 0$ 时，$I(\cdot) = 0$。x'_{it-1} 为影响创新的其他因素，包括年份虚拟变量。考虑到创新活动的投入产出具有滞后效应，所以本章选取 $level_{i,t-1}$、$Risk_{i,t-1}$ 和 $x'_{i,t-1}$ 滞后一年的观察值（不包括年份虚拟变量），同时也避免了企业由于绿色技术进步使得污染物排放强度降低，进而影响违规程度带来的反向因果效应。

一个潜在的问题是如果未被观测到的变量，不仅影响因变量 λ_{it}，也影响自变量 $level_{i,t-1}$，则会导致内生性问题，使得公式（5.1）中参数估计产生偏差。目前有关直接监管的工具变量，如执法频率等不能做到完全外生性，其有效性受到质疑。因此，本章通过固定效应模型，允许 ν_i 和解释变量存在相关性，从而缓解模型内生性问题。

由于违规程度为分类变量，因此式（5.1）中回归系数 α_m 只反映了相对于无违规，轻微违规和严重违规对企业绿色技术创新的影响，并不是违规程度对绿色技术创新的边际效应。参考 Cameron 和 Trivedi（2014）关于计数模型边际效应的计算公式，本章中的边际效应可以由下式计算得到：

$$ME_{it}(m) \equiv \frac{\partial E(P_{it} \mid level_{i,t-1} = 0, x_{i,t-1}, \nu_i)}{\partial I(level_{i,t-1} = m)} = \alpha_m E(P_{it} \mid level_{i,t-1} = 0, x_{i,t-1}, \nu_i)$$

(5.2)

　　由上式可知，当 $level_{i,t-1}$ 从 0 变为 m 时，$ME_{it}(m)$ 近似等于 λ_{it} 的增加值。通过对 $ME_{it}(level_{i,t-1})$ 求和，可以得到在整个样本考察期内，所有企业由于违规处罚引起的预期专利数量的总增长。参考 Klemetsen（2018）的公式（5.3），定义以下表达式：

$$ME_{total} = \sum_{i,t} ME_{it}(Level_{i,t-1}) \qquad (5.3)$$

5.4　数据来源与变量说明

　　本章使用了一个 2011—2016 年的企业级面板数据，其中包括了环境专利申请量，直接环境监管等数据集。环境专利申请量来自中华人民共和国国家知识产权局（Stata Intellectual Property Office，SIPO），衡量直接监管的违规程度原始数据来自公共环境研究中心（IPE）企业环境表现数据库[①]，其他经济变量来自国泰安数据服务中心和万得金融数据库。

　　由于使用的数据集来自多个数据库，本章采取以下方式合并数据。首先将 SIPO、IPE 企业环境监管数据库中分公司、子公司数据合并在所属上市公司数据中，再以上市公司名称作为唯一标识代码匹配 SIPO、IPE 企业环境监管数据库和金融数据库，合并成最终的数据集。

5.4.1　绿色技术创新的衡量

　　本章使用环境类发明专利申请数量衡量企业绿色技术创新，用 EP 表示。企业多通过申请专利来维持自身的技术优势以获取更大的利润。所以专利申请数是企业创新活动的最直接的体现。其中，发明专利的授权都经过了专利审查员的严格审查，具有较强的实用性、新颖性和创造性。由于专利申请通常以商业化为目的，申请和维护都需要较长时间和

---

　　① 公众环境研究中心（IPE）是一家于 2006 年在北京注册的非营利环境机构，IPE 企业环境监管记录主要包括企业名称、监管记录违法类型、违法原因、处罚手段类型、罚款金额、监管记录来源、记录年份、报告时间，数据主要来源于各省、地（市）级及其他市县环保部门网站和人民政府官网，主流媒体引述的政府监管部门的环境监管信息，政府部门官方微博及其他官方渠道，共计 155 万条环境监管记录。

较高费用，反映出申请人认为此专利能够为其带来预期经济回报（Hasan
and Tucci，2010）。所以，即使是没有通过审查的发明专利申请，也代表
了发明人创造性的劳动成果。许多研究也表明使用发明专利申请受理数
量和授权数量对结果并没有显著影响（纪玉俊和李超，2015；Klemetsen
et. al，2018）。但是，由于发明专利的创新性较强，在中国发明专利申请
到授权的实质性审查时间至少为 2 年，以授权量衡量将造成最近 2 年授
权专利数据的大量缺失，无法有效估计直接环境监管对绿色技术创新的
激励效应。因此，本章使用环境类发明专利申请量衡量绿色技术创新。
本章结合世界知识产权组织（WIPO）公布的环境专利 IPC 分类号，在中
国国家知识产权局 SIPO 数据库中，检索和匹配样本中每家上市公司的环
境专利申请数。

5.4.2　直接环境监管的衡量

在环境保护法律法规以及规章标准的基础上，中国政府形成了从中央
到地方的 5 级环境管理机制，以及包括直接监管和间接监管在内的综合监
管体系。其中，直接环境监管包括"三同时"、环境影响评价、清洁生产
和循环经济制度，以及限期治理和非贸易类排放许可证，采用命令式强制
手段控制企业污染物排放量，达到保护环境的目的。

生态环境部通过开展一般执法、专项执法和督查督办的行政执法活
动，确保企业严格遵守环境监管标准。一般执法主要涉及对污染源、建设
项目和生态保护区等的日常监管，监管频率如表 5 - 1 所示。专项执法和督
查督办重点针对损害公众健康突出的环境问题，对环境违法行为形成较大
的威慑力。此外，生态环境部也对环境违法行为治理结果进行督察，确保
环境污染整治到位，形成对企业污染治理的有效监管。企业如果被检测到
存在违规排放行为，环保部门将依据企业的违规程度进行处罚。因此，本
章用企业违规程度衡量直接环境监管，体现出我国直接环境监管的目的性
和有效性。

表 5 - 1　　　　　　　　　　　直接环境监管频率

监管类别	监管频率
重点污染源及其污染防治设施	每月不少于 1 次
一般污染源及其污染治理设施	每季度不少于 1 次
建设项目、限期治理项目	每月不少于 1 次
海洋生态、自然保护区、生态示范区、综合治理工程、烟尘控制区、噪声达标区	每季度不少于 1 次
公众举报的污染源	及时进行现场监理

注：自行整理。资料来源于中国生态环境部网站，http：//www. mee. gov. cn/home/rdq/jdzf/hjzf/zfgl/201605/t20160522_341597. shtml.

　　本章将违规程度 level 定义为一个序数变量，可以取三个值：0，1，2，分别表示无违规、轻微违规和严重违规，以企业受到的处罚结果评估违规程度。环保部门通常依据企业违规程度，作出违法行为责令整改和环保行政处罚等不同处罚结果。其中，违法行为责令整改适用于企业的轻微违规，不涉及对企业违规行为的罚金，而只有当企业存在较严重的违规行为时，才作出环保行政处罚并处以罚金。因此，本章通过是否存在违规罚金和罚金额度衡量企业的违规程度 level。直接环境监管的威慑力还来自对受处罚企业整改情况的监管，对未完成整改的企业，环保部门将会采取限产、停产等更严厉的行政处罚。依据中国环境保护行政处罚办法规定，对法人或者其他组织 50000 元（或者等值物品价值）以上处罚属较大数额罚款，本章以 50000 元罚款金额为评估界限，如表 5 - 2 所示。所有评估的原始数据均来自公共环境研究中心（IPE）企业环境表现数据库中的监管记录。

表 5 - 2　　　　　　　　　　上市公司违规程度评估

违规程度	评估界限
严重违规（level = 2）	罚款金额 ≥ 50000 元，限产停产
轻微违规（level = 1）	罚款金额 ≤ 50000 元及违法行为责令整改等无罚金环保处罚
无违规（level = 0）	没有违规记录

　　图 5 - 1 描述了 2011 年至 2016 年，直接环境监管下样本内企业违规程度的变化趋势。可以看出，随着环境监管执法和处罚力度的强化，企业严

重违规和轻微违规的比例在 2015 年后出现明显的提高。

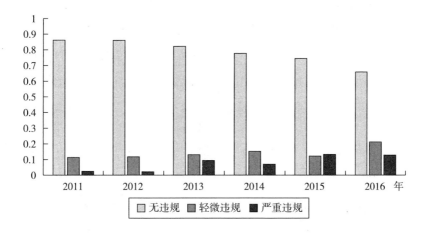

图 5 – 1　企业在直接环境监管下的违规程度变化趋势

　　由于我国工业企业数量庞大且分布范围广，环保部门对每一家企业实时有效的监管将带来巨额的监管成本。鉴于此，生态环境部对工业企业的污染物排放量从大到小依次排位，以污染排放量之和占全部工业排放总量 65% 作为筛选条件，最终发布下一年度国家重点监控企业名单。生态环境部将会对进入国家重点监控名单的企业及时采集污染物排放信息、加强执法监督，以促进污染物的有效减排。被纳入国家重点监控的企业往往对环境具有高度潜在危害的特征，其环保违规行为被处罚的概率将会大大提高，这种风险可能会使得企业在被处罚前完成整改。因此，有必要控制违规风险对绿色技术创新的影响。本章以被纳入国家重点监控名单的企业衡量较大的违规风险，以非国家重点监控企业来衡量较低的违规风险。国家重点监控名单来自生态环境部数据中心平台。

5.4.3　控制变量的衡量

　　本章还控制了影响企业创新的国家政策因素和其他因素，包括政府补贴、环境信息披露、企业规模、利润率、冗余资源、员工学历、资本密集度和企业年龄。

　　政府补贴（Govsub）。绿色技术创新具有环境污染的负外部性和知识溢出的正外部性（何小钢，2014），这种双重外部性决定了企业很难依靠市场本身实现绿色技术创新。政府补贴政策成为影响企业绿色技术创新的重要因素。

环境信息披露（Envdis）。由于企业和公众在环境保护中存在信息不对称，环境信息披露可以削弱信息不对称，公众的环境知情权、参与权和监督权得到保障，外部利益相关者通过资本市场可以影响企业绿色技术创新活动。本章以虚拟变量控制环境信息披露对绿色技术创新的因素。

企业规模（Scale）。以往研究表明较大规模的企业在创新方面更具优势，主要体现于大企业在研发资本投入方面的优势（刘建民等，2019）。因此，本章参照中国国家统计局以主营业务收入划分企业规模的方法，以上市公司主营业务收入衡量企业规模。

利润率（Profit）。研发投入是技术创新最重要的核心投入要素，对创新的产出有重要的影响作用，足够的研发投入能够带来创新产出。因此，较好的利润率才能为企业带来更多研发投入的可能（Cohen，2010；Li et al.，2017）。

研发投入强度（Intensity）。研发投入强度与技术创新产出具有密切的关系，本章用年度研发投入除以营业收入测量研发投入强度（Cohen，2010）。

冗余资源（Slack）。企业内部一般不同程度地存在着各种类型的冗余资源。现有研究一般将冗余资源分为非沉淀性冗余资源和沉淀性冗余资源。非沉淀性冗余资源具有较高的流动性和灵活性，企业能够容易地将其配置于创新活动，而沉淀性冗余资源的流动性和灵活性较差，难以使企业应对快速变化的外部环境。因此，外部环境的变化将会激发企业利用非沉淀性冗余资源支持相关的创新活动。鉴于此，本章将非沉淀性冗余资源作为影响企业绿色技术创新的控制变量。参照 Iyer 和 Miller（2008）对非沉淀性冗余资源的测量方法，以企业流动比率来衡量非沉淀性冗余资源。计算公式如下：

$$流动比率 = 流动资产 / 流动负债$$

人力资本（Humcap）。本章以本科及以上学历员工在企业中的比例来衡量上市公司人力资本。企业的创新活动过程中，人力资本投入是最重要的因素之一。高质量的人力资本能合理整合利用企业内外部资源，促进企业实现技术创新突破（Cohen，2010；王娟和王毅，2016）。

资本密集度（Capital）。本章以企业员工人均固定资产额衡量。一般而言，高资本密集度公司的固定资产和专用性资产比重较高，这些资产具有不易收回以及形成沉没成本的特性。因此，相对于其他公司，高资本密集度公司往往具有更强的申请专利的动机，以避免固定资产遭受损失。Berrone 等（2013）的研究也证实了资产较大的企业更有可能通过绿色创新行为积极回应直接环境监管压力。

企业年龄（Age）。关于企业年龄影响技术创新的实证研究结果存在争议。那些幸存下来的企业更可能会使用创新的经验，但年轻的企业可能会有更多的创造性。因此，本章用企业年龄来控制经验对创新的影响。

5.4.4　样本选取与分析

以往实证研究大部分基于行业和区域数据，且行业较为分散，如船舶、造纸等，忽略了行业间污染排放的差异，可能是造成结论不一致的原因之一。由于重污染行业污染排放大的特点，一直是中国政府直接环境监管的重点对象，本章以 2011—2016 年中国沪深两市 A 股 18 个重污染行业的上市公司为最初的研究样本[①]，考察直接环境监管对绿色技术创新的影响。根据王锋正（2018）和 Li C 等（2019）的研究，对最初的样本依据下列条件进行筛选：①剔除 ST、PT、SST＊等财务异常的上市公司；②剔除样本考察期内主营业务发生转变的上市公司；③剔除数据缺失或数据值异常如净资产为负的上市公司；④剔除在考察期内退市的上市公司[②]。最终得到一个包括 447 家上市公司的非平衡面板数据。

表 5 - 3 汇报了样本各变量的描述性统计分析。其中，违规程度（Lev-

---

　①　污染行业的选取依据 2010 年环保部发布的《上市公司环境信息披露指南（征求意见稿）》以及 2012 年中国证监会修订的《上市公司行业分类指引》的行业代码划分。

　②　由于上市公司退市的原因可能与随机扰动项相关，从而使得模型可能存在内生性问题，本章通过剔除样本考察期中退市的上市公司避免这一问题。

el）为有序变量（0，1，2），违规风险为0—1虚拟变量，样本中取对数后的企业绿色发明专利申请量均值为0.459，最小值、中位数和最大值分别为0、0和7.08，表明企业间绿色技术创新差距较大，大多数企业并未主动进行环境类技术的研发。本章将国有持股人（中央政府和地方政府）拥有50%以上股本或拥有实际控制权的上市公司定义为国有上市公司，其他为非国有上市公司。根据企业所有制的分类发现，重污染行业中国有上市公司的绿色发明专利申请是非国有上市公司的2倍多。因此，探究直接环境监管是否激励重污染行业企业绿色技术创新，特别是进一步考察企业所有制异质性下的差异影响十分必要。

表5－3　　　　　　　　　各变量描述性分析（N＝446）

Variable	Mean	Sd	Min	Median	Max
lnep	0.459	0.800	0	0	7.080
其中：国有	0.665	0.983	0	0	7.078
非国有	0.305	0.588	0	0	4.466
level	0.285	0.589	0	0	2
risk	0.334	0.472	0	0	1
govsub	0.544	0.800	0	0.331	15.382
lnscale	3.337	1.497	0.090	3.140	10.27
humcap	0.191	0.121	0	0.170	0.860
slack	2.943	5.638	0.094	1.550	190.869
profit	0.086	0.157	−2.680	0.068	2.073
Intensity	2.722	2.553	0.010	2.630	52.61
lncapital	12.899	0.902	4.830	12.81	17.31
lnage	2.772	0.302	0	2.773	3.664
envdis	0.357	0.480	0	0	1

5.5　结果与讨论

在对泊松回归模型估计之前，本章对所有解释变量进行了多重共线性检验，结果表明所有变量的 VIF 值远小于10，故不存在多重共线性问题。

表 5 - 4 报告了直接环境监管对重污染行业绿色技术创新的回归结果，模型
（1）和模型（4）为全样本回归结果。本章采用分组回归的方法，将样本
依据企业所有制划分为国有上市公司和非国有上市公司以检验假设 2，模
型（2）和模型（5）为国有上市公司回归结果，模型（3）和模型（6）
为非国有上市公司回归结果。

表 5 - 4　　直接环境监管对重污染行业绿色技术创新的回归结果

变量	RE			FE		
	（1）	（2）	（3）	（4）	（5）	（6）
	全样本	国有	非国有	全样本	国有	非国有
Level = 1	0.188 ***	0.226 ***	-0.001	0.115 *	0.204 ***	-0.159
	(0.07)	(0.08)	(0.12)	(0.06)	(0.08)	(0.11)
Level = 2	0.449 ***	0.384 ***	0.645 ***	0.315 ***	0.333 ***	0.363 ***
	(0.09)	(0.10)	(0.17)	(0.08)	(0.10)	(0.14)
Risk = 3	0.448 ***	0.485 ***	0.398 **	0.139	0.239 *	-0.026
	(0.11)	(0.14)	(0.17)	(0.11)	(0.14)	(0.18)
govirsub	0.016	0.057	-0.144	0.012	0.090 **	-0.274 **
	(0.05)	(0.05)	(0.09)	(0.06)	(0.04)	(0.12)
lnscale	0.288 ***	0.294 ***	0.297 ***	0.270 ***	0.352 ***	0.004
	(0.03)	(0.04)	(0.07)	(0.09)	(0.12)	(0.13)
humcap	0.347	0.114	0.688	-0.083	-0.427	0.997
	(0.41)	(0.49)	(0.69)	(0.43)	(0.35)	(1.28)
profit	0.117	0.168	0.036	0.063	0.067	-0.014
	(0.13)	(0.15)	(0.31)	(0.13)	(0.13)	(0.35)
intensity	0.022	0.046	0.010	-0.007	0.025	-0.036
	(0.02)	(0.03)	(0.03)	(0.03)	(0.03)	(0.04)
slack	-0.003	-0.023	0.003	0.023 *	0.021	0.027 **
	(0.02)	(0.04)	(0.02)	(0.01)	(0.03)	(0.01)
lncapital	0.182 ***	0.130 *	0.266 ***	0.184 **	-0.000	0.339 **
	(0.06)	(0.07)	(0.09)	(0.09)	(0.10)	(0.14)
lnage	-0.289	-0.515 **	-0.231	-1.081	-0.158	-2.012 *
	(0.18)	(0.24)	(0.27)	(0.81)	(1.13)	(1.07)

续表

变量	RE			FE		
	（1）	（2）	（3）	（4）	（5）	（6）
	全样本	国有	非国有	全样本	国有	非国有
envdis	-0.141	-0.137	-0.113	-0.218**	-0.083	-0.588***
	(0.09)	(0.12)	(0.15)	(0.09)	(0.11)	(0.16)
Year	control	control	control	control	control	control
N	2651	1137	1514	1815	889	923
ME－sum	1030	469	578	718	395	334
专利申请数（项）	9893	8657	1236	9893	8657	1236

注：$*p<0.1$、$**p<0.05$、$***p<0.01$；所有模型估计均采用聚类稳健标准误。

5.5.1　直接环境监管对重污染行业绿色技术创新的影响

从表 5 - 4 模型（1）和模型（4）中可以看出，严重违规对重污染行业企业绿色技术创新具有正向和显著的影响。模型（1）和模型（4）中，严重违规（Level = 2）对应的估计系数分别为 0.449 和 0.315，同时在 1% 的水平上显著。与严重违规相比，轻微违规（Level = 1）对应的估计系数分别为 0.188 和 0.115，且分别在 1% 和 10% 的水平上显著。可以看出，严重违规的系数和显著性都高于轻微违规，验证了假设 H1，相对于轻微违规，严重违规对重污染行业企业的绿色技术创新激励效果更大。从表 5 - 4 还可以得到样本考察周期内所有违规处罚引致的环境专利申请量的边际效应（ME - sum）为 718，相当于全部环境专利申请量的 7.2%，这一结果略高于挪威的研究结果 6.4%。

制度经济学理论认为，制度具有影响和约束组织行为的功能（Li et al.，2017）。直接环境监管就是政府对企业环境行为的一种制度约束。当监管标准较低时，执法部门对企业的处罚无法对企业生产和经营活动产生影响，相对于进行绿色技术创新所承担的成本和风险，可以忽略不计，难以产生影响企业利益相关者和决策者的制度压力（chen et al.，2017），使得企业的技术进步仍旧偏向于非绿色技术创新。当监管标准提高时，执法部门对违规企业的停产限产和巨额罚金将直接影响企业投资决策。为适应严格的环境规制标准，同时满足长期自身利润最大化需求，企业倾向于增加绿色技术创新投入，以期通过提高生产效率和改变生产方式率先实现绿色技术革新，从而形成先动优势，抢占市场份额（王炳成，2009）。绿色技术创新通过改变生产效率和转变生产方式，使得增加利润和清洁生产并行相容，其"创新补偿"效应远远超过绿色技术创新投入成本（郭婕等，2020）。所以，在重污染行业中，轻微违规的企业更倾向于绿色技术创新之外的途径实现环保达标，而严重违规的企业则更倾向于通过绿色技术创新实现环保达标，这也给环境监管部门启示，污染物排放的技术标准需要随着技术进步而不断提高，持续对重污染行业企业绿色技术创新活动产生激励效果。

关于控制变量，由表 5 - 4 模型（4）可知，企业规模、冗余资源和资本密集度的系数都为正且分别在 1%、10% 和 10% 的水平上显著，表明这三个因素对绿色技术创新具有正向且显著的影响。其中，企业规模的系数最为显著说明规模越大的企业往往在绿色技术创新中更具优势。环境信息披露的估计系数为负且显著，说明环境信息披露对绿色技术创新产生抑制效应，原因在于环境信息披露的有效性在很大程度上取决于其组成部分的可信度和披露机制，目前中国上市公司履行环境责任能力较弱（徐建中等，2018），企业披露了大量非量化的低质量环境信息（杨广青等，2020），导致环境信息披露难以对企业产生制度压力，刺激绿色技术创新。

政府补贴的估计系数为负但不显著，可能是由于政府与企业间存在信息不对称，致使企业可能利用信息披露机制的缺陷骗得政府补贴。并且，高额的研发补贴会间接提高研发要素的价格，进而提高企业研发成本，降低企业研发效率。温桂荣等（2020）的研究也证实政府补贴对发明专利的产出不显著。员工学历、利润率和研发强度的估计系数都不显著，说明企业员工学历、利润率和研发强度无法刺激绿色技术创新，企业绿色技术创新的动力更多来自直接环境监管。

5.5.2　所有制异质性分析

表 5 - 4 中模型（2）（3）（5）（6）考察了重污染行业中，直接环境

监管对不同所有制上市公司绿色技术创新的影响。在模型（2）和模型（5）的回归结果中，国有上市公司严重违规（Level = 2）对应的估计系数分别为 0.384 和 0.333，同时都在 1% 水平上显著，表明严重违规对国有上市公司的绿色技术创新具有正向且显著的影响。而轻微违规（Level = 1）对应的估计系数分别为 0.226 和 0.204，在 1% 的水平上显著，说明严重违规对国有上市公司绿色技术创新的激励效果更大。在模型（3）和模型（6）的回归结果中，非国有上市公司严重违规对应的估计系数分别为 0.645 和 0.363，分别在 1% 的水平上显著，而轻微违规对应的估计系数分别为 −0.001 和 −0.159 且都不显著，表明轻微违规并未刺激非国有上市公司的绿色技术创新。因此，在重污染行业中，违规程度对国有上市公司绿色技术创新的激励效应更大，验证了前文的假设 H2。

　　环境保护同样属于企业社会责任范畴。随着我国将生态文明建设提升到国家战略层面，直接环境监管变得日趋严格，重污染行业国有上市公司受到来自政府层面的干预和保护，有更大概率获得财政补贴（杨芷晴，2016）。同时，在重污染行业中，与非国有上市公司相比，国有上市公司的企业规模较大，能够承担绿色技术创新带来的成本与风险，这与表 5 − 3 中企业规模与绿色技术创新具有正向显著的关系相一致。因此，重污染行业国有上市公司通过绿色技术创新改善企业环境绩效，避免因环保违规带来的额外成本。相反，重污染行业非国有企业发展由于受到融资约束等阻碍，以及获得的政府支持相对较少，企业在绿色技术创新过程中需要投入更多的研发成本，承担更大的风险，所以非国有上市公司往往会衡量绿色技术创新和非绿色技术创新途径实现合规的成本，最大限度地减少因绿色技术创新带来的成本和风险。这也与我国之前整体直接环境监管相对较松有关，直接环境监管并没有将企业生产带来的环境成本内部化，使得企业仅仅承担较少的环境成本就实现较大的经济效益，并没有真正给企业经营带来环保压力，弱化了违规程度对非国有上市公司绿色技术创新的激励效应。因此，与重污染行业非国有上市公司相比，直接环境监管对重污染行业国有上市公司绿色技术创新的激励效应更大。

5.5.3 行业异质性分析

参照韩燕等（2008）、赵文军和于津平（2012）的研究和中国证监会2012 年关于中国上市公司行业分类标准，本章以行业要素密集度为分类标准，将样本中上市公司所属 18 个重污染行业分为技术—资本密集型和资源—劳动密集型两类。技术—资本密集型行业包括石油加工及炼焦业、化学原料及化学制品制造业、医药制造业、化学纤维制造业、黑色金属冶炼及压延加工业和有色金属冶炼及压延加工业共 6 个工业行业。资源—劳动密集型行业组，由其余 12 个工业行业组成[①]。表 5 - 5 为分组回归结果。

表 5 - 5   按要素密集度分组的回归结果

	RE		FE	
	（1）	（2）	（3）	（4）
	劳动—资源密集型	技术—资本密集型	劳动—资源密集型	技术—资本密集型
Level = 1	0.168	0.201 **	0.027	0.122
	(0.12)	(0.09)	(0.10)	(0.08)
Level = 2	0.284 *	0.502 ***	0.264 *	0.343 ***
	(0.15)	(0.12)	(0.15)	(0.10)
Risk = 1	0.336 *	0.525 ***	0.105	0.147
	(0.18)	(0.15)	(0.20)	(0.13)
govsub	− 0.003	− 0.018	0.008	− 0.016
	(0.03)	(0.02)	(0.04)	(0.01)
lnscale	0.378 ***	0.251 ***	0.602 **	0.204 **
	(0.05)	(0.05)	(0.24)	(0.09)
humcap	− 0.009	0.439	0.118	0.196
	(0.54)	(0.57)	(0.49)	(0.73)
profit	− 0.140	0.219	− 0.126	0.148
	(0.23)	(0.15)	(0.25)	(0.16)

---

① 资源和劳动密集型行业包括煤炭开采和洗选业、石油和天然气开采业、黑色金属矿采选业、有色金属矿采选业、开采辅助活动、农副食品加工业、酒、饮料和精制茶制造业、纺织业、皮革及其制品和制鞋业、造纸及纸制品业、非金属矿物制品业、电力、热力生产和供应业。

续表

	RE		FE	
	(1)	(2)	(3)	(4)
	劳动—资源密集型	技术—资本密集型	劳动—资源密集型	技术—资本密集型
intensity	0.090	0.001	-0.085	0.008
	(0.06)	(0.02)	(0.05)	(0.03)
slack	-0.021	-0.003	-0.035	0.029***
	(0.03)	(0.02)	(0.04)	(0.01)
capital	0.176*	0.154*	0.318	0.109
	(0.10)	(0.08)	(0.19)	(0.10)
lnage	-0.309	-0.322	-4.291***	0.300
	(0.26)	(0.23)	(1.62)	(0.92)
envdis	-0.082	-0.133	-0.271	-0.118
	(0.16)	(0.11)	(0.17)	(0.13)
Year	0.000	0.000	0.000	0.000
N	937	1714	636	1179

注：$*p<0.1$、$**p<0.05$、$***p<0.01$；括号内数字为标准误，为了消除异方差对计量模型的影响，所有模型估计均采用聚类稳健标准误。

从表 5-5 中可以看出，两组不同要素密集的行业，违规程度和违规风险对绿色技术创新的激励效应差异较大。在固定效应模型中，技术—资本密集型重污染行业严重违规和轻微违规的系数分别为 0.343 和 0.122，只有严重违规的系数在 1% 的水平上显著；劳动—资源密集型重污染行业严重违规和轻微违规的估计系数分别为 0.264 和 0.027，只有严重违规的系数在 1% 的水平上显著。结果表明，相对于轻微违规，严重违规对技术—资本型重污染行业绿色技术创新的激励效应更大，假设 H1 再次得到验证；轻微违规没有对劳动—资源密集型和技术和资本密集型重污染行业绿色技术创新产生激励效应，严重违规对劳动—资源密集型和技术—资本密集型重污染行业具有显著的激励效应，且严重违规对技术—资本密集型重污染行业的激励效应更为显著，假设 H3 得到验证。违规风险对两组不同要素密集重污染行业的绿色技术创新具有正向影响但不显著。

目前，中国资本密集型产业正在改变以往粗放式的增长模式，技术进步对产业产出的贡献度逐渐上升，仅次于资本投入的贡献度（曾先峰等，2012）。再者中国技术密集型工业行业的技术创新多为企业内部行为，该类行业企业更为关注技术、知识和管理等要素对产出的作用，具有较强的技术吸收能力和研发能力（岳鸿飞等，2017）。因此，在重污染行业中技术—资本密集型行业的研发投入和创新能力均高于劳动—资源密集型行业。由于研发投入对中国高技术产业绿色技术创新效率具有显著正向影响（王惠等，2016），使得技术—资本密集型行业企业的绿色技术创新效率远高于劳动—资源密集型行业，能够快速形成竞争力。因此，技术—密集型重污染行业面对直接环境监管压力更愿意通过绿色技术创新的方式应对，这也说明直接环境监管并未挤占技术—资本密集型重污染行业包括绿色创新在内的研发投入，相反促进了该类行业绿色技术创新的产出。所以，在技术—资本密集行业，直接监管与绿色技术创新的关系表现为"创新补偿假说"。

劳动—资源密集型重污染行业的发展对劳动力和自然资源的依赖度较高。由于这类行业劳动和资源禀赋的特征，对技术创新的需求较少，抑制了创新水平的提升，行业发展不仅容易陷入低端技术锁定状态，还易陷入结构锁定和要素投入锁定的状态，使得该类行业发展主要依靠成本驱动。而违规程度和违规风险增大了此类行业企业的治污成本，特别对原本较少的研发投入产生"挤出效应"，行业整体研发投入不足，技术水平维持在较低水平，从而抑制企业绿色技术创新活动。李斌等（2013）的研究也发现，较低的技术创新水平对环境监管与工业行业绿色转型的关系产生不利影响。由于劳动—资源密集型重污染行业的技术创新水平较低，绿色技术研发成功的概率较小，较低的研发投入也难以满足绿色技术创新所要求的资金投入，而末端治理方式避免了绿色技术创新的资金投入和研发风险，所以面对直接环境监管所带来的合规成本，企业更愿意采用末端治污的方式而非绿色技术创新的方式来规避。这也表明在劳动—资源密集型重污染行业，直接环境监管与绿色技术创新的关系表现为"遵循成本假说"。

5.5.4 稳健性检验

5.5.4.1 负二项回归

表5-6给出了本章进一步稳健性检验的结果。我们考虑到经典泊松回归必须满足期望和方差相等的假设，否则模型可能存在过度分散的问题。虽然泊松固定效应模型的估计结果是一致的，但会降低估计效率。因此，表5-6采用了负二项固定效应模型估计。回归系数和显著性与泊松固定效应模型的估计保持一致。

表5-6　　　　直接监管对绿色技术创新的负二项回归结果

变量	(1) nbreg	(2) nbreg1	(3) nbreg2	(4) nbreg3	(5) nbreg4
Level = 1	0.115 (0.09)	0.204* (0.12)	−0.159 (0.17)	0.026 (0.16)	0.129 (0.12)
Level = 2	0.315*** (0.12)	0.333** (0.15)	0.363 (0.23)	0.267 (0.23)	0.350** (0.14)
Risk = 1	0.139 (0.17)	0.239 (0.23)	−0.026 (0.26)	0.098 (0.31)	0.163 (0.20)
govsub	0.012 (0.06)	0.090 (0.06)	−0.274* (0.15)	−0.022 (0.16)	0.023 (0.07)
lnscale	0.270** (0.11)	0.352** (0.17)	0.004 (0.17)	0.594** (0.26)	0.212 (0.13)
humcap	−0.083 (0.70)	−0.427 (0.83)	0.997 (1.45)	0.131 (1.00)	0.075 (1.04)
profit	0.063 (0.21)	0.067 (0.24)	−0.014 (0.42)	−0.132 (0.37)	0.147 (0.26)
intensity	−0.007 (0.04)	0.025 (0.06)	−0.036 (0.05)	−0.087 (0.08)	0.003 (0.04)
slack	0.023 (0.01)	0.021 (0.06)	0.027* (0.02)	−0.034 (0.05)	0.028* (0.02)
lncapital	0.184* (0.11)	−0.000 (0.14)	0.339** (0.15)	0.314 (0.21)	0.146 (0.12)

变量	(1)	(2)	(3)	(4)	(5)
	nbreg	nbreg1	nbreg2	nbreg3	nbreg4
lnage	-1.081	-0.158	-2.012	-4.250**	0.257
	(0.99)	(1.46)	(1.50)	(1.66)	(1.32)
envdis	-0.218	-0.083	-0.588*	-0.270	-0.126
	(0.16)	(0.19)	(0.32)	(0.23)	(0.23)
year	Control	Control	Control	Control	Control
N	1815	889	923	636	1179

注：Standard errors in parentheses；*$p<0.10$、**$p<0.05$、***$p<0.01$。

5.5.4.2　零膨胀模型回归

零膨胀泊松回归的思想类似于赫克曼（Heckman，1979）提出的两阶段（Two‐Stage）模型方法。第一阶段进行二值选择模型，决定取零或取正整数；第二阶段为利用取整的样本回归分析具体选择哪个正整数。对于应该使用标准的泊松回归还是零膨胀泊松回归，Greene（1994）提出对非嵌套模型（Vuong，1989）使用 Vuong 测试来测试零膨胀。但是，Wilson（2015）最近的研究表明，Vuong 测试不适合测试零通胀模型。当零膨胀的概率为 0 时，嵌套发生在边界上，这违反了非嵌套模型的 Vuong 测试规律性条件。因此，测试统计的分布不是标准正态分布。由于实际分布是未知的，所以不能用于推理。本章使用 Stata 基准参考手册 15（Stata Base Reference Manual Release 15）中提供的 AIC 和 BIC 信息标准来检查标准泊松模型或零膨胀泊松模型哪个更合适。表 5-7 和表 5-8 分别报告了检验和回归结果。

表 5-7　　　　　　　　AIC 和 BIC 信息标准检验结果

Model	Obs	ll（null）	ll（model）	df	AIC	BIC
Poisson	1815	—	-1025.734	17	2085.468	2179.033
Zip	2652	-2448.82	-1466.667	464	3861.335	6590.904

表 5 - 8　　　　直接监管对绿色技术创新的零膨胀泊松回归结果

	(1)	(2)	(3)	(4)	(5)
	zip	zip1	zip2	zip3	zip4
Level = 1	0.115	0.204 *	-0.159	0.026	0.129
	(0.09)	(0.12)	(0.17)	(0.16)	(0.12)
Level = 2	0.315 ***	0.333 **	0.365	0.267	0.350 **
	(0.12)	(0.15)	(0.23)	(0.23)	(0.14)
Risk = 1	0.139	0.239	-0.025	0.097	0.163
	(0.17)	(0.23)	(0.26)	(0.31)	(0.20)
govsub	0.012	0.090	-0.274 *	-0.022	0.023
	(0.06)	(0.06)	(0.15)	(0.16)	(0.07)
lnscale	0.270 **	0.352 **	0.004	0.594 **	0.212
	(0.11)	(0.17)	(0.17)	(0.26)	(0.13)
humcap	-0.083	-0.427	1.017	0.131	0.075
	(0.70)	(0.83)	(1.45)	(1.00)	(1.04)
profit	0.063	0.067	-0.014	-0.132	0.147
	(0.21)	(0.24)	(0.42)	(0.37)	(0.26)
intensity	-0.007	0.025	-0.037	-0.087	0.003
	(0.04)	(0.06)	(0.05)	(0.08)	(0.04)
slack	0.023	0.021	0.027 *	-0.034	0.028 *
	(0.01)	(0.06)	(0.02)	(0.05)	(0.02)
lncapital	0.184 *	-0.000	0.324 **	0.314	0.146
	(0.11)	(0.14)	(0.15)	(0.21)	(0.12)
lnage	-1.081	-0.158	-2.031	-4.251 **	0.257
	(0.99)	(1.46)	(1.50)	(1.65)	(1.32)
envdis	-0.218	-0.083	-0.585 *	-0.270	-0.126
	(0.16)	(0.19)	(0.32)	(0.23)	(0.23)
year	Control	Control	Control	Control	Control
N	2651	1137	1514	937	1714

注：Standard errors in parentheses；* $p<0.10$、** $p<0.05$、*** $p<0.01$。

　　检验结果显示，泊松固定效应模型和泊松零膨胀模型的 AIC 和 BIC 信息标准检验值存在差异，检验结果表明泊松固定效应模型更适应，回归结果不存在样本选择偏差问题。表 5 - 8 泊松零膨胀模型的回归结果也与泊松模型保持一致，再次验证本章的结果是稳健的。

5.5.4.3　直接环境监管的滞后处理

本章选取了滞后一期的违规程度作为解释变量来避免反向因果关系对回归结果带来的偏差，但也可能忽略了当期的违规程度对企业绿色技术创新的影响。因此，参照 Popp（2003）和 Klemetsen（2018）的做法，采用 $max(Level_{i,t-1}, Level_{i,t})$ 作为解释变量，来研究调控在 t - 1 年和 t 年违规程度对绿色技术创新的影响。表 5 - 9 报告了回归结果，结果依然支持前文提出的研究假设。

表 5 - 9　　　　　　　　　违规程度滞后结构变换的回归结果

变量	（1）	（2）	（3）	（4）	（5）
	femax	femax1	femax2	femax3	femax4
Level = 1	0.231 ***	0.301 ***	0.030	0.164	0.219 **
	(0.07)	(0.09)	(0.12)	(0.13)	(0.09)
Level = 2	0.389 ***	0.384 ***	0.438 ***	0.528 ***	0.336 ***
	(0.09)	(0.10)	(0.17)	(0.20)	(0.10)
Risk = 1	0.133	0.236 *	− 0.032	0.081	0.164
	(0.11)	(0.14)	(0.18)	(0.20)	(0.13)
govsub	0.015	0.090 **	− 0.274 **	− 0.030	0.024
	(0.06)	(0.04)	(0.11)	(0.13)	(0.06)
lnscale	0.245 ***	0.318 ***	− 0.013	0.548 **	0.176 *
	(0.09)	(0.12)	(0.13)	(0.25)	(0.09)
humcap	− 0.075	− 0.445	1.020	0.007	0.073
	(0.43)	(0.36)	(1.26)	(0.50)	(0.74)
profit	0.090	0.097	0.008	− 0.140	0.164
	(0.13)	(0.13)	(0.35)	(0.26)	(0.16)
intensity	− 0.010	0.025	− 0.040	− 0.086 *	− 0.003
	(0.03)	(0.03)	(0.04)	(0.05)	(0.03)
slack	0.024 *	0.026	0.026 **	− 0.032	0.028 ***
	(0.01)	(0.03)	(0.01)	(0.04)	(0.01)

续表

变量	（1）	（2）	（3）	（4）	（5）
	femax	femax1	femax2	femax3	femax4
lncapital	0.190 **	0.019	0.333 **	0.282	0.158 *
	(0.09)	(0.09)	(0.14)	(0.19)	(0.09)
lnage	−1.209	−0.409	−2.021 *	−4.427 ***	0.128
	(0.80)	(1.16)	(1.06)	(1.60)	(0.92)
envdis	−0.207 **	−0.074	−0.542 ***	−0.258 *	−0.119
	(0.09)	(0.11)	(0.16)	(0.16)	(0.14)
year	0.000	0.000	0.000	0.000	0.000
N	1814	889	922	635	1179

注：Standard errors in parentheses；* $p < 0.1$、** $p < 0.05$、*** $p < 0.01$。

5.5.4.4 绿色技术创新的新衡量方案

参照 Popp（2006）和齐绍洲等（2018）对绿色技术创新的衡量方式，本章用环境发明专利申请量占当年所有发明专利申请的比例作为新的代理变量。表 5 - 10 报告了回归结果。严重违规对绿色技术创新依旧具有正向显著的影响，与之前的结果相一致，轻微违规虽然具有正向的影响但不显著。因此，相对于轻微违规，严重违规对绿色技术创新的激励效应更大，再一次支持前文假设 H1 的成立。

表 5 - 10　　　　　　　　　环境发明专利占比的回归结果

变量	（1）	（2）	（3）	（4）	（5）
	全样本	国有	非国有	劳动—资源密集型	技术—资本密集型
Level = 1	0.091	0.103	0.015	0.044	0.121
	(0.09)	(0.11)	(0.14)	(0.13)	(0.11)
Level = 2	0.365 ***	0.328 **	0.431 **	0.297	0.409 ***
	(0.12)	(0.16)	(0.19)	(0.26)	(0.14)
Risk = 1	0.369 **	0.509 **	0.142	0.132	0.495 **
	(0.17)	(0.24)	(0.25)	(0.25)	(0.20)
govsub	0.005	0.056	−0.220 *	0.108	−0.025
	(0.04)	(0.04)	(0.13)	(0.12)	(0.05)

续表

变量	（1） 全样本	（2） 国有	（3） 非国有	（4） 劳动—资源 密集型	（5） 技术—资本 密集型
lnscale	0.256 **	0.278 *	0.130	0.614 **	0.173
	(0.12)	(0.17)	(0.15)	(0.25)	(0.13)
humcap	−0.488	−0.547	−0.611	0.124	−0.783
	(0.75)	(0.66)	(1.62)	(1.16)	(1.06)
profit	0.047	0.021	0.178	−0.048	0.170
	(0.21)	(0.24)	(0.37)	(0.47)	(0.23)
intensity	−0.014	−0.032	0.002	−0.091	−0.003
	(0.03)	(0.04)	(0.04)	(0.06)	(0.03)
slack	0.022 **	0.001	0.030 ***	−0.037	0.030 ***
	(0.01)	(0.05)	(0.01)	(0.07)	(0.01)
lncapital	0.203 **	0.033	0.352 *	0.453 **	0.122
	(0.10)	(0.08)	(0.18)	(0.18)	(0.10)
lnage	−0.950	−0.787	−1.462	−5.016 **	0.813
	(1.10)	(1.63)	(1.52)	(1.97)	(1.26)
envdis	−0.311 **	−0.152	−0.569 ***	−0.568 **	−0.054
	(0.14)	(0.17)	(0.21)	(0.23)	(0.16)
year	0.051	−0.134	0.492	1.184 *	−0.375
N	1815	889	923	636	1179

注：Standard errors in parentheses；* $p<0.1$、** $p<0.05$、*** $p<0.01$。

5.6　主要结论与启示

本章使用了来自中国重污染行业上市公司的企业级面板数据，采用泊松回归模型探讨了直接环境监管对绿色技术创新的影响。研究结果表明：（1）直接环境监管能够有效刺激重污染行业的绿色技术创新，且直接环境规制越严，对重污染行业绿色技术创新的激励效应越大；（2）在重污染行业，直接环境监管对绿色技术创新的边际效应为7.2%；（3）直接环境监管对创新的激励作用也受到企业所有制的影响，这种激励对国有上市公司的作用比对非国有上市公司的作用更大；（4）受行业要素密度异质性的影响，研究发现严重违规对技术—资本密集型行业绿色技术创新的激励效应强于劳动—资源密集型行业。

本章研究也具有一定的政策启示。（1）与发达国家相比，发展中国家环境监管的执行能力较弱，无法有效促进企业承担环境责任。如果没有强大的直接监管压力，间接环境监管机制不会有效促进发展中国家发展。因此，直接环境监管带来的强制性监管压力是间接环境监管有效实施的基石。发展中国家可以通过加强直接环境监管，促进企业开展绿色技术创新活动，实现可持续发展；（2）政府在直接环境监管政策制定和实施过程中，应充分考虑到行业和企业的异质性，实施差异化和精细化的环境政策，避免"一刀切"现象；（3）绿色技术创新具有知识溢出的正外部性，技术扩散使得全社会治污成本不断降低，直接监管标准不能经常更新，导致绿色技术的锁定效应，降低直接环境监管对绿色技术创新的激励效应。

第6章 政府调控与市场机制双重影响下商业模式低碳重塑研究

6.1 问题的提出

政府调控与市场机制双重影响下碳排放依赖型企业会形成新的运营活动和新的交易结构以及新的收益机制，进而组合成新商业模式。但是在这一新商业模式发展和成熟的过程中，碳排放依赖型企业面临着一个巨大的挑战——在某一段时间内如何处理好新旧商业模式（即双重商业模式 Dual Business Model）共存的议题。本章结合 Markides（2004）的双重商业模式管理选择矩阵和演化博弈方法以探讨在政府调控与市场机制双重影响下双重商业模式如何演化，以及如何通过控制相关变量进行演化结果的敏感性分析。本章的结构安排如下：6.1 节研究问题描述；6.2 节构建双重商业模式的演化博弈假设及模型；6.3 节讨论演化博弈的节点；6.4 节设定数值并进行相关敏感性分析；6.5 节通过数值仿真获得一些有启发意义的结论并对此进行解释；6.6 节小结。

6.1.1 商业模式重塑与双重商业模式成形的关系分析

政府调控与市场机制双重影响下碳排放依赖型企业商业模式重塑的经济学解释中可以发现 Coase 主张只要法律明确界定此等权利（财产权）范围，并使其具有可交易性，市场机制便会给予该财产权一定价值，而且自愿交易会使得碳排放权利向最大价值方向移动，资源利用可以发挥最大效率，从而降低整体社会成本。因此，政府调控与市场机制双重影响的存在使碳排放外部成本被转化为企业内部生产成本，这不仅意味着改变旧商业模式的成本/盈利结构，也会重塑原有交易活动流程以获得潜在的增长机会和增长空间。因交易活动和盈利模式重塑会形成新商业模式，但新商业模式形成和发展并不是一蹴而就的事情，需要一定的时间积累，在可预见的一定时间尺度内企业要面临双重商业模式的冲突和选择议题。按照波特的理论，想要同时采取双重商业模式是种很糟糕的想法，这是因为企业如果要想建立行业中的竞争优势，只能选定一个战略定位，然后采取与对手不同的商业模式。而且事实也证明采取双重商业模式的大多数已在位企业都做得不是很成功——确实是因为冲突的存在，这就意味着当企业试图采用商业模式 B 的时候，就会损害商业模式 A 的操作。

　　双重商业模式的结构形成（见图 6-1），一般来说经历五个阶段：一是寻求创造消费者价值主张的新创意和新思路。在没有清晰地认识到消费者价值主张之前不可能进行商业模式构建或重建，商业成功属于那些寻找各种途径为消费者创造价值的企业。Johnson（2008）提出创造消费者价值主张的有效途径，包括财富、接触性、技巧以及时间。二是将创造消费者价值主张的创意蓝图形成新商业模式板块，对利益相关者的行为产生实际的支撑。三是对形成的商业模式板块进行试验，以权衡新旧双重商业模式各个方面的冲突。四是评估和修正新旧商业模式。五是新商业模式板块的正式实施。在这一演化过程中，最大的挑战与机遇是在第三阶段如何处理

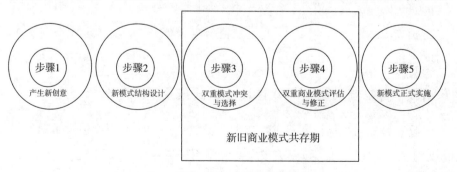

图 6-1　双重商业模式的形成过程

新旧的双重商业模式之间冲突与不协调。冲突与不协调的存在意味着企业需要为新商业模式发展付出一定的代价，套用地质学的术语即其中有一个根本的断层，这种断层产生了一种不稳定性，在不稳定性之中只要稍做努力即可产生巨大效应，促使经济与社会结构的调整。这种努力来自于新商业模式能提供未来潜在的商业机会，这样才能保证有充足的资源配置并能长期地执行下去。

6.1.2　双重商业模式演化过程的特性分析

企业从旧商业模式演化到新商业模式的过程中，一般有三大研究聚焦：一是组织特性的观点认为组织演化是由于随机变量的产生；二是环境假设观点将创新活动、环境特征或组织形态作为演化的关键机制；三是突发社会系统观点将演化认为是来自动态的新产业系统创新和组织的累积性干预。在这三种观点中，本章倾向于第三种观点，将演化机制视作模仿和突变的流程。在现有流程中，现有企业由于碳排放管制政策、竞争者和顾客需求压力而形成新的社会系统环境，从而主动或被动地涌现新商业模式。因此，在演化过程中呈现出如下一些特性。

6.1.2.1　演化过程具有惰性倾向

政府调控与市场机制双重影响下企业商业模式演化会涉及如构成要素、成本/盈利结构、碳技术创新、交易网络、制度安排和规则体系的显著变化，而这些变化是受到商业模式主导逻辑的影响。主导逻辑一旦形成商业模式的结构行为就不再是随机的，它往往会按照某一既定轨迹前进而且会出现自我强化的现象。在企业主导逻辑的限定下，商业模式低碳演化过程会呈现出适应过程的滞后与对变革的抵制，表现出惰性的倾向。

6.1.2.2　演化过程有双重模式共存阶段

正是因为演化过程的惰性倾向使得碳排放商业模式的低碳形成和发展具有一定的路径依赖，在可预见的一定时间范围内企业将会有双重商业模式共存现象。如图 6 - 2 所示，假设 [T0, T1] 阶段采取旧商业模式的价值创造曲线；[T1, T2] 阶段是双重商业模式共存期；[T2, T3] 阶段是转型成功或失败的价值创造曲线，这依赖于 [T1, T2] 阶段双重商业模式共存时的演化结果。从长期看，新商业模式更具有优越性和竞争性，在旧商业模式向新商业模式跃迁演化过程中应对得当则可以实现价值增值，否则会出现双重商业模式争夺资源所带来的价值耗散，影响新竞争优势的形成。

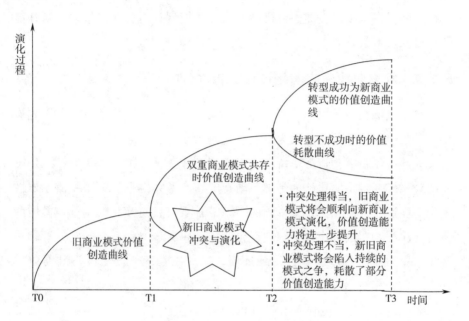

图 6 – 2   政府调控与市场机制双重影响下商业模式演化过程示意

6.1.2.3   演化结果最终会迭代为新商业模式

新商业模式和旧商业模式的共同特征是实现交易的参与整体共赢性，从而实现获取资源、效率成本、难以模仿性、产业链整合、多重价值和创新优势六个方面的竞争优势。但新商业模式所创造的价值空间不仅来自原材料、技术、知识等各项资源以新产品、新工艺等有利于实现企业既定经营目标的目的性输出外；而且还包括伴随实现低碳排放所带来的新商业机会，从而挖掘新的价值增长空间和收益来源。

6.1.3   演化博弈在双重商业模式选择过程中的适用性分析

双重商业模式的存在意味着碳排放依赖型企业需要扮演两种角色：一方面冒险支付巨大的创新成本，另一方面有可能削弱现有交易活动的商业价值。显然这一目标不是不可能实现，但是实现它确实非常困难。波特早在 20 世纪 80 年代就已经指出，如果试图在低成本战略和差异化战略方面全面出击，最终会将自己置于进退两难的境地。而商业模式作为战略的具象表达方式，双重商业模式会严重破坏企业的整体收益。Markides（2010）提出的双重商业模式管理选择矩阵可以提供很好的决策参考，但是对于如何从双重商业模式演化成单一商业模式，却没有清晰的路径可循，也不清楚演化过程中有哪些关键因素可以影响演化方向和趋势。企业由于在商业模式中的核心地位和作用，其低碳资源寻求、转换、整合及其相应的动态行为会对参与企业产生不同程度的影响，参与企业会面临跟随企业进行价值活动的低碳改造以进行商业模式的整合。企业的零碳活动和非零碳活动选择以及参与企业跟随零碳活动和不跟随零碳活动的选择，作为有限理性的他们都有自己的理性预期，尽量让自己的利益能够最大化。因此，本章选择整合达尔文生物进化论和拉马克遗传基因理论、以有限理性为基础但现实性较强的演化博弈理论，将博弈理论和动态演化过程分析结合起来，分析从个体到群体行为的形成机制，研究种群的进化趋势及稳定性。

由于政府调控与市场机制双重影响是新兴的碳排放管制系统，碳排放依赖型企业需要一个学习过程以逐步发现其在企业个体及个体之间带来的深刻影响，也就是说企业可以通过观察其他同类企业采取的低碳排放路径获得市场收益，或采取传统碳排放所带来的惩罚以验证是否进行合适的低碳排放努力。企业以不同概率选择不同策略，获得相应的支付收益。在这一博弈过程中，小部分参与者策略产生突变，大部分参与者根据不同的学习规则进行观察与模仿，其中最优收益的参与者经选择过程得以大量复制。根据不同的理性水平，分为不同的动态演化过程，其中运用最为广泛的一种演化过程是由 Taylor 和 Jonker（1978）、Maynard（1982）、Weibull（1995）、Hofbauer 和 Sigmund（1998）提出的动态复制模型，它实际上是描述某种特定策略在一个种群中被采用频数或频度的动态微分方程。因为微分方程（或方程组）在数学上具有很好的解析性质，因此这一系统已被广泛应用于演化生物、社会科学和经济学的博弈模型分析中。

为简化模型，本章以具有零碳活动特征的新商业模式和高碳活动特征的旧商业模式为例（见图6-3），假设碳排放依赖型企业中新旧商业模式的选择策略包括以零碳活动特征的新商业模式和高碳活动特征的旧商业模式的整合和分设，以及新商业模式和旧商业模式各有 x 和 y 的概率选择整合。在政府调控与市场机制双重影响下研究新旧商业模式之间整合和分设的演化博弈过程及演化结果，有助于管理者更深入了解政府调控与市场机制双重影响作为商业模式重塑的重要限制条件以及新旧商业模式整合和分设的决策时机。

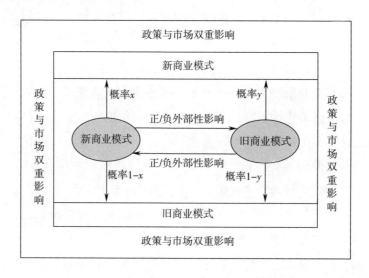

图6-3 碳排放依赖型企业双重商业模式的演化

6.2 演化模型假设与模型构建

6.2.1 模型假设

（1）假设碳排放依赖型企业作为有限理性参与人，根据6.1节设定双重商业模式中新商业模式和旧商业模式博弈策略选择集均为｛整合，分设｝。为计算方便，假设新商业模式具有更多的低碳（假设是零碳）活动特征，旧商业模式具有更多的高碳活动特征。商业模式并没有事先安排或设计活动架构，系统是通过物竞天择、适者生存原则自发演化形成。假设新旧商业模式具有选择主动性，能根据自身策略的相对收益大小来动态选择和调整各自策略，新旧商业模式的基本收益是 E_1 和 E_2。

（2）当具有零碳活动特征的新商业模式和高碳活动特征的旧商业模式进行整合时，新商业模式需要进行低碳活动的融合、组织架构、流程改造等方面的努力，假设努力程度为 e_1，旧商业模式为与新商业模式的对接，也需要付出相应的努力，假设付出的努力程度为 e_2。新商业模式从整合零碳活动特征的新商业模式和高碳活动特征的旧商业模式过程中获得碳排放节约数量系数为 r_1，旧商业模式从整合努力中获得碳排放节约数量系数为 r_2。用 Q_1 和 Q_2 分别表示新商业模式和旧商业模式的碳节约数量，则 $Q_1 = r_1 e_1$，$Q_2 = r_2 e_2$。

（3）新旧商业模式的整合除可以获得碳排放数量节约的收益，商业模式本身还具有自学习和自创新的能力，可以从自身和合作伙伴的整合努力中获得相应的碳减排和经营管理经验收益。假设新商业模式获得碳减排经验收益系数为 π_1，旧商业模式获得碳减排经验收益系数为 π_2。

（4）借助于市场经济，碳排放价格可以有效传导至所有的消费者和生产商，从而引导新的投资方向和行为模式的改变。企业实际碳排放低于碳排放约束总量，可以将多余的碳排放在碳排放交易系统市场进行销售。如第 5 章的模型假设，碳排放价格是外生变量，价格为 p。

（5）碳排放依赖型企业总成本包括运营成本和低碳减排相应的成本，为简化分析重点考虑碳排放对企业决策的影响，本章假设新商业模式和旧商业模式的运营成本为零（这并不影响最终结果，只是为了更好地说明结论）。企业选择低碳活动是要进行一定的碳减排处理，需要流程架构重新设计、设备重新更换、各项资源要素重新配置等，假设企业和参与企业碳排放的努力成本系数为 c_1 和 c_2，且减排成本 C 是减排努力的二次函数，满足 $C(0) = 0$，$C(+\infty) = 1$，$C'(e) > 0$，$C''(e) > 0$。沿袭第 5 章假设，新旧商业模式的减排成本分别是 $C_1 = \frac{1}{2}c_1 e_1^2$ 和 $C_2 = \frac{1}{2}c_2 e_2^2$。

（6）碳排放依赖型企业中新旧商业模式共存，按照 Port 假设会存在一定的冲突，长期会对企业的活动系统和盈利模式发展产生困境，会对各自收益有一定程度的影响，假设对收益影响系数为 β。

（7）新旧商业模式整合时还面临一定的冲突风险，包括新旧商业模式的参与企业低碳设备投资与传统设备的资金分配冲突、低碳技术和要求的更新造成新旧流程的整合冲突、预期碳排放收益与实际碳排放收益等。假设新旧商业模式选择整合活动的风险系数分别为 κ_1 和 κ_2，新旧商业模式的整合成功水平 $t_{ij}(i \neq j)$，$t_{ij} \in [0,1]$。通常情况下网络节点整合成功的感受水平是不对称的，t_{12} 表示新商业模式对新旧商业模式整合成功的感受水平，t_{21} 表示旧商业模式对新旧商业模式整合成功的感受水平。因此新商业模式选择整合时风险成本是 $(1 - t_{12})\kappa_1 r_1 e_1 p$，旧商业模式选择整合时风险成本是 $(1 - t_{21})\kappa_2 r_2 e_2 p$。

根据以上假设，新商业模式和旧商业模式在政府调控与市场机制双重影响下选择整合和分设的 2×2 重复博弈中阶段博弈支付矩阵如表 6-1 所示。

表6-1   政府调控与市场机制双重影响下商业模式选择博弈的支付矩阵

政府调控与市场机制双重影响下新旧商业模式选择博弈矩阵		旧商业模式	
		整合（x）	分设（$1-y$）
新商业模式	整合（x）	$E_1 + r_1 e_1 p + \pi_1 e_1 + \pi_1 e_2 - \frac{1}{2} c_1 e_1^2 - (1 - t_{12})\kappa_1 r_1 e_1 p$	$E_1 + r_1 e_1 p - \frac{1}{2} c_1 e_{12}$
		$E_2 + r_2 e_2 p + \pi_2 e_2 + \pi_2 e_1 - \frac{1}{2} c_2 e_2^2 - (1 - t_{21})\kappa_2 r_2 e_2 p$	$E_2 + \pi_2 e_1 - \beta E_2$
	分设（$1-x$）	$E_1 + \pi_1 e_2 - \beta E_1$	$E_1 - \beta E_1$
		$E_2 + r_2 e_2 p - \frac{1}{2} c_2 e_2^2 - \lambda E_2$	$E_2 - \beta E_2$

6.2.2 模型构建

政府调控与市场机制双重影响下新旧商业模式的整合和分设的期望收益分别是 u_{11} 和 u_{12}，旧商业模式选择与新商业模式的整合和分设期望收益分别是 u_{21}、u_{22} 和 u_{22}；新商业模式和旧商业模式的平均收益分别是 $\overline{u_1}$ 和 $\overline{u_2}$。

$$u_{11} = y\left[E_1 + r_1 e_1 p + \pi_1 e_1 + \pi_1 e_2 - \frac{1}{2}c_1 e_1^2 - (1 - t_{12})\kappa_1 r_1 e_1 p \right] +$$

$$(1 - y)\left[E_1 + r_1 e_1 p - \frac{1}{2}c_1 e_1^2 - \lambda E_1 \right]$$

$$u_{12} = y\left[E_1 + \pi_1 e_2 - \beta E_1 \right] + (1 - y)\left[E_1 - \lambda E_1 - \beta E_1 \right]$$

$$\overline{u_1} = x u_{11} + (1 - x) u_{12}$$

$$u_{21} = x\left[E_2 + r_2 e_2 p + \pi_2 e_2 + \pi_2 e_1 - \frac{1}{2}c_2 e_2^2 - (1 - t_{21})\kappa_2 r_2 e_2 p \right] +$$

$$(1 - x)\left[E_2 + \pi_2 e_1 - \beta E_2 \right]$$

$$u_{22} = x\left[E_2 + r_2 e_2 p - \frac{1}{2}c_2 e_2^{\ 2} - \lambda E_1 \right] + (1 - x)\left[E_2 - \lambda E_2 - \beta E_2 \right]$$

$$\overline{u_2} = y u_{21} + (1 - y) u_{22}$$

则新旧商业模式选择零碳活动的复制动态方程分别为

$$F(x) = \frac{dx}{dt} = x(u_{11} - \overline{u_1}) = x(1 - x)(u_{11} - u_{12})$$

$$= x(1 - x)\left\{ \left\{ y\left[E_1 + r_1 e_1 p + \pi_1 e_1 + \pi_1 e_2 - \frac{1}{2}c_1 e_1^2 - \right. \right. \right.$$

$$(1 - t_{1\,2})\kappa_1 r_1 e_1 p \right] + (1 - y)\left[E_1 + r_1 e_1 p - \quad (6.1) $$

$$\left. \frac{1}{2}c_1 e_1^2 - \lambda E_1 \right] \right\} - \left\{ y\left[E_1 + \pi_1 e_2 - \beta E_1 \right] + \right.$$

$$\left. (1 - y)\left[E_1 - \lambda E_1 - \beta E_1 \right] \right\} \right\}$$

令 $F(x) = 0$ ，则 $x_1 = 0$ ，$x_2 = 1$ ，$y_3 = \dfrac{r_1 e_1 p + \beta E_1 - \frac{1}{2}c_1 e_1^2}{(1 - t_{12})\kappa_1 r_1 e_1 p - \pi_1 e_1}$ 。

$$F(y) = \frac{dy}{dt} = y(u_{21} - \overline{u_2}) = y(1 - y)(u_{21} - u_{22})$$

$$= y(1 - y)\left\{ \left\{ x\left[E_2 + r_2 e_2 p + \pi_2 e_2 + \pi_2 e_1 - \frac{1}{2}c_2 e_2^2 - \right. \right. \right.$$

$$(1 - t_{21})\kappa_2 r_2 e_2 p \right] + (1 - x)\left[E_2 + \pi_2 e_1 - \beta E_2 \right] \right\} - \quad (6.2) $$

$$\left\{ x\left[E_2 + r_2 e_2 p - \frac{1}{2}c_2 e_2^2 - \lambda E_1 \right] + \right.$$

$$\left. (1 - x)\left[E_2 - \lambda E_2 - \beta E_2 \right] \right\} \right\}$$

令 $F(y) = 0$ ，则 $y_1 = 0$ ，$y_2 = 1$ ，$x_3 = \dfrac{r_2 e_2 p + \beta E_2 - \dfrac{1}{2} c_2 e_2^2}{(1 - t_{21}) \kappa_2 r_2 e_2 p - \pi_2 e_2}$ 。

根据两个复制方程（6.1）（6.2）求解可知在平面 $N = \{(x,y); 0 \leqslant x, y \leqslant 1\}$ ，新旧商业模式在政府调控与市场机制双重影响下策略博弈有 5 个局部均衡点，分别是 $A(0,0)$ 、$B(1,0)$ 、$C(0,1)$ 、$D(1,1)$ 、$E\left(\dfrac{r_2 e_2 p + \beta E_2 - \dfrac{1}{2} c_2 e_2^2}{(1 - t_{21}) \kappa_2 r_2 e_2 p - \pi_2 e_2} \right.$ ，

$\left. \dfrac{r_1 e_1 p + \beta E_1 - \dfrac{1}{2} c_1 e_1^2}{(1 - t_{12}) \kappa_1 r_1 e_1 p - \pi_1 e_1} \right)$ ，其中 $\dfrac{r_2 e_2 p + \beta E_2 - \dfrac{1}{2} c_2 e_2^2}{(1 - t_{21}) \kappa_2 r_2 e_2 p - \pi_2 e_2} \in [0,1]$ ，$\dfrac{r_1 e_1 p + \beta E_1 - \dfrac{1}{2} c_1 e_1^2}{(1 - t_{12}) \kappa_1 r_1 e_1 p - \pi_1 e_1}$

$\in [0,1]$ 。这 5 个局部均衡点不一定都是演化稳定策略，需要进行进一步的判断分析。根据 Friedman（1991）和王高雄（2007）微分方程系统描述群体动态稳定解的解决途径，即其局部均衡点稳定性分析可以由该系统的 Jacobi 矩阵的局部稳定性分析得到。方程（6.1）和方程（6.2）的 Jacobi 矩阵对应的行列式和迹为

$$\text{Jacobia 矩阵:} J = \begin{bmatrix} \dfrac{\partial F(x)}{\partial x} & \dfrac{\partial F(x)}{\partial y} \\[3mm] \dfrac{\partial F(y)}{\partial x} & \dfrac{\partial F(y)}{\partial y} \end{bmatrix}$$

$$Det(J) = \frac{\partial F(x)}{\partial x} \frac{\partial F(y)}{\partial y} - \frac{\partial F(x)}{\partial y} \frac{\partial F(y)}{\partial x}, Tr(J) = \frac{\partial F(x)}{\partial x} + \frac{\partial F(y)}{\partial y}$$

当均衡点满足 $Det(J) > 0$ 和 $Tr(J) < 0$ 时，此均衡点即为演化均衡动态过程的局部渐进稳定不动点，对应着演化稳定策略。演化稳定策略要求在此稳定状态时必须具有抗扰动的功能，即要求 $\dfrac{\partial F(x)}{\partial x} < 0$ 和 $\dfrac{\partial F(y)}{\partial y} < 0$ 。如果 $Det(J) < 0$ 表示该点是一个鞍点；如果 $Det(J) > 0$ 且 $Tr(J) > 0$ 表示该点是不稳定节点。按照这一判断规则，依次将 $A(0,0)$ 、$B(1,0)$ 、$C(0,1)$ 、$D(1,1)$ ，$E\left(\dfrac{r_2 e_2 p + \beta E_2 - \dfrac{1}{2} c_2 e_2^2}{(1 - t_{21}) \kappa_2 r_2 e_2 p - \pi_2 e_2}, \dfrac{r_1 e_1 p + \beta E_1 - \dfrac{1}{2} c_1 e_1^2}{(1 - t_{12}) \kappa_1 r_1 e_1 p - \pi_1 e_1} \right)$ 代入 Jacobia 方程进行稳定性分析。结果如表 6 - 2 所示。

表 6 – 2　　　　政府调控与市场机制双重影响下商业模式

演化博弈的 Jacobia 矩阵分析

局部均衡点	$Det(J)$	$Tr(J)$
$A(0,0)$	$(r_1e_1p + \beta E_1 - \frac{1}{2}c_1e_1^2) *$ $(r_2e_2p + \beta E_2 - \frac{1}{2}c_2e_2^2)$	$(r_1e_1p + \beta E_1 - \frac{1}{2}c_1e_1^2) + (r_2e_2p$ $+ \beta E_2 - \frac{1}{2}c_2e_2^2)$
$B(1,0)$	$-(r_1e_1p + \beta E_1 - \frac{1}{2}c_1e_1^2) *$ $(\pi_2e_2 - (1-t_{21})\kappa_2r_2e_2p + r_2e_2p + \beta E_2 - \frac{1}{2}c_2e_2^2)$	$-(r_1e_1p + \beta E_1 - \frac{1}{2}c_1e_1^2) +$ $(\pi_2e_2 - (1-t_{21})\kappa_2r_2e_2p + (r_2e_2p$ $+ \beta E_2 - \frac{1}{2}c_2e_2^2)$
$C(0,1)$	$-[(1-t_{12})\kappa_1r_1e_1p - \pi_1e + r_1e_1p + \beta E_1 - \frac{1}{2}c_1e_1^2]$ $* (r_2e_2p + \beta E_2 - \frac{1}{2}c_2e_2^2)$	$[(1-t_{12})\kappa_1r_1e_1p - \pi_1e + r_1e_1p +$ $\beta E_1 - \frac{1}{2}c_1e_1^2] - (r_2e_2p + \beta E_2 -$ $\frac{1}{2}c_2e_2^2)$
$D(1,1)$	$[\pi_1e_1 - (1-t_{12})\kappa_1r_1e_1p + r_1e_1p + \beta E_1 - \frac{1}{2}c_1e_1^2] *$ $[\pi_2e_2 - (1-t_{21})\kappa_2r_2e_2p + r_2e_2p + \beta E_2 - \frac{1}{2}c_2e_2^2]$	$-[\pi_1e_1 - (1-t_{12})\kappa_1r_1e_1p + r_1e_1p$ $+ \beta E_1 - \frac{1}{2}c_1e_1^2] - [\pi_2e_2 - (1-$ $t_{21})\kappa_2r_2e_2p + r_2e_2p + \beta E_2 -$ $\frac{1}{2}c_2e_2^2]$
$E(x_3,y_3)$	$-\left\{\dfrac{(r_1e_1p + \beta E_1 - \frac{1}{2}c_1e_1^2) * (r_2e_2p + \beta E_2 - \frac{1}{2}c_2e_2^2)}{(\pi_1e_1 - (1-t_{12})\kappa_1r_1e_1p) * (\pi_2e_2 - (1-t_{21})\kappa_2r_2e_2p)} * (\pi_1e_1 - (1-t_{12})\kappa_1r_1e_1p + r_1e_1p + \beta E_1 - \frac{1}{2}c_1e_1^2) * (\pi_2e_2 - (1-t_{21})\kappa_2r_2e_2p + r_2e_2p + \beta E_2 - \frac{1}{2}c_2e_2^2)\right\}$	0

6.3　演化模型中稳定策略点讨论

在系统的演化过程中，从混乱到有序的改变需要经过不断的涨落，从而使得系统不断地突破稳定性条件达成序参量役使下的自组织。为此，根据上一节的动态演化方程，本节讨论不同情形企业新旧商业模式整合和分设的阈值条件。上一节中已有限制条件是 $\dfrac{r_2 e_2 p + \beta E_2 - \dfrac{1}{2} c_2 e_2^2}{(1 - t_{21}) \kappa_2 r_2 e_2 p - \pi_2 e_2} \in [0,$

$1]$，$\dfrac{r_1 e_1 p + \beta E_1 - \dfrac{1}{2} c_1 e_1^2}{(1 - t_{12}) \kappa_1 r_1 e_1 p - \pi_1 e_1} \in [0,1]$，也即是 $r_2 e_2 p + \beta E_2 - \dfrac{1}{2} c_2 e_2^2$ 与 $(1 -$

$t_{21}) \kappa_2 r_2 e_2 p - \pi_2 e_2$ 同向变化，且前者的变化速度要小于后者的变化速度；$r_1 e_1 p + \beta E_1 - \dfrac{1}{2} c_1 e_1^2$ 与 $(1 - t_{12}) \kappa_1 r_1 e_1 p - \pi_1 e_1$ 是同向变化的，且前者的变化速度小于后者的变化速度。具体讨论如下：

情形 1：若 $\pi_1 e_1 > (1 - t_{12}) \kappa_1 r_1 e_1 p$，$\pi_2 e_2 > (1 - t_{21}) \kappa_2 r_2 e_2 p$，此时 $r_2 e_2 p + \beta E_2 - \dfrac{1}{2} c_2 e_2^2 < 0$，$r_1 e_1 p + \beta E_1 - \dfrac{1}{2} c_1 e_1^2 < 0$。这意味着新商业模式和旧商业模式获得相应的碳减排经验收益和运营收益大于因碳减排合作所带来的整合风险。根据上述的判断标准局部均衡点的稳定性分析如表 6 - 3 所示。

表 6 - 3　　　　　　　　　局部均衡点的稳定性

局部均衡点	$Det(J)$	$Tr(J)$	结果
$A(0,0)$	+	−	ESS
$B(1,0)$	+	+	不稳定点
$C(0,1)$	+	+	不稳定点
$D(1,1)$	+	−	ESS
$E(x_3, y_3)$	−	0	鞍点

由表 6 - 3 可知，在此约束条件下双重商业模式演化博弈中五个均衡点中有两个具有局部稳定性，即系统的稳定演化策略为 $A(0,0)$ 和 $D(1,1)$，该系统还存在有两个不稳定点 $B(1,0)$ 和 $C(0,1)$ 以及 1 个鞍点 $E(x_3, y_3)$。稳定点 $A(0,0)$ 意味着新商业模式和旧商业模式都不选择整合而是选择分设策略；$D(1,1)$ 意味着新商业模式和旧商业模式都选择整合策略。新商业模式和旧商业模式的复制动态关系如图 6 - 4 所示。

情形 2：若 $\pi_1 e_1 < (1 - t_{12}) \kappa_1 r_1 e_1 p$，$\pi_2 e_2 < (1 - t_{21}) \kappa_2 r_2 e_2 p$，此时

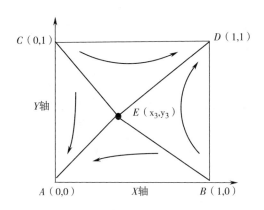

图 6 - 4　双重商业模式博弈过程中 5 个局部均衡点的演化趋势

$r_2e_2p + \beta E_2 - \frac{1}{2}c_2e_2^2 > 0$，$r_1e_1p + \beta E_1 - \frac{1}{2}c_1e_1^2 > 0$。因 $b(1-k-\delta) < d(1-t-\delta)$，根据上述的判断标准局部均衡点的稳定性分析如表 6 - 4 所示。

表 6 - 4　　　　　　　　　　局部均衡点的稳定性分析

局部均衡点	$Det(J)$	$Tr(J)$	结果
$A(0,0)$	+	+	不稳定点
$B(1,0)$	+	−	ESS
$C(0,1)$	+	−	ESS
$D(1,1)$	+	+	不稳定点
$E(x_3,y_3)$	−	0	鞍点

由表 6 - 4 可知，在此约束条件下双重商业模式演化博弈中的五个均衡点中有两个具有局部稳定性，即系统的稳定演化策略为 $B(1,0)$ 和 $C(0,1)$，该系统还存在有两个不稳定点 $A(0,0)$，$D(1,1)$ 和 1 个鞍点 $E(x_3,y_3)$。$B(1,0)$ 意味着新商业模式选择零碳活动而旧商业模式选择高碳活动，企业作为交易系统中的优势企业，$C(0,1)$ 意味着旧商业模式选择零碳活动而新商业模式选择高碳活动。

情形 3：若 $\pi_1e_1 < (1 - t_{12})\kappa_1r_1e_1p$，$\pi_2e_2 > (1 - t_{21})\kappa_2r_2e_2p$，此时 $r_2e_2p + \beta E_2 - \frac{1}{2}c_2e_2^2 > 0$，$r_1e_1p + \beta E_1 - \frac{1}{2}c_1e_1^2 < 0$，根据上述的判断标准局部均衡点的稳定性分析如表 6 - 5 所示。

表6-5　　　　　　　　　　　局部均衡点的稳定性分析

局部均衡点	$Det(J)$	$Tr(J)$	结果
$A(0,0)$	—	不确定	鞍点
$B(1,0)$	—	不确定	鞍点
$C(0,1)$	—	不确定	鞍点
$D(1,1)$	—	不确定	鞍点
$E(x_3,y_3)$	+	0	鞍点

由表6-5可知，在约束条件下双重商业模式演化博弈中的5个均衡点都是鞍点，不存在局部稳定性。

情形4：若 $\pi_1 e_1 > (1-t_{12})\kappa_1 r_1 e_1 p, \pi_2 e_2 < (1-t_{21})\kappa_2 r_2 e_2 p$ ，此时 $r_2 e_2 p + \beta E_2 - \frac{1}{2}c_2 e_2^2 < 0$ ，$r_1 e_1 p + \beta E_1 - \frac{1}{2}c_1 e_1^2 > 0$ ，根据上述的判断标准局部均衡点的稳定性分析如表6-6所示。

表6-6　　　　　　　　　　　局部均衡点的稳定性分析

局部均衡点	$Det(J)$	$Tr(J)$	结果
$A(0,0)$	—	不确定	鞍点
$B(1,0)$	–	不确定	鞍点
$C(0,1)$	–	不确定	鞍点
$D(1,1)$	–	不确定	鞍点
$E(x_3,y_3)$	+	0	鞍点

由表6-6可知，在约束条件下双重商业模式演化博弈中的5个均衡点都是鞍点，不存在局部稳定性。

通过以上研究分析可以发现，在 $\pi_1 e_1 > (1-t_{12})\kappa_1 r_1 e_1 p$ ，$\pi_2 e_2 > (1-t_{21})\kappa_2 r_2 e_2 p$ ，此时 $r_2 e_2 p + \beta E_2 - \frac{1}{2}c_2 e_2^2 < 0$ ，$r_1 e_1 p + \beta E_1 - \frac{1}{2}c_1 e_1^2 < 0$ 约束条件下的演化稳定点在商业世界中有现实意义，因此接下来的讨论主要集中在第1种情形。从图6.4可以得知：

$$S_{ABEC} = = \frac{1}{2}(x_3 + y_3) = \frac{1}{2}\left(\frac{r_1 e_1 p + \beta E_1 - \frac{1}{2}c_1 e_1^2}{(1-t_{12})\kappa_1 r_1 e_1 p - \pi_1 e_1} + \frac{r_2 e_2 p + \beta E_2 - \frac{1}{2}c_2 e_2^2}{(1-t_{21})\kappa_2 r_2 e_2 p - \pi_2 e_2}\right),$$

$$(6.3)$$

$$S_{CEBD} = 1 - S_{ABEC} \qquad (6.4)$$

由式（6.3）和式（6.4）可知 S_{ABEC} 和 S_{CEBD} 的大小与 $E(x_3, y_3)$ 位置有关。

而 $E(x_3, y_3)$ 具体位置又与六个参数有关。求 S_{ABEC} 对 p 的一阶导数即 $\dfrac{\partial S_{ABEC}}{\partial p} = \dfrac{\partial}{\partial p}$

$$\frac{1}{2}\left(\frac{r_1 e_1\left((1-t_{12})\kappa_1 r_1 e_1 p - \pi_1 e_1\right) - \kappa_1 r_1 e_1 (1-t_{12})(1-t_{12})\kappa_1 r_1 e_1 p - \pi_1 e_1\right)}{\left((1-t_{12})\kappa_1 r_1 e_1 p - \pi_1 e_1\right)^2} + \frac{r_2 e_2\left((1-t_{21})\kappa_2 r_2 e_2 p - (\pi_2 e_2) - r_2 e_2 p + \beta E_2 - \frac{1}{2}c_2 e_2^2\right)(1-t_{21})\kappa_2 r_2 e_2 p - \pi_2 e_2)}{\left((1-t_{21})\kappa_2 r_2 e_2 p - \pi_2 e_2\right)^2} \right)。$$

因为 $(1-t_{21})\kappa_2 r_2 e_2 p - \pi_2 e_2 > r_2 e_2 p + \beta E_2 - \dfrac{1}{2}c_2 e_2^2$，$(1-t_{12}) \in [0,1]$，$\kappa_1 \in [0,$

$1]$，$(1-t_{12})\kappa_1 r_1 e_1 p - \pi_1 e_1 > r_1 e_1 p + \beta E_1 - \dfrac{1}{2}c_1 e_1^2$，$(1-t_{21}) \in [0,1]$，$\kappa_2 \in [0,$

$1]$，因此 $\dfrac{\partial S_{ABEC}}{\partial p} < 0$。也就是当 $p \uparrow$，S_{ABEC} 呈下降趋势。其他参数分析同样可以通过 S_{ABEC} 对各个参数求解一阶导数，获得 S_{ABEC} 和 S_{CEBD} 的相应变化。当碳排放价格越高时 S_{ABEC} 面积越来越小，而 S_{CEBD} 越来越大，企业新旧商业模式将以极大概率沿着 ED 向 $D(1,1)$ 演化，且根据表 6 - 2 的 Jacobia 矩阵判断 $D(1,1)$ 是稳定策略点，因此新旧商业模式选择整合为新商业模式策略成为唯一的稳定演化策略均衡。当碳排放价格越低时 S_{ABEC} 面积越来越大，而 S_{CEBD} 越来越小，且根据表 6 - 2 的 Jacobia 矩阵判断 $A(0,0)$ 是稳定策略点，因此系统选择维持原有旧商业成为唯一的稳定演化策略。

其他参数的分析过程类似，都可通过式（6.3）和式（6.4）依次对 t_{12}、t_{21}、β、κ_1、κ_2、r_1、r_2 进行一阶求导可以得出相应的结论；是不是稳定策略点则通过表 6 - 2 中 Jacobia 矩阵的 $Det(J)$ 和 $Tr(J)$ 大小来判断。主要参数变化对碳排放依赖型企业新旧商业模式演化结果的影响如表 6 - 7 所示。

表 6 - 7　主要参数变化对碳排放依赖型企业新旧商业模式最终演化结果的影响

参数变化	S_{ABEC}	S_{CEBD}	演化方向
$p \uparrow$	↓减少	↑增加	$D(1,1)$
$t_{12} \uparrow t_{21} b$	↓减少	↑增加	$D(1,1)$

参数变化	S_{ABEC}	S_{CEBD}	演化方向
$e_1 \uparrow e_2 \uparrow$	↓减少	↑增加	$D(1,1)$
$\beta \uparrow$	↓↑增加	↓减少	$A(0,0)$
$\kappa_1 \uparrow \kappa_2 \uparrow$	↑增加	↓减少	$A(0,0)$
$r_1 \uparrow r_2 \uparrow$	↓减少	↑增加	$D(1,1)$
$\pi_1 \uparrow \pi_2 \uparrow$	↓减少	↑增加	$D(1,1)$

通过图 6-4 和表 6-7 可以观察到：

（1）当状态点落在区域 $ABEC$ 内时，演化博弈系统向具有"囚徒困境"特点的 $A(0,0)$ 收敛，且根据表 6-2 的 Jacobia 矩阵判断当初始概率 p 无限趋于 0 时，$A(0,0)$ 存在有 $Det(J) > 0$ 和 $Tr(J) < 0$，因此 $A(0,0)$ 成为唯一的稳定演化策略均衡。当初始状态点落在区域 $CEBD$ 内时，演化博弈系统向具有帕累托最优特点的 $D(1,1)$ 收敛，且根据表 6-2 的 Jacobia 矩阵判断当初始概率 p 无限趋于 1 时，$D(1,1)$ 存在有 $Det(J) > 0$ 和 $Tr(J) < 0$，因此 $D(1,1)$ 成为唯一的稳定演化策略均衡。

（2）双重商业模式之间长期演化方向还需比较 $ABEC$ 与 $CEBD$ 的区域面积大小，若 $S_{ABEC} > S_{CEBD}$ 则系统最终将以很大概率沿 EA 路径向 $A(0,0)$ 收敛；若 $S_{CEBD} > S_{ABEC}$ 则系统最终将以很大的概率沿 ED 向 $D(1,1)$ 收敛。

（3）企业如果想要双重商业模式向 $D(1,1)$ 方向演化，需要采用一定措施以减少碳减排成本：一是采用新的节能减排技术、清洁能源开发和应用技术、碳捕集和封存等相关低碳减排技术以改变碳减排成本函数 $C = \frac{1}{2}ce^2$，加速企业低碳潜力的挖掘。2014 年国家发展改革委公布了一批涉及煤炭、电力、钢铁、有色、石油石化、化工、建筑、轻工、纺织、机械、农业、林业等 12 个行业，共 33 项国家重点推广的最新低碳技术，如太阳能热泵分布式中央采暖系统技术、生物质成型燃料规模化利用技术等。二是降低成本系数，包括保持企业组织足够的柔性，特别是新的碳减排技术或概念表现有潜力但是不能直接被整合到现有系统时，企业需要有足够的组织柔性以应对低碳管制所带来的重塑需求。三是寻求新的技术手段将随运营活动排放出来的碳进行深度开发，以抵消相应的碳减排成本。

如美国华盛顿大学的斯图尔特·利希特和研究团队开发出一种利用大气中富集的二氧化碳生产碳纳米纤维的方法。这种纤维可制成强大的复合材料，用于制造波音 787 梦想客机、高端体育设备、风力涡轮叶片和其他一系列产品。法国原子能委员会下属的萨克莱辐射材料研究所的研究人员首先将二氧化碳加氢合成甲酸，然后使用稀有金属钌作为催化剂，将甲酸转化为甲醇，生成率高达 50%。

6.4 模型参数设定与仿真结果

6.4.1 模型参数设定

上述构建的演化博弈模型只是给出演化稳定策略的判断方法和演化趋势，如何直观地观测政府调控与市场机制影响下不同初值的新旧商业模式整合和分设博弈向均衡点的演化轨迹。本章利用 Matlab 进行数值模拟以直观显示不同情形下均衡点，并分析不同初始值点向均衡点的演化轨迹。$[x, y]$ 初值概率值分别取 $[0, 0.25, 1]$ 和 $[0, 0.25, 1]$，其中 0.25 为步长。横轴和纵轴分别代表新商业模式和旧商业模式选择整合的概率。假设模型中参数的取值如表 6 - 8 所示。

表 6 - 8 模型中各参数的取值

参数	E_1	E_2	r_1	r_2	π_1	π_2	κ_1
估计值	800	350	0.4	0.3	0.4	0.3	0.15

κ_2	e_1	e_2	β	λ	t_{12}	t_{21}	c_1	c_2
0.12	28	22	0.06	0.02	0.85	0.4	0.5	0.4

6.4.2 仿真结果

6.4.2.1 不同碳排放价格 p 对演化博弈结果的影响

图 6 - 5 和图 6 - 6 显示的是在不同碳价格大小下新商业模式和旧商业模式选择整合和分设的演化均衡策略。在本案例中图 6 - 5 的碳价格是 80

个单位，因为碳价格足够高，显著大于因减排而投入的成本，企业可以从碳节约数量的市场交易中获得额外收益，因此新旧商业模式都趋向于整合具有零碳活动特征的商业模式，演化方向为（1，1）。而当碳价格较低时难以弥补因碳节约而进行的投资时，作为理性经济人的企业会选择分设新商业模式和旧商业模式以避免增加成本，最终演化结果为（0，0）。

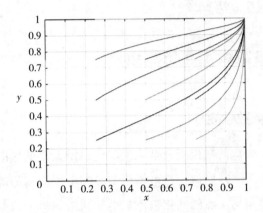

图 6−5　高碳价格时新商业模式和旧商业模式的动态演化

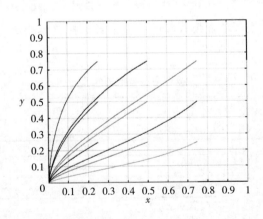

图 6−6　低碳价格时新商业模式和旧商业模式的动态演化

6.4.2.2　不同碳排放节约数量对演化博弈结果的影响

排放节约数量与碳节约系数和碳减排努力程度有关，因为碳节约系数和减排努力程度是同向变化，所以本数值模拟以碳减排努力程度为例进行相应的模拟。碳减排努力程度分为四种情形，包括新旧商业模式都选择高减碳努力、新旧商业模式都选择低减碳努力、新商业模式选择低减排努力而旧商业模式选择高减排努力以及新商业模式选择高减排努力而旧商业模式选择低减排努力时新旧商业模式因选择不同的碳减排努力的演化过程。由图 6 - 7 可以看出在新商业模式和旧商业模式都选择高减碳努力时，最终演化结果趋向于（0，0），即新旧商业模式选择分设策略；从图 6 - 8 可以看出在新旧商业模式都选择低减碳努力时，最终演化结果趋向于（1，1），即新旧商业模式选择整合策略；从图 6 - 9 可以看出在新商业模式选择低减碳努力而旧商业模式选择高减碳努力时，最终演化结果趋向于（1，0），即新商业模式选择整合策略，而旧商业模式选择分设策略；由图 6 - 10 可

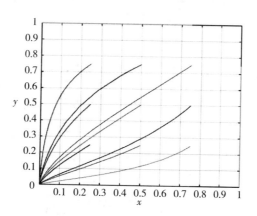

图 6 - 7　新旧商业模式高努力程度时的动态演化

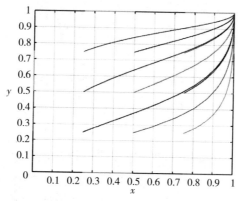

图 6 - 8　新旧商业模式低努程度力时的动态演化

以看出在新商业模式选择高减碳努力而旧商业模式选择低减碳努力时，最终演化结果趋向于（0，1），即新商业模式选择分设策略，而旧商业模式选择整合策略。

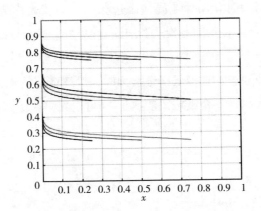

图 6 – 9　新商业模式高努力和旧商业模式高努力时的动态演化

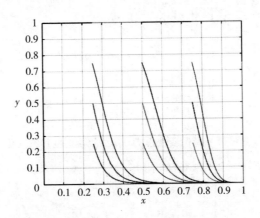

图 6 – 10　新商业模式低努力和旧商业模式高努力时的动态演化

图 6 – 5 至图 6 – 10 显示在其他参数不变的情况下，通过碳排放价格与碳减排努力参数变化的演化趋势图，从中可以发现：

（1）图 6 – 5 和图 6 – 6 表明不同碳价格会影响双重商业模式的演化趋势和结果。当碳价格比较高时，企业把其看成一种机会，会以积极、战略的眼光分配必要资源和变革相应流程来挖掘低碳商业机会；当碳价格比较低时，企业中双重商业模式冲突的成本过高使得企业选择旧商业模式成为最佳途径。由第 1 章的分析可知 CO_2 的资源化、资本化和证券化趋势已十分明显，其所提供的投资机会越来越多，大致可以分为：第一种是直接投资碳交易相关资产，作为股东或是合伙人；第二种是投资以碳交易为主要获利来源的碳基金——截至 2006 年底，全球已有 64 亿美元被投入 50 只碳基金用于购买碳减排。第三种是自行设立碳基金，成为国际买家；或是经营 CDM 项目咨询公司，咨询公司致力于可开发减排的工厂项目，项目主要产生 CER（核证减排量）卖给需要的企业或基金公司；也可以直接开发 CDM 项目。第四种是主导或参与发起新的碳交易所。因此，在这样的商业机会吸引下，商业模式重塑过程中通过控制相关的内外部参数变量，最终演化结果将趋于新商业模式。需要注意的是碳排放权的价格与石油价格类似，与世界经济发展关联很大，因此一些碳排放量比较大的企业可以灵活运用碳债券、碳基金、碳指数等碳金融工具以开拓新的利润增长点。

（2）图 6 - 7 至图 6 - 10 显示不同努力程度下双重商业模式的动态演化趋势和结果。虽然碳减排越努力可以带来越多的碳排放数量节约，但因碳减排而投入的相应成本也会呈现递增式上升。当碳减排努力的成本大于因努力所带来的碳减排数量节约收益时，企业选择旧商业模式成为最佳途径；当因努力所带来的碳减排数量节约收益大于碳减排努力的成本时，企业选择新商业模式成为最佳途径。在降低碳排放努力措施方向上，一般而言政府从社会福利最大化的角度制定各种政策措施，市场则是从提高帕累托效应的角度自发演化，单纯的政府措施或市场措施会出现政府失灵或市场失灵的情形，因此需整合政府与市场的碳减排措施以减少企业碳减排努力，引导和固化企业对未来的预期，使得其更有弹性地选择商业模式低碳演化路径。

6.5 主要结论与启示

通过上述模型推理以及数值仿真，政府调控与市场机制双重影响下新商业模式和旧商业模式在某一段时间内整合和分设的演化路径和演化规律，可以获得如下研究结论：

结论1：初始概率会影响碳排放依赖型企业新商业模式和旧商业模式选择整合和分设的动态演化轨迹，但长期演化结果还须比较区域 ABEC 与 CEBD 的面积大小。

结论2：在一定阈值条件下，高碳排放价格将会驱使新旧商业模式向整合方向演化；低碳排放价格将会驱使新旧商业模式向分设方向演化；当碳价格比较高时，企业把其看成一种机会，会以积极、战略的眼光分配必要的资源和相应的流程改造来挖掘低碳商业机会；当碳价格比较低时，企业中新旧商业模式冲突的成本过高使得企业选择旧商业模式成为最佳途径。模型和图 6-4 也可以佐证这一结论。

结论3：政府和市场需要协同以共同降低商业模式低碳演化过程的成本。若碳减排努力较低将会驱使双重商业模式向新商业模式方向演化；碳减排努力较高时将无法激励新商业模式的产生，系统继续采用旧商业模式。

结论4：政府与市场通过合理的变量设计传导碳排放的压力与需求，可以促使企业采取新的视角和新的措施审视商业模式演化以实现碳减排目标。

以上结论是在逻辑推演和数值仿真基础上得出的，真实商业世界的商业模式演化过程影响因素其实更为复杂、更为动态、更难以确认因果关系。由于演化过程的惰性和路径依赖，短期演化采取的措施不可避免地会影响长期演化结果。相应地，长期演化结果也会对短期演化行为有所要求。这就要求管理层随时监测碳排放政策调控与市场机制相关变量的变化，在较长的时间尺度上分析决策的成本效益，以在不显著增加成本的情况下实现商业模式的低碳转型。在类似的研究中，一些学者主张商业模式的创新采用试验的发现驱动流程。同时高层管理者有集体构建重要的愿景，承诺承担投资新商业模式和抛弃旧商业模式的行动。

本章以博弈方的有限理性为前提，运用演化博弈分析在政府调控与市场机制影响下双重商业模式的动态博弈过程和博弈结果。尽管碳排放交易系统在实际商业施行过程中还存在诸多争议，但只要新的环境管制标准是

建立在激励基础之上，而且受规制的企业能够适应新的环境标准并积极进
行创新活动，那么较严厉的环境管制也能够提升企业国际竞争力；从国家
层面来看，还有利于催生环保产业，刺激生产污染检测和控制设备产业的
发展。需要注意的是，本章重点探讨政府调控与市场机制影响下双重商业
模式演化路径，因此模型假设中未能完整体现企业在政府调控与市场机制
双重影响下企业所具备的特性，以及实施新商业模式奖励和惩罚措施的具
体实施途径，存在有一定的局限性。下一步的研究可以选择具体的企业案
例，构建凸显不同行业在政府调控与市场机制双重影响下从旧商业模式和
新商业模式整合和分设的演化特点和路径。

第 7 章　生态公园的拥挤感知 对环境责任行为的驱动研究

7.1　问题的提出

生态公园是指保留较好的自然环境状态，人为干扰程度较低，具有多样性的生物资源，能够满足城市居民近郊亲近大自然需求的目的地。生态公园是现代城市人居环境的重要组成部分，也是我国宜居城市建设的关键环节。生态公园由于便利性、经济性、休闲体验性以及环境优美等特征，受到城市居民及外地居民等游客的青睐。但随着接待游客人数的不断增加，园区的生态环境问题日益突出，不仅严重影响园区的可持续发展，也将极大地降低游客的体验质量。当前学者虽然已开始关注游客的环境责任行为，但鲜有学者聚焦于景区环境特征对环境责任行为的影响。作为环境特征的重要维度，游客拥挤感知对游客认知、情绪及行为存在显著影响（Popp，2012）。鉴于此，本章基于拥挤感知和情绪反应的视角，探索游客拥挤感知对环境责任行为的影响机理，并聚焦于城市生态公园的背景进行实证检验，进而丰富已有研究成果，为园区有效解决生态保护问题提供理论借鉴。

7.2　理论与假设

7.2.1　理论基础

7.2.1.1　拥挤感知

拥挤感知的界定主要基于环境心理学和游憩学视角。环境心理学的视角认为，拥挤感知是一种具有压力和动机的心理状态，在物理、社会、个人等因素的作用下，个体对空间的需求超过实际空间的一种主观感受（Stokols，1972）。游憩学认为，拥挤感知是对某区域内特定密度或接触数量的消极评价（Shelby 等，1996）。旅游领域一般认同环境心理学领域的定义（Navarro 等，2013），认为拥挤感知是一种主观体验，无论密度或游客数量是多少，游客都有可能在各种因素的作用下，产生无法获得充分的个人空间的压力状态。游客拥挤感知是一个多维度的概念，Stokols（1976）提出了物理拥挤感知和社交拥挤感知两个维度。其中，物理拥挤感知是指在一定的环境背景下，非个人因素（如旅游资源、基础设施）导致的空间不足感。社交拥挤感知是指在一定的环境背景下，由于个体数量以及个体之间的社交互动导致的空间不足感。这一维度划分得到了多数学者的认同（Machleit 等，2000），我国学者李莉等（2016）在此基础上开发了相关量表，本章也采取此种维度划分方法。虽然学术界对游客拥挤感知的研究非常重视，但已有研究主要关注游客拥挤感知的影响因素。包括社会密度（Westover 和 Collins，1987）、排队和游览时间（Chang，1997）、游客年龄（Leujak 和 Ormond，2007）、受教育程度（Fleishman 等，2004）、不良行为接触（Titre 和 Mills，1982）、地方依恋（Kyle 等，2014）、景区环境质量（Neuts 和 Nijkamp，2012）、景区可达性（Tverijonaite 等，2018）等。游客拥挤感知对满意度和行为意向的影响研究相对丰富，包括三种观点：显著负相关、显著正相关和无相关。如 Moyle 和 Croy（2007）对国家公园的研究发现，游客拥挤感知与满意度显著负相关。但 Chang（1997）基于公园游客的研究表明，游客拥挤感知显著正向影响满意度。Bentz 等（2015）针对鲸鱼表演观看者的研究认为，拥挤感知对满意度不存在显著性影响。一些学者进一步探索了两者之间的中介或调节机制。如 Zehrer（2016）对冬季体育游客的研究表明，调适策略在拥挤感知与满意度的关系中具有显著的中介效应。Jacobsena 等（2019）基于挪威部分热点景区的实证研究表明，拥挤感知显著负向影响游客对景区的评价，且年龄具有显著正向的调节作用。黄璇璇和林德荣（2019）在展览馆情景下的研究表明，两者之间不存在直接的显著性关系，但在高密度情境下，两者显著负相关。游客拥挤感知对行为意向的影响方面：Li（2018）基于台湾的实证研究表明，拥挤感知显著负向影响游客的行为意向（包括向亲友推荐和重游意愿）；Rathnayake（2015）基于国家公园的研究表明，游客拥挤感知显著地降低游客的支付意愿。

7.2.1.2　情绪反应

一些学者发现，当环境出现拥挤时，会促使游客采取一定的情感或行为反应（Tseng 等，2009）。这些反应包括：从游客多的游憩区域转移到游客少的游憩区域，即转移（Displacement）；由于花费了大量的时间、精力成本，游客会漠视拥挤的环境，认为拥挤是合理的，即合理化（Rationalization）；游客通过调整自身的预期和偏好适应拥挤的环境，即产品转换（Product Shift）。也有学者将反应分为情感导向反应和问题导向反应（Schuster 等，2006）。国内学者王婉飞和常耀（2017）将反应分为绝对替代、时间替代、活动替代、资源替代、产品转移和直接行为，并实证检验了感知拥挤对上述反应的积极或消极影响。情绪反应可以界定为游客在旅游环境的刺激下所形成的总体的、主观的情绪状态（Park 和 Park，2018）。在情绪反应的构成或维度划分方面，学术界存在不同的观点。罗素最早提出了 PAD（Pleasure – Arousal – Dominance，PAD）模型，认为情绪反应包括愉悦、唤起、支配三个维度（李宏和刘菲菲，2018）。但很快有学者发现（Richins，1997），PAD 维度无法识别个体的完整情绪，如内疚、气愤等特定情绪。因此，出现了分立情绪划分法，将情绪反应划分为积极情绪和消极情绪（Ladhari 等，2008）。已有研究表明（Lee 和 Graefe，2003），人潮拥挤显著地增加积极情绪，空间拥挤显著地增加消极情绪，而体验拥挤显著地降低积极情绪。环境心理学认为，在拥挤的环境下，个体出现的情绪反应可分为亲近反应（Approach Reaction）和躲避反应（Avoidance Reaction）（Carver 和 White，1994；Jacobsen 等，2019）。亲近反应是指游客在拥挤环境下会认为自己游览的景区是受欢迎的，故而认为自己所花费的时间、金钱是值得的或有意义的，因此产生愉悦的、满怀希望的、充满幸福感的情感；躲避反应是指由于环境密度过大，游客会产生焦虑、非安全感、对抗感、噪声感以及不舒适感等情感。

7.2.1.3　环境责任行为

游客环境责任行为（Tourists'Environmentally Responsible Behavior）是指游客做出的对当地生态环境负面影响最小、主动促进旅游地自然资源可持续利用的行为（Steg 和 Vlek，2001）。部分学者认为，游客环境行为应为双维度，包括一般环境行为和特定环境行为（Cheng 和 Wu，2015），但更多的学者认同单维度之说（Lee 等，2013）。概念自提出以来，一直是国内外学者探索的热点问题，其形成机理受到了最多的关注。综观已有研究，对游客环境责任行为形成机理的探索主要基于以下理论视角。一是理性行为理论，认为主观规范和行为态度是影响环境责任行为的主要因素。如黄涛等（2018）将价值观、景区政策纳入计划行为理论模型，验证了主观规范、知觉行为控制、环境态度、价值观和景区政策对游客环境责任行为的驱动作用。二是保护动机理论和自我效能理论，认为游客将结合环境脆弱性、严重性和自我效能、反应效能的评估结果作出环境责任行为。如Horng 等（2014）验证了上述因素对游客碳减排和节约能源等行为的影响。三是地方依恋视角，如 Halpenny（2010）认为，地方依恋通过地方认同的中介作用影响环境责任行为。四是社会资本理论，认为人际情感、集体理性和社会理性等是驱动环境责任行为的重要因素。如李秋成和周玲强（2014）实证检验了社会资本核心要素（情感连带、群体规范、人际信任）对游客环境责任行为意愿的影响。五是情绪理论视角，如苏和斯旺森（Su 和 Swanson，2017）认为，积极情绪和消极情绪对环境责任行为分别具有显著的正向影响和负向影响。六是环境理论视角，如仇梦嫄等（2017）验证了声景认知和声景思维对游客环境责任行为的影响。

通过文献的整理与分析可以看出，国内外学者已对拥挤感知进行了深入探索，相关成果为本章的研究提供了理论基础，但仍存在一些问题值得进一步探索。一是国内研究拥挤感知的起步相对较晚，成果比较有限，特别是基于中国文化和景区现实背景下的拥挤感知问题仍值得进一步探索。二是现有研究集中于拥挤感知的影响因素，对其后置变量的研究却相对较少，导致对拥挤感知作用结果的认知不足，无法为实践提供充分的理论参考。三是在有限的研究中，满意度是现阶段学者研究的重点，但研究结论不一致，存在较大的争议。此外，两者之间的中介和调节变量研究相对有限，不利于揭示两者之间关系的"黑箱"。四是拥挤感知与行为意向之间的研究成果较少，缺乏拥挤感知与环境责任行为之间关系的探索。有鉴于此，本章构建以情绪反应、满意度为中间变量的拥挤感知对环境责任行为的影响机制模型，并基于城市生态公园的游客样本进行实证检验，以此补充拥挤感知研究成果的不足，为国内景区缓解拥挤度、改善环境提供理论借鉴。

7.2.2　研究假设

7.2.2.1　拥挤感知对情绪反应的影响

从神经心理学的视角来看，高密度环境会对大脑的杏仁体产生刺激，而这一大脑区域主要负责个体形成亲近或躲避的反应（Kennedy 等，2009）。但拥挤感知的不同维度对亲近或躲避反应具有不同的影响。根据唤醒理论（Lee 等，2011），当个体认为活动空间受到限制或侵犯时，会发生生理、心理和行为动机的过度唤醒：生理唤醒表现为自主活动的增加，包括心跳加快、血压升高、肌肉紧张等；心理方面表现为由积极情绪转化为消极情绪；行为动机表现为希望摆脱现有的行动限制，获得充足的活动空间，最终体现为逃避的行为意向。因此，物理拥挤将导致个体积极的躲避反应和消极的亲近反应。大量学者的研究表明，虽然物理拥挤感知的影响是消极的，但社交拥挤感知却可以带来积极的影响（Eroglu 等，2005）。因为在拥挤的人流中，消费者更容易产生"受欢迎的即是好的"信念（沈曼琼等，2019）。特别是在体验性消费情景下，因个体数量而引起的拥挤会成为消费者判断消费场景美誉度的重要标准，越是拥挤消费者就越会兴奋和愉悦（Hui 和 Bateson，1991）。如 Dohee 等（2016）的研究发现，节假日期间的游客更喜欢景区聚集大量的人群，拥挤的旅游目的地可以让游客感受到更浓厚的节日氛围。因此，游客愿意采取更多的亲近应对和更少的躲避反应。基于上述分析，本章提出假设：

H1a：物理拥挤感知显著地正向影响游客躲避反应；

H1b：物理拥挤感知显著地负向影响游客亲近反应；

H2a：社交拥挤感知显著地负向影响游客躲避反应；

H2b：社交拥挤感知显著地正向影响游客亲近反应。

7.2.2.2　拥挤感知对满意度的影响

已有研究成果对拥挤感知对满意度的影响进行了探索。一方面，在物理拥挤方面，已有研究表明（Machleit 等，2000），在固定的空间内，随着消费者人数的不断增加，消费者会感到移动的不自由，无法控制私人空间，由此产生压力感和不舒适感，致使消极情绪不断累积，最终降低对产品的满意度。如基姆等针对节假日游客的研究表明，物理拥挤感知显著地负向影响游客的满意度（Kim 等，2016）；另一方面，在社交拥挤方面，对满意度的影响可以通过密度—强化理论（Density‐Intensity Theory）加以解释。该理论认为（戴琨等，2010），如果个体所处的环境中存在令人感到愉悦的事物，那么环境密度将增加这种愉悦感，即最初如果对周边群体存在积极的互动，那么增加密度会强化这种积极反应；反之，如果对周边群体漠不关心，那么增加密度也不会增加消极影响。旅游是一种短暂性活动，参与旅游活动的群体之间大多互不相识且相处时间有限，人际互动相对较少，游客对周边群体大多漠不关心。因此，由于人数增加而导致的拥挤感知并不会降低游客的满意度。此外，根据认知失调理论和社会认同理论（Kyle 等，2004），当游客的休闲体验与预期不一致时，会在认知上对此遭遇进行合理化解释，认为热点景区聚集较多数量的游客是合理的、无法改变的，同时也会认为个体的休闲选择与社会大多数群体的选择存在一致性，进而增加体验的满意度。如 Eroglu 等（2005）针对购物的研究表明，物理拥挤显著地负向影响满意度，而社交拥挤显著地正向影响满意度。基于此，本章提出假设：

H3a：物理拥挤感知显著地负向影响游客满意度；

H3b：社交拥挤感知显著地正向影响游客满意度。

7.2.2.3　情绪反应对满意度的影响

根据认知—情绪理论，满意度是消费者从消费体验过程中获得的一种认知—情绪状态，满意度不仅受认知判断的影响，也受消费情绪的影响，情绪通过影响满意度进而作用于消费者忠诚（张维亚和陶卓民，2012）。

因此，游客在观光浏览、人际交往、活动体验等过程中感受到的放松感、新奇感、愉悦感等积极情绪，显著地正向影响游客的满意度（王芳等，2018）。反之，游客在旅游过程中体验的愤怒、压力、紧张、失望、忧虑等负面情绪显著地负向影响游客满意度（Prayag 等，2013）。本研究涉及的亲近反应（包含愉悦、满怀希望、幸福感等情感）属于积极情绪，而躲避反应（包括焦虑、非安全感、对抗感、噪声感以及不舒适感等情感）属于消极情感。基于上述分析，本章提出假设：

H4a：亲近反应显著地正向影响游客满意度；

H4b：躲避反应显著地负向影响游客满意度。

7.2.2.4　情绪反应对环境责任行为的影响

个体做什么以及怎么做在很大程度上取决于个体的情绪（Nyer，1997）。实证研究表明，情绪对消费者的行为（如重复购买、口碑推荐等）具有显著影响（Han 和 Jeong，2013）。扩散理论认为，积极的情绪有利于激发个体产生积极的思维，形成积极的行为结果，包括能够为他人、组织和社会带来利益的正向行为（Fredrickson，2001）。反之，在消极情绪的激发下，个体更加倾向于产生消极的思维，从而促使个体减少正向行为，包括有利于他人、组织和社会的正向行为。环境责任行为是一种有利于环境保护的正向行为，很有可能受到积极情绪的驱动作用和消极情绪的抑制作用。Su 和 Swanson（2017）对湖南长沙岳麓山的实证研究对此进行了验证。本研究中，亲近情绪反应属于积极情绪，而躲避情绪反应属于消极情绪，按照上述逻辑推演，提出以下假设：

H5a：亲近情绪反应显著地正向影响环境责任行为；

H5b：躲避情绪反应显著地负向影响环境责任行为。

7.2.2.5　满意度对环境责任行为的影响

游客满意度是游客将感知到的旅游产品或服务绩效与心理预期比较之后所得出的结果（Petrick 等，2001）。研究表明，满意度越高的游客，越倾向于作出环境责任行为。如陈虎等（2017）对济南历史街区的研究表明，游客的满意度对环境责任行为具有显著的正向影响。在生态旅游研究中，Chiu 等（2014）也验证了生态游客的满意度对环境责任行为的显著驱动作用。基于上述分析，本章提出如下假设。

H6：游客满意度显著地正向影响环境责任行为。

游客拥挤感知是对环境的一种心理认知，根据环境心理学的S—O—R（刺激—机制—反应）范式，环境作为刺激性因素，直接作用于消费者并产生情绪反应，进而引起消费者的行为。实证研究表明（Jeong – Yeol 等，2019），在环境和行为之间存在情绪和评价等中间变量，即环境—情绪—评价—行为的传导机制，而非环境直接激发评价或行为。因此，在拥挤感知与环境责任行为之间应该存在情绪和评价等变量，以沟通两者之间的关系。因此，本研究并未构建拥挤感知与满意度和拥挤感知与环境责任行为的直接关系。在上述假设的基础上，构建本章的概念模型，如图 7 - 1 所示。

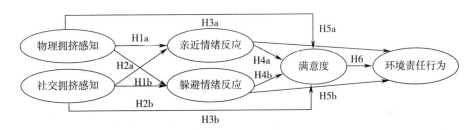

图 7 - 1 概念模型

7.3 研究方法

7.3.1 量表选取

物理拥挤感知和社交拥挤感知的量表参考李莉等（2016）和 Jones 等（2010）的成果，各包括 4 个题项。亲近反应与躲避反应的量表参考 Steg 等（2001）的成果，其中亲近反应包括 6 个题项，躲避反应包括 5 个题项。满意度参考 Matzler 等（2007）的成果，采用单维度总体满意度量表，包括 3 个题项。环境责任行为采用范钧等（2014）的单维度量表进行测量，共 4 个题项。所有题项采用李克特五级量表形式，1 代表"非常不同意"，5 代表"非常同意"，表 7-2 显示了各个题项的内容。

7.3.2 数据收集

位于济南市黄河北岸的黄河森林公园占地 1500 亩，森林覆盖率达 90%以上，拥有各种植物物种 30 万株。公园在严格保护现有森林资源及自然风貌的基础上，形成了以弘扬黄河文化，开展森林旅游、水上泛舟、植物观赏、野生鸟类保护、休闲度假等为一体的自然生态旅游区，是城市居民体验自然、休闲娱乐、度假游玩的绝佳境地。因此，本研究以该公园为调查地点，以公园内的游客为被调查对象。调研过程主要采用现场问卷发放的方式，调查时间为 2018 年 3 月至 2018 年 7 月。此次调查共发放问卷 300 份，回收 270 份，回收率为 90%。对不符合调研要求的问卷（包括填写不完整、存在漏选或空白题项、所有题项均填写同一选项等随意填写的问卷）进行剔除后，共获得有效问卷 251 份，有效率为 93%。表 7-1 显示了被调查样本的人口统计学特征。

表 7-1 样本的人口统计学特征

人口统计学特征		占比	人口统计学特征		占比
性别	女性	47.2%	年龄	20 岁以下	28.1%
	男性	52.8%		21~30 岁	26.6%
受教育程度	初中以下	15.2%		31~40 岁	22.5%
	高中、中专	14.6%		41~50 岁	18.7%
	大专	8.1%		51 岁以上	4.1%
	本科	34.5%	个人年均收入	2 万元以下	9.2%
	研究生及以上	27.6%		2 万~4 万元	11.1%
职业	公司职员	21.2%		4 万~6 万元	45.1%
	公务员及事业单位职工	15.6%		6 万~8 万元	31.9%
	退休人员	23.1%		8 万元以上	2.7%
	学生	30.5%	旅游形式	散客	65.2%
	其他人员	9.6%		团队	34.8%
客源地	本市	67.5%			
	外市	32.5%			

表7-1中数据显示：被调查样本的男女比例差别不大，性别比重相对均衡；主要为年龄在40岁以下的中青年群体；学历以本科、研究生居多；职业主要为学生、退休人员和公司职员；个人年均收入在4万~6万元的游客最多；大部分游客来源于济南市；以散客为主要旅游形式。

7.4 数据分析

7.4.1 信度与效度检验

问卷信度检验采用Cronbach's Alpha值大于0.7作为标准，效度检验采用方差最大旋转后的主成分分析法得到的因子载荷值大于0.5作为标准。应用SPSS 21软件进行统计分析，结果发现：物理拥挤感知、社交拥挤感知、亲近反应、躲避反应、满意度的Cronbach's Alpha值分别为0.850、0.841、0.783、0.881，0.823，全部大于0.7，说明问卷采用的量表具有较高的信度；所有题项的因子载荷值均大于0.5，说明问卷所采用的量表具有非常好的效度，可用于进一步的检验。

7.4.2 验证性因子分析

应用Amos21进行验证性因子分析（CFA），结果如表7-2所示。各潜变量的组合信度（Composite Reliability，CR）值全部在0.9以上，大于临界值0.7，说明测量模型具有非常好的信度。模型的效度检验分为聚合效度检验和区别效度检验：各题项的标准化因子载荷值在0.8以上，全部大于0.5，且显著性P值均小于0.001，各潜变量的平均方差提取值（Average Variance Extracted，AVE）全部在0.8以上，大于临界值0.5，说明测量模型具有非常好的聚合效度；经比较，各潜变量平均方差提取值的平方根均大于该潜变量与其他潜变量的相关系数（如表7-2所示），表明测量模型具有较好的区别效度。上述结果说明测量模型具有较强的可靠性和内部一致性，可用于进一步的假设检验。

表 7 – 2　　验证性因子分析结果（*** 表示显著性水平 P < 0.001）

潜变量	测量题项	标准化因子载荷	组合信度（CR）	平均方差提取值（AVE）及其平方根（$\sqrt{AVE}$）
物理拥挤感知	我感到公园的道路非常拥挤。	0.954 ***	0.972	0.896 (0.947)
	我感到公园的休息区很拥挤。	0.94 ***		
	我感到公园的厕所很拥挤。	0.945 ***		
	我感到公园的餐饮点很拥挤。	0.948 ***		
社交拥挤感知	对我而言，公园太拥挤。	0.932 ***	0.971	0.893 (0.945)
	我感到公园的工作人员很忙碌。	0.951 ***		
	在游览过程中没有发现很多人流。	0.938 ***		
	公园有很多游客。	0.958 ***		
亲近情绪反应	我喜欢在公园见识到各种各样的人。	0.83 ***	0.964	0.815 (0.903)
	我喜欢和其他游客交谈。	0.921 ***		
	很高兴这里有很多游客是我的同乡。	0.903 ***		
	来自世界不同地区的游客使公园更丰富多彩。	0.914 ***		
	周边的游客并没有使我厌烦。	0.949 ***		
	众多的游客使公园更加有趣。	0.895 ***		
躲避情绪反应	很多游客靠近我使我很担心。	0.936 ***	0.967	0.881 (0.939)
	拥挤的人群使我感到不安全。	0.957 ***		
	很多游客的行为是不合适的。	0.919 ***		
	游客之间会经常发生冲突。	0.942 ***		
满意度	总体来讲，我很享受在公园度过的时光。	0.964 ***	0.968	0.909 (0.953)
	总体来讲，我认为很值得来这个公园。	0.929 ***		
	总体来讲，我很喜欢这个公园。	0.967 ***		
环境责任行为	我会与同行游客探讨公园的环保问题。	0.95 ***	0.973	0.9 (0.949)
	我会尽力说服同行游客采取环保行为。	0.955 ***		
	我会尽力在公园采取保护环境的行为。	0.955 ***		
	我会向有关部门举报破坏公园环境的游客。	0.934 ***		

7.4.3　同源误差检验

本研究采用两种方法对正面在线口碑、感知非真实性、感知非道德性及旅游地认知形象等涉及的数据中可能存在的同源误差进行检验。一是采用 Harman 单因子检验法，通过验证性因子分析来确定单因子模型商务拟合结果是否最佳。检验结果表明：五因子模型的拟合结果（$\chi^2/df = 2.427$，GFI = 0.846，CFI = 0.967，PNFI = 0.806，RMSEA = 0.079）最好，而单因子模型的拟合结果（$\chi^2/df = 13.541$，GFI = 0.403，CFI = 0.693，PNFI = 0.613，RMSEA = 0.235）最差；此外，通过比较两模型在 χ^2 与 df 的差异值也可以看出，五因子模型与单因子模型的差异在统计学意义上是显著的，故说明同源误差不会对研究结果产生严重影响。二是采用控制非可测潜在因子影响检验法，具体程序如下：首先，将同源误差作为潜变量进入结构方程模型，允许其他四个因子在该潜变量上负载；其次，比较含有同源误差潜变量的模型与不含有同源误差潜变量的模型的拟合程度，以此检验同源误差的影响效果；最后，经检验，含有同源误差潜变量的模型（$\chi^2/df = 2.429$，GFI = 0.846，CFI = 0.970，PNFI = 0.798，RMSEA = 0.081）与不含有同源误差潜变量的模型（前文中的五因子模型）相比，其拟合指标的改变量在 0~0.008，并无明显变化，并且两模型的差异在统计学意义上是不显著的，因此，加入同源误差潜变量后的模型的拟合程度并无明显改善。综上两种检验结果，可以认为，本研究的同源误差处于可控范围内，并且不会对研究结果产生显著的影响。

7.5　结果与讨论

7.5.1　模型拟合结果

根据结构方程模型（SEM）的输出结果，拟合指标中绝对适配指数 RMA = 0.049，RMSEA = 0.048，均在适配标准（< 0.05）范围内，GFI = 0.868，接近适配标准（> 0.9）；增值适配指数 NFI = 0.953，RFI = 0.944，

IFI = 0.975，TLI = 0.97，CFI = 0.975，全部在适配指数（ > 0.9）范围内；简约适配指数 PGFI = 0.669，PNFI = 0.808，PCFI = 0.826，全部在适配标准（ > 0.5）范围内，$\chi^2/df = 2.112$，在适配标准（1 ~ 3）范围内。综上所述，总体上，各个拟合指数全部在适配标准范围内，说明结构模型与样本数据的拟合效果较好。

7.5.2　假设检验结果

结构方程模型（SEM）的检验表明（见图 7 - 2）。拥挤感知的两个维度对情绪反应的影响存在明显差异。物理拥挤感知显著地正向影响躲避情绪反应（r1 = 0.678，P1 = 0.084），H1a 得到支持，负向影响亲近情绪反应（r2 = - 0.396），但未通过显著性检验（P2 = 0.409），H1b 未得到支持。社交拥挤感知显著正向影响亲近情绪反应（r3 = 0.088，P3 = 0.096），H2a 得到支持，负向影响躲避情绪反应（r4 = - 0.71）但未通过显著性检验（P4 = 0.82），故 H2b 未得到支持。物理拥挤感知和社交拥挤感知对满意度均存在显著性影响。物理拥挤感知显著地负向影响满意度（r5 = - 0.423，P5 = 0.037），社交拥挤感知显著地正向影响满意度（r6 = 0.317，P6 = 0.079）。因此，H3a、H3b 全部得到支持。情绪反应均显著地影响满意度。亲近情绪反应显著地正向影响满意度（r7 = 0.063，P7 = 0.000），躲避情绪反应显著地负向影响满意度（r8 = - 0.285，P8 = 0.000）。因此，H4a、H4b 全部得到支持。情绪反应对环境责任行为存在显著性影响。亲近情绪反应显著地正向影响环境责任行为（r9 = 0.5，P8 = 0.059），躲避情绪反应显著地负向影响环境责任行为（r10 = - 0.761，P10 = 0.000）。满意度对环境责任行为存在显著的正向影响（r11 = 0.162，P11 = 0.077）。最后，从拥挤感知对环境责任行为的最终影响程度来看，物理拥挤感知对环境责任行为的影响程度为 0.678 ×（ - 0.285）× 0.162 + 0.678 ×（ - 0.761）+（ - 0.423）× 0.162 = - 0.616，社交拥挤感知对满意度的影响程度为 0.088 × 0.063 × 0.162 + 0.088 × 0.5 + 0.317 × 0.162 = 0.096。因此，物理拥挤感知比社交拥挤感知对环境责任行为的影响更大。

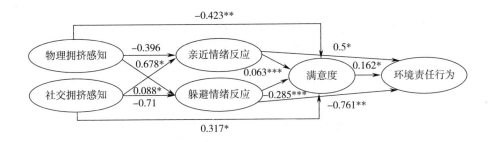

图 7 - 2　假设检验结果

（注：*** 表示 $P < 0.001$，** 表示 $p < 0.01$，* 表示 $p < 0.1$）

7.5.3　讨论

（1）探索了游客拥挤感知与情绪反应的关系

已有研究主要集中于游客拥挤感知对积极情绪和消极情绪的影响（Lee 和 Graefe，2003），或是游客拥挤感知对行为反应的影响（Ladhari 等，2008），关注游客拥挤感知对情绪反应的影响非常少见。虽有研究验证了游客拥挤感知与情绪反应之间的关系，但并没有深入探索游客拥挤感知的不同维度对情绪反应的影响（Rathnayake 等，2015）。情绪反应是行为反应的基本前提，本研究实证检验了游客拥挤感知的两个关键性维度对情绪反应的影响差异性，有利于进一步揭示拥挤感知与游客行为关系的"黑箱"，为后续学者探索拥挤感知的影响机制提供重要的理论依据。

（2）细化了游客情绪对满意度的影响

游客亲近情绪反应和躲避情绪反应对游客满意度的影响已得到了国外学者的关注（Stokols，1972），但在国内研究领域却非常少见。仅有的研究成果只停留在总体的积极情绪和消极情绪对满意度的影响效果（Leujak 和 Ormond，2007），并未对两种情绪进行细分。本研究在中国热点景区的现实背景下，验证了亲近情绪反应和躲避情绪反应对游客满意度的影响机理，能够进一步丰富国内游客情绪及其态度的相关研究成果，并为景区有针对性地改善游客满意度提供理论依据。

（3）揭示了游客拥挤感知对满意度的影响机理

拥挤感知对满意度的影响一直是国内外学者研究的热点，无法形成一致性结论。本研究与 Eroglu 等（2005）针对购物背景下得出的结论相一致，部分支持 Zehrer 等（2001）关于整体拥挤感知显著正向或负向影响满意度的结论，与 Bentz 等（2015）的研究结论不一致。本章认为，这主要是由于：一是对拥挤感知的维度划分不一致，单维度的整体拥挤感知和拥挤感知的不同维度对满意度的影响可能存在显著差异；二是由于研究样本存在差异性，如购物消费者、表演观看者以及观光游客对拥挤的感知程度及其态度可能存在不同；三是游客满意度是多种因素作用的结果，除了拥挤感知外，其他因素也有可能对满意度产生影响，特别是拥挤感知与满意度之间可能存在多个中间变量。因此，本研究基于情绪反应的视角进一步探索了两者之间的影响机理，从而得出了游客拥挤感知两个维度对满意度影响的差异性。研究结论在一定程度上解释了已有研究成果的矛盾性，也为后续游客的行为反应研究提供了理论框架。

（4）为游客环境责任行为的形成机理提供了新视角

游客环境责任行为一直是国内外学者研究的热点问题，但基于拥挤感知、情绪反应视角的研究非常少。一方面，本研究验证了两种情绪反应对环境责任行为的影响效应，提出了新的情绪类型，并验证了它们对环境责任行为的关系，从而进一步丰富了情绪和环境责任行为之间的影响关系；另一方面，本研究探索了游客拥挤感知对环境责任行为的两条影响路径。虽然已有部分学者开始关注环境认知与环境责任行为之间的关系，但并未明确两者之间的影响机理。本研究认为，游客拥挤感知通过情绪反应和满意度的作用，间接影响环境责任行为，即景区的物理拥挤和社交的拥挤将激发游客的情绪，而这些情绪又刺激游客形成对景区的总体认知或评价，进而促使游客形成环境责任行为。这一结论不仅为环境责任行为提供了新的形成机理或影响因素，也为基于环境认知视角探索环境行为的研究提供了新的理论视角。

7.6　主要结论与启示

基于已有研究文献，本章以游客情绪反应、满意度为中间变量，构建了游客拥挤感知对环境责任行为的影响机制模型，并基于城市生态公园——济南黄河森林公园进行了实证检验，进而得出以下结论。

（1）游客拥挤感知对情绪反应的影响

物理拥挤感知对躲避情绪反应存在显著正向影响，但对亲近情绪反应不存在显著影响。社交拥挤感知显著地正向影响亲近情绪反应，对躲避情绪反应无显著影响。根据唤醒理论，个体的空间使用受到严重限制或物理设施使用受阻时，会出现生理自由活动和主观心理活动的增加，进而出现情绪的变化，情绪反应倾向于一个倒 U 形的唤醒，即唤醒首先是愉快的，但在某一点或最佳水平之后，进一步唤醒的增加可能导致逃避情绪。随着旅游业的快速发展，城市生态公园内的游客不断增加，导致园区内的景观资源和公共设施供应不足，空间拥挤感知所引致的唤醒超过了最佳水平，因而表现出明显的躲避情绪。相比之下，社交拥挤感知是由于与周边过多游客的接触所引起的，一方面，对于游客而言，对热点园区"游客爆满"已习以为常，能够表现出更强的拥挤容忍性，社交拥挤所引起的唤醒水平仍处于较低水平；另一方面，游客也会认为所做的旅游决策符合大众标准，能够获得较高的认同感，因而更多地表现出亲近情绪。

（2）游客情绪反应对满意度的影响

亲近情绪反应显著地正向影响满意度，躲避情绪反应显著地负向影响满意度，并且躲避情绪反应的影响程度更大。这一结论不仅认同认知—情绪理论对满意度的解释，即游客的消费情绪是满意度的显著性影响因素，同时表明躲避情绪反应在游客满意度的形成中具有更重要的作用。

（3）游客拥挤感知对满意度的影响

物理拥挤感知直接显著地负向影响满意度，社交拥挤感知直接显著地正向影响满意度。此外，结合情绪反应，可以认为在拥挤感知与满意度之间存在两条间接影响路径：一是通过躲避情绪反应间接负向影响满意度，即物理拥挤感知→躲避情绪反应→满意度；二是通过亲近情绪反应间接正向影响满意度，即社交拥挤感知→亲近情绪反应→满意度。

（4）游客拥挤感知对环境责任行为的影响

游客拥挤感知的两个维度通过情绪反应和满意度两个中间变量间接地

影响环境责任行为。一方面，物理拥挤感知通过显著影响躲避情绪反应和满意度间接负向地影响环境责任行为，包括两条路径：物理拥挤感知→躲避情绪反应→满意度→环境责任行为；物理拥挤感知→满意度→环境责任行为。另一方面，社交拥挤感知通过显著影响亲近情绪反应和满意度间接正向影响环境责任行为，也包括两条路径：社交拥挤感知→亲近情绪反应→满意度→环境责任行为；社交拥挤感知→满意度→环境责任行为。

　　上述研究结论可以为城市生态公园的管理者改善游客的环境责任行为提供有效路径。一是基于拥挤感知视角的路径，园区应尽量降低物理拥挤感知、适度增加社交拥挤感知。一方面，通过加强园区景观和基础设施建设和及时对重点景观和设施附近游客的引流、疏导和秩序维护，尽可能提高景观和设施的供给量和利用率，减少游客对设施的使用障碍，降低游客的物理拥挤感知；另一方面，通过设计各类体验项目加强游客之间的互动交流，如设定趣味性强的有奖竞赛、定期组织开展文化交流活动、在演艺类节目中设置互动环节等。二是基于情绪反应视角的路径，园区应注重对游客情绪的调节，从而增加游客的亲近情绪反应、减少躲避情绪反应。如及时、高效地解决游客之间的矛盾或争端，通过园区知识讲解等将游客的关注点转向园区的景观或体验项目，营造和谐的游客关系氛围。三是基于满意度视角的路径。满意度是一个综合性变量，涉及多元化的影响因素。园区需要从景观品质、体验项目质量、服务效率、文化特色等多方位进行提升，从而提高园区游客的满意度。

第8章 中国制造业出口结构升级改善了大气污染环境

8.1 问题的提出

工业大气污染的有效控制是遏制大气环境质量持续恶化的重要举措，但如何通过调整制造业出口贸易结构实现"促增长、优环境"的双赢局面是当前亟待解决的关键问题。近十几年来，中国制造业快速发展，特别是制造产品出口贸易的"超常规"高速增长使得对外贸易一直保持顺差状态。但国内环境问题也随之受到越来越多的关注，环境和可持续发展之间的矛盾日益突出：资源的相对短缺性、生态环境的脆弱性以及环境容纳能力的有限性正日益成为制约中国制造业可持续增长、产业转型升级的关键问题。环境库兹涅茨曲线理论指出，低收入国家的环保标准往往较低，在许多污染密集型产品的生产上具有比较优势。这种在生产结构上更偏向于比较优势的"不清洁"产品及不断扩大的生产规模，使贸易规模效应与结构效应往往为负。然而，在中国制造业出口贸易快速增长的同时，工业大气污染排放总量却增长缓慢甚至有些污染物排量还在下降。除了制造业生产中使用了更节能环保的技术外（技术效应），本章还重点探究制造业出口贸易结构变动的大气环境效应是否悄然发生转变及作用机制是什么。

已有文献关于制造业出口贸易结构变动的大气环境效应研究尚不多见，相关研究如下：①贸易恶化了环境。对于低收入国家而言，贸易规模效应和结构效应往往为负且超过技术效应，这意味着贸易增长的净效应对于环境而言最终是有害的。中国出口的高速增长以及进而形成的巨额贸易顺差，是以牺牲国内环境为代价的一种不可持续的增长。②贸易对环境的改善是有益的。在中国对外贸易调整增长的同时，污染物排放总量却增长缓慢甚至有些污染物排量还在下降。这其中主要是因为贸易结构转向更加清洁的产业（结构效应）和生产中使用了更节能环保的技术（技术效应），而且技术效应的作用远大于结构效应。③在 Grossman 等（1992）、Dasgupta 等（2002）、Fodha 等（2010）、Akbostanc（2011）、牛海鹏等（2012）研究了经济增长与环境质量之间的关系（倒 U 形、N 形）后，Bruyn（1998）等、Dinda（2004）、唐德才（2009）、杨仁发（2015）指出，产业结构的改变与环境污染物之间有很大的关系。现有研究为本章提供了丰富的实践经验和理论研究，具有重要的借鉴意义。然而，上述研究的局限表现如下：①国内外学者针对国际贸易的环境效应尚未达成共识。固然是由于研究视角、样本区域选择及研究方法的差异性所致，但从中也可看出贸易与环境关系的复杂性。因此，将中国环境问题完全归结为出口贸易的高速增长，并得出贸易顺差的不可持续论，是不能令人信服的。尤其是对于制造业出口贸易的环境效应而言，以发展中国家为对象的研究还存在很多亟待解决的理论和实践问题，需要从贸易结构等视角，以实证的方法给出相对客观的答案。②现有研究主要从宏观层面分析一国总贸易的环境效应，制造业作为工业的核心构成，虽然少数学者分析了制造业出口贸易对环境总效应（废水、废气、废物）的影响，但在中国参与国际分工程度逐年加深的背景下，基于省际层面的制造业出口贸易结构变动的大气环境效应研究却鲜见。

本章构建了工业大气污染供给与需求的理论模型，采用短面板的固定效应估计法，实证制造业出口结构影响工业大气污染排放强度的作用机制，丰富了制造业出口贸易环境效应的研究内容。以期为政府完善制造业产业结构调整和大气污染治理提供理论指导、决策依据和实践参考。

8.2　制造业出口结构对大气污染影响的机制

8.2.1　大气污染供给模型

本章借鉴 Copeland 和 Taylor（2003）基于代表公民福利最大化的政府行为下的污染供给模型构建方法。代表性公众的福利水平采用间接效用函数加以衡量：

$$V = U(I/p) - \gamma Z \tag{8.1}$$

式（8.1）中 I/p 为实际收入水平，Z 为大气环境污染水平，间接效用函数 V 为实际收入水平和环境污染水平的函数。大气环境污染水平主要取决于政府对环境管理的政策。若不采取任何环境管制政策，则污染供给弹性是完全的。然而，大气环境污染对公众的效用为负，因此环境污染管制是内生的。随着人均收入水平的提高，公众对大气环境质量的要求也会相应提高，这将促使政府提高环境管理标准。而最优污染税水平的设定就是政府对大气环境污染管制政策的一个选择，以期实现代表性公众福利最大化：

$$\max_{z} = \{V((I/p),Z); s.t. I = G(p,Z,v)/N\} \tag{8.2}$$

式（8.2）中 N 为某时期地区公民数，$G(p,Z,v)$ 为地区生产总值（名义 GDP），它是产出价格指数 p、最优污染水平 Z 和要素禀赋 v 的函数。则代表性公民实际收入水平表示为

$$I^* = I/p/N = G(p,Z,v)/p/N \tag{8.3}$$

那么，在给定国际市场价格[①]（$dp/dz = 0$）、贸易政策和要素禀赋的条件下，政府通过征收污染税 τ 来影响污染水平 Z，以实现效用最大化。根据式（8.1）、式（8.3）（收入是污染水平 Z 的函数）可知实现福利水平最大化的一阶条件为

$$V_z = U_z(I^*) - \gamma = U_z(I^*)I_Z - \gamma = U_z(I^*)(G_Z/p/N) - \gamma = 0 \tag{8.4}$$

---

① 假定一国的产出和贸易政策不足以改变贸易商品的国际市场价格水平。

假设实现最优污染水平时的污染税 τ 满足污染的边际收益等于污染的边际成本，即 $\tau = \partial G/\partial Z = G_z$，则式（8.4）可化为

$$\tau = G_z = [(V_z + \gamma). p. N]/U_z(I^*) = \gamma. p. N/U_z(I^*) \quad (8.5)$$

式（8.5）的右边就是污染的边际损失。根据萨缪尔森的公共产品供给法则，为了实现效用最大化，政府要确定一个污染税水平，使其等于所有公众的边际损失之和。边际损失衡量了公众为降低一单位污染排放愿意支付的费用，它也反映了收入与污染排放的边际替代。

上述分析给出了研究污染税水平的函数关系：

$$\tau = f(N,p,I^*) = f(N,p,G/p/N) \quad (8.6)$$

因此，污染税水平受地区生产总值（名义 GDP）、地区总人口、地区生产总值价格指数的影响。

8.2.2　大气污染需求模型

本章借鉴 Copeland 和 Taylor（2003）的污染需求模型，构建一个存在大量外商直接投资的大气污染需求模型，出口产品 Y 的生产函数为

$$Y_i = (1 - \theta_i)F_i(L,K_d,K_f), i = L,K,A \quad (8.7)$$

式（8.7）中 $Y_i(i = L,K,A)$ 分别为劳动密集型、资本密集型和技术密集型制造业的产出，$F_i(i = L,K,A)$ 为三种产品的潜在产出，L 为劳动力，K 为资本，$\theta_i \in [0,1], i = L,K,A$ 为三种产品潜在产出中用于减少污染排放所消耗的比例。因此，大气污染排放水平可表示为

$$Z \supseteq Z_i = \phi(\theta_i)F_i(L,K), i = L,K,A \quad (8.8)$$

为了满足生产函数中生产要素的弹性设置，假定 $\phi(\theta_i) = (1 - \theta_i)^{1/a_i}$，于是式（8.7）可改写为

$$Y_i = Z_i^{a_i}F_i(L,K)^{1-a_i} \quad (8.9)$$

式（8.9）可以看作是一个简单的柯布—道格拉斯生产函数，其中 Z_i 和 F_i 是生产 Y_i 的两种投入要素，要素 Z_i 的价格为污染税 τ，产品 Y_i 的国内相对价格为 $p_i(p_i = f(\sigma,p^*)$，σ 为衡量贸易壁垒，p^* 为衡量经济体的贸易条件），则厂商在产出既定下的成本最小化的解满足：

$$e_i = Z_i/Y_i = a_ip_i/\tau \quad (8.10)$$

式（8.10）中 e_i 为劳动密集型、资本密集型和技术密集型制造业大气污染排放强度，即单位产出的污染排放量。则第 t 年第 j 个地区工业行业的大气污染排放强度（e_{tj}）可表示为如下函数：

$$e_{tj} = f_{tj}(e_L, e_K, e_A) = f_{tji = L,K,A}(Y_{tji}, p_i, \tau) = f_{tji = L,K,A}(L_{tji}, K_{tji}, p_i, \tau)$$

$$= f_{tji = L,K,A}(L_{tji}, K_{tji}, p_{ti}^*, \sigma_t, N_{tj}, p_{ti}, I_{tj}^*), i = L, K, A \qquad (8.11)$$

式（8.11）中，t 表示年份，j 表示地区（省、自治区、直辖市），i 表示劳动密集型、资本密集型和技术密集型制造业。现有研究对上述三类制造业的划分已达成共识，劳动密集型 12 类（农副食品加工业，食品制造业，纺织业，纺织服装服饰业，皮鞋毛皮羽毛及其制品和制鞋业，木材加工和木竹藤棕草制品业，家具制造业，印刷和记录媒介复制业，文教体育和娱乐用品制造业，橡胶和塑料制品业，非金属矿物制品业，金属制品业）；资本密集型 9 类（酒、饮料和精制茶制造业，烟草制品业，造纸和纸制品业，石油加工炼焦和核燃料加工业，化学原料和化学制品制造业，化学纤维制造业，黑色金属冶炼和压延加工业，有色金属冶炼和压延加工业，通用设备制造业）；技术密集型 7 类（医药制造业，专用设备制造业，汽车制造业，铁路、船舶、航空航天和其他交通运输设备制造业，电子机械和器材制造业，设备计算机通信和其他电子设备制造业，仪器仪表制造业）。

上述分析给出了研究工业大气污染排放强度的一个分析框架，即工业大气污染排放强度受到工业生产要素禀赋（劳动力、资本），制造业出口结构（劳动密集型、资本密集型和技术密集型制造业出口交货值[①]所占比），贸易开放度（关税壁垒与贸易条件），地区人口，地区生产总值价格指数，代表性公民实际收入水平等因素的共同影响。

---

① 出口交货值是指企业生产的交给外贸部门或自营（委托）出口（包括销往香港、澳门、台湾），用外汇价格结算的批量销售，在国内或在边境批量出口等的产品价值，还包括外商来样、来料加工、来件装配和补偿贸易等生产的产品价值。在计算出口交货值时，要把外汇价格按交易时的汇率折成人民币。

8.3　模型构建、数据来源与变量说明

8.3.1　计量模型关系构建

基于上述大气污染供给与需求模型的探讨，拟构建一个引入制造业出口结构和大量外商资本流入的大气污染排放强度的省际面板数据模型，考虑到变量的多重共线性[①]、数据资料的可获性[②]及已有经验研究 [14，17][③]，模型关系如下：

$$\left.\begin{array}{r} ESO_{2ti} \\ ENOX_{ti} \\ EYANFEN_{ti} \\ EFEIQI_{ti} \end{array}\right\} = f(REXPL_{ti}, REXPK_{ti}, REXPA_{ti}, RKL_{ti}, RKK_{ti}, RKA_{ti}, I_{ti}^{*}, T_{t})$$

(8.12)

式（8.12）中 ESO_{2ti}、$ENOX_{ti}$、$EYANFEN_{ti}$ 和 $EFEIQI_{ti}$ 为第 t 年第 i 个省份的工业二氧化硫、工业氮氧化物、工业烟（粉）尘、工业废气污染排放强度，采用各地区工业生产过程中工业二氧化硫、工业氮氧化物、工业烟（粉）尘、工业废气污染物排放量与地区工业实际增加值[④]的比值加以衡量。

自变量定义如下：$REXPL_{it}$、$REXPK_{it}$ 和 $REXPA_{it}$ 为第 t 年第 i 个省份的劳动密集型、资本密集型和技术密集型制造业出口交货值所占比，采用上

---

① 变量地区人口、地区生产总值价格指数与地区代表性公民实际收入水平共线，故将这两个变量删除。

② 变量贸易条件，即各类型（劳动密集型、资本密集型和技术密集型）制造业产品进出口价格比相关数据难以获取，《中经网统计数据库》只提供进出口商品价格总指数的月度数据，而《中国统计年鉴》只提供 2012 年和 2013 年两年的"分行业进出口商品价格指数"年度数据，故将变量贸易条件放入扰动项中。

③ 已有大量研究表明，生产要素劳动力投入对环境污染排放密集度的影响不显著。

④ 工业增加值是指全部生产活动的总成果扣除了在生产过程中消耗或转移的物质产品和劳务价值后的余额。

述三类制造业出口交货值（现价）与制造业出口交货总值（现价；29 类，包括其他制造业）的比值加以衡量；RKL_{it}、RKK_{it} 和 RKA_{it} 为第 t 年第 i 个省份的劳动密集型、资本密集型和技术密集型制造业外商资本占实收资本比；I^* 为第 t 年第 i 个省份的人均地区实际 GDP，采用地区生产总值与地区生产总值指数、地区人口的比值加以衡量；T_t 为第 t 年工业品平均关税。

8.3.2　数据来源与说明

工业二氧化硫、工业氮氧化物、工业烟（粉）尘、工业废气污染物排放量相关数据来自《中国环境统计年鉴》；地区工业实际增加值等于工业名义增加值/相关价格指数，相关数据来自《中经网统计数据库》；各地区 29 类制造业出口交货值（现价）、实收资本、外商资本相关数据来自《中国工业统计年鉴》；各地区生产总值、地区生产总值指数、人口数相关数据来自《中国统计年鉴》；工业品平均关税来自"中华人民共和国海关总署"。

基于数据的可获性，本章对于工业二氧化硫、工业烟（粉）尘、工业废气排放强度模型，采用全国 31 个地区（省、自治区、直辖市）于 2004—2014 年的短面板数据，而对于工业氮氧化物排放强度模型，采用全国 31 个地区于 2011—2014 年的短面板数据。

8.3.3　模型形式确定

通过上述分析，除人均地区实际 GDP，其余变量均为比值型变量，故以线性形式加入实证模型中。而利用 STATA 的 twoway（scatter y x）（lfit y x）（fpfit yx）命令，作散点图、线性估计与分级多项式图，分析因变量（ESO$_2$、ENOX、EYANFEN、EFEIQI）与人均地区实际 GDP 的函数表达形式（见图 8 - 1），估计结果表明，除了 Efeiqi 与人均地区实际 GDP 呈弹性较大的线性关系，其余因变量均呈反比例函数关系，并非呈现倒 U 形曲线，这一结论与环境库兹涅茨曲线相悖。模型形式设定如下：

$$\left.\begin{array}{l} ESO_2 \\ ENOX_{ti} \\ EYANFEN_{ti} \\ EFEIQI_{ti} \end{array}\right\} = \left\{\begin{array}{l} \beta_0 + \beta_1 REXPL_{ti} + \beta_2 REXPK_{ti} + \beta_3 REXPA_{ti} + \beta_4 RKL_{ti} + \\ \beta_5 RKK_{ti} + \beta_6 RKA_{ti} + \beta_7/I_{ti}^* + \beta_8 T_t + \mu_{ti} \end{array}\right., (\beta_7 > 0)$$

$$(8.13)$$

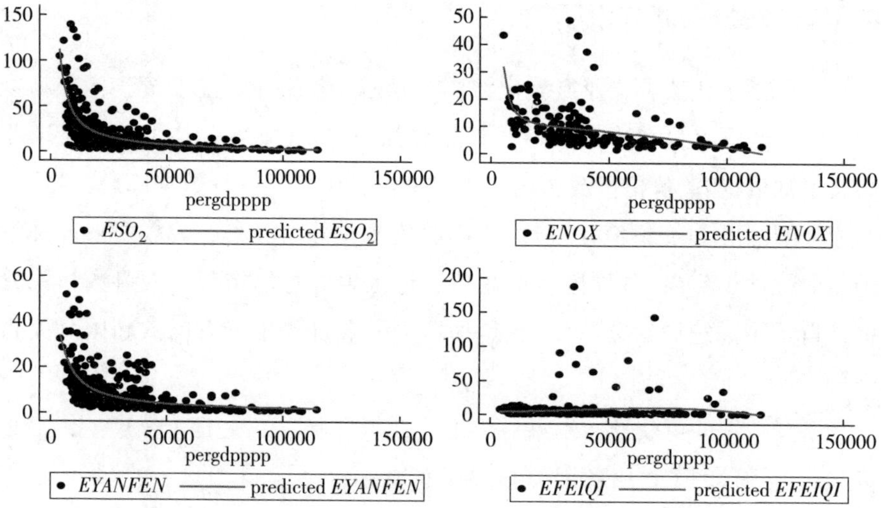

图 8 - 1　因变量与人均地区 GDP 的关系

（资料来源：本章根据《中国工业统计年鉴》（2005—2015）相关资料整理获得）

各变量定义及描述性统计如表 8 - 1 所示。

表 8 - 1　　　　　　　　　　变量定义及描述性统计

变量	符号	指标说明	单位	平均值	标准差	最小值	最大值
因变量							
工业二氧化硫排放强度	ESO_2	第 t 年第 i 个省份的第 k 种大气污染物（公斤）/工业实际增加值（万元）	公斤/万元	20.810	22.400	0.986	139.600
工业氮氧化物排放强度	$ENOX$			9.377	7.780	1.504	48.720
工业烟（粉）尘排放强度	$EYANFEN$			9.219	0.555	55.910	9.219
工业废气污染物排放强度	$EFEIQI$		万立方米/万元	16.40	0.391	187.500	16.400

变量	符号	指标说明	单位	平均值	标准差	最小值	最大值
自变量							
劳动密集型制造业出口交货值所占比	Rexpl	第 t 年第 i 个省份的第 m 种制造业（劳动密集型、资本密集型、技术密集型）出口交货值（现价）/制造业出口交货总值（包括其他制造业）	%	0.291	0.188	0.000	0.982
资本密集型制造业出口交货值所占比	Rexpk			0.290	0.213	0.000	0.989
技术密集型制造业出口交货值所占比	Rexpa			0.416	0.249	0.0107	1.000
劳动密集型制造业外商资本所占比	Rkl	第 t 年第 i 个省份的第 m 种制造业（劳动密集型、资本密集型、技术密集型）外商资本（现价）/实收资本（现价）		0.114	0.0885	0.000	0.415
资本密集型制造业外商资本所占比	Rkk			0.110	0.119	0.000	1.214
技术密集型制造业外商资本所占比	Rka			0.150	0.128	0.000	0.544
人均地区实际 GDP	$1/I^*$	第 t 年第 i 个省份的地区生产总值/地区生产总值指数/地区人口	元	4.90e−05	3.41e−05	8.72e−06	2.330e−04
工业品平均关税	T	第 t 年工业品平均关税	%	0.0898	0.00170	0.0890	0.0950

注：对于工业二氧化硫、工业烟（粉）与工业废气污染物排放强度分析，样本容量为341；对于工业氮氧化物排放强度分析，样本容量为155。

8.3.4　特征性事实

在进行正式的回归分析之前，本章先对工业大气污染排放强度、制造业出口交货值，以及地区人均实际 GDP、工业品平均关税的现状进行事实分析。

工业大气污染排放强度总体上呈下降走势。工业大气主要污染物有工业二氧化硫、氮氧化物、烟（粉）尘、废气。如图 8-2 所示，静态来看，长期以来工业二氧化硫排放强度始终处于首位，其次是工业氮氧化物和工业烟（粉）尘排放强度。从时间维度来看，上述三种大气污染物排放强度均呈现下降走势，二氧化硫排放强度下降最明显，三种污染排放强度分别由 2004 年（氮氧化物从 2011 年）的每万元 26.68、7.27、12.52 公斤，下

降到 2014 年的每万元 5.82、4.88、4.68 公斤，年均下降率分别为
14.12%、13.62% 和 8.98%。此外，工业废气排放强度总体上呈下降走
势，但 2010—2012 年有小幅回升，排放强度由 2004 年的 3.36 立方米/元
下降到 2014 年的 2.32 立方米/元，年均下降率为 3.63%。

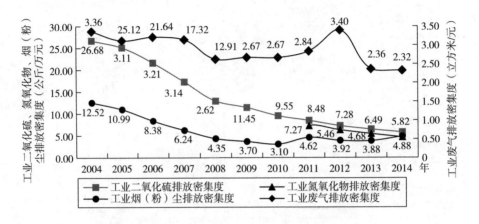

图 8-2　全国工业大气污染物排放强度

　　劳动密集型和技术密集型制造业出口交货值所占比此消彼长，而资本
密集型变化幅度小。长期以来，制造业出口创汇中技术密集型产业作出重
大贡献，其次是劳动密集型，而资本密集型贡献较小（见图 8-3）。从时
间维度来看，技术密集型和劳动密集型制造业出口交货值所占比此消彼
长，其中 2005 年和 2012 年是两个重要转折点。2005 年技术密集型由前期
的 37% 迅速提升到 64%，而劳动密集型则由前期的 50% 迅速下降到 26%，
此后两者均趋于稳定，分别在 65% 和 20% 上下小幅波动。2012 年技术密
集型小幅下降至 59%，劳动密集型小幅上涨至 27%，此后又重新趋于稳
定。而近十年来看，资本密集型制造业出口交货值所占比一直处于低位，
在 13% 上下小幅波动。

　　技术密集型、资本密集型制造业外商资本所占比呈倒 U 形，劳动密集
型持续缓慢下降。长期以来，技术密集型制造业外商资本所占比重较大，
而劳动密集型和资本密集型一直处于低位（见图 8-3）。从时间维度来看，
技术密集型制造业外商资本所占比 2005 年迅速下降到 -29.67% 后趋于稳

定,于 2010 年开始持续下滑,于 2014 年再次上涨 2004 年的 - 21. 27%。同期资本密集型也表现出类似的走势,迅速下降到 2007 年的 - 17. 08%,此后又缓慢上升到 2014 年的 - 12. 88%。而劳动密集型由 2004 年的 -17. 32% 缓慢上升到 2014 年的 - 11. 37%,年均下降率为 4. 25%。

各地区人均实际 GDP 平均值持续上涨,工业品平均关税走势平缓。从时间维度来看,各地区人均实际 GDP 平均值呈现迅速上涨趋势,由 2004 年的 13920 元上涨到 2014 年的 53648 元,年均增加率高达 14. 44%。同期工业品平均关税走势平缓自 2004 年以来发生两次调整,分别于 2005 年由 0. 095 下调到 0. 09,于 2007 年下调到 0. 089,此后保持不变。

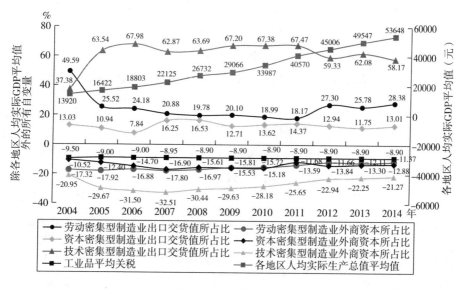

图 8 - 3　自变量走势

(注:制造业的划分除了包括劳动密集型、资本密集型、技术密集型,还包括其他制造业)

(资料来源:本章根据《中国工业统计年鉴》(2005—2015 年)相关资料整理获得)

8. 4　制造业出口结构对大气污染影响的实证分析

8. 4. 1　短面板数据模型的固定效应估计

面板数据能够有效地解决遗漏变量问题,提供更多个体动态行为的信息，并且通过增加样本容量提高估计的精准度。此外，对于短面板数据，由于时间维度较小，每个个体的信息较少，无法讨论扰动项是否存在自相关，理论上通常假设扰动项为独立同分布。大量统计数据和经验研究表明，东、中、西部地区省份无论在工业大气污染排放方面，还是在制造业产业结构、外商资金引入、人均地区实际 GDP 方面都存在明显异质性，因此本章采用短面板的固定效应模型，通过计量经济学软件 STATA 实现单向固定效应（个体固定：LSDV，最小二乘虚拟变量模型）和双向固定效应（个体和时间双固定：TW－FE）模型的估计。

　　估计结果（见表 8－2）表明：第一，工业二氧化硫、工业氮氧化物、工业烟（粉）尘、工业废气模型中的大多数省份虚拟变量均很显著（p 值小于 0.01），表明存在个体效应，即各省份之间存在较大异质性。第二，除了工业氮氧化物模型接受双向固定效应模型的"无时间效应"原假设，其他模型均认为包括时间效应的双向固定效应模型均优于单向固定效应模型。

表 8－2　　　　　　　　大气污染排放强度模型的估计结果

变量	工业二氧化硫模型		工业氮氧化物模型		工业烟（粉）尘模型		工业废气模型	
	LSDV 估计	TW－FE 估计	LSDV 估计	TW－FE 估计	LSDV 估计	TW－FE 估计	LSDV 估计	TW－FE 估计
劳动密集型制造业出口交货值所占比	－18.04***	－18.91***	－0.413	－0.303	1.148	1.041	0.909	29.34***
	(6.494)	(6.496)	(0.660)	(0.589)	(2.666)	(2.337)	(5.093)	(10.26)
资本密集型制造业出口交货值所占比	－16.17*	－14.85*	2.581	3.289	1.481	5.807	－10.40	27.23***
	(8.355)	(8.402)	(3.178)	(2.898)	(4.181)	(4.687)	(10.13)	(8.819)
技术密集型制造业出口交货值所占比	－12.78***	－11.80***	－0.743	－0.292	－2.153	0.0240	－5.678	25.18**
	(2.735)	(2.616)	(1.308)	(1.218)	(1.423)	(1.359)	(4.390)	(10.42)
劳动密集型制造业外商资本所占比	－20.97	－21.44	1.321	0.931	－22.14*	－3.293	－27.00	19.48
	(31.05)	(34.70)	(4.728)	(4.938)	(12.89)	(13.80)	(20.89)	(24.64)

续表

变量	工业二氧化硫模型		工业氮氧化物模型		工业烟（粉）尘模型		工业废气模型	
	LSDV 估计	TW－FE 估计	LSDV 估计	TW－FE 估计	LSDV 估计	TW－FE 估计	LSDV 估计	TW－FE 估计
资本密集型制造业外商资本所占比	-3.378 (6.321)	-2.422 (6.660)	-3.737 (3.149)	-3.948 (2.783)	0.619 (2.358)	1.377 (3.636)	-1.642 (3.225)	-2.935 (2.872)
技术密集型制造业外商资本所占比	-17.04 (13.69)	-20.97 (15.72)	6.703 (4.875)	6.086 (4.906)	-8.338 (8.036)	2.533 (8.128)	6.122 (33.11)	40.30 (33.34)
人均地区实际GDP*	515920*** (62007)	458257*** (48987)	381790*** (58297)	332063*** (112604)	156086*** (31249)	155408*** (42956)	-31273 (30371)	104643** (43530)
工业品平均关税	-711.3* (863.9)				473.1* (269.8)		-255.4 (477.0)	
北京	21.01*** (5.871)		2.476 (1.822)		7.419** (3.110)		-3.396 (8.572)	
重庆	24.82*** (1.878)		0.529 (0.865)		3.053*** (1.098)		-4.458 (3.097)	
福建	16.56*** (4.842)		1.062 (1.266)		3.756 (2.346)		-4.262 (6.664)	
甘肃	14.87*** (4.699)		2.457* (1.366)		-2.722 (2.434)		-2.215 (7.115)	
广东	17.86*** (4.497)		0.395 (1.517)		5.102* (2.620)		-7.087 (8.455)	
广西	20.65*** (0.974)		-2.716*** (0.186)		9.482*** (0.448)		-2.144** (1.081)	
贵州	27.15*** (3.485)		3.009* (1.770)		0.562 (2.079)		2.532 (6.144)	
海南	3.401 (3.546)		5.402*** (1.660)		-2.723 (1.674)		-2.913 (3.210)	
河北	15.58*** (2.408)		1.974** (0.833)		4.752*** (1.124)		4.671** (1.882)	

续表

变量	工业二氧化硫模型		工业氮氧化物模型		工业烟（粉）尘模型		工业废气模型	
	LSDV 估计	TW - FE 估计	LSDV 估计	TW - FE 估计	LSDV 估计	TW - FE 估计	LSDV 估计	TW - FE 估计
黑龙江	8.710 ***		1.712 ***		8.041 ***		0.807	
	(2.897)		(0.510)		(1.035)		(1.190)	
河南	4.782 **		-0.0389		0.198		-6.935 **	
	(2.330)		(0.490)		(1.140)		(2.721)	
湖北	7.340 ***		-0.948 *		0.155		-7.836 ***	
	(1.206)		(0.507)		(0.846)		(2.355)	
湖南	6.469 **		-2.567 ***		1.405		-6.568 **	
	(3.073)		(0.568)		(1.527)		(3.121)	
江苏	23.13 ***		2.086		8.165 **		-2.014	
	(6.437)		(1.919)		(3.495)		(11.28)	
江西	7.670 ***		-2.697 ***		0.480		1.919	
	(1.245)		(0.463)		(0.652)		(1.424)	
吉林	12.03 ***		2.437 **		8.534 ***		-2.264	
	(3.764)		(0.990)		(1.291)		(2.224)	
辽宁	23.23 ***		2.295 **		8.546 ***		2.971	
	(4.393)		(1.164)		(1.869)		(3.990)	
内蒙古	43.64 ***		11.15 ***		13.85 ***		9.340 **	
	(3.618)		(0.952)		(1.554)		(4.219)	
宁夏	64.88 ***		34.09 ***		18.59 ***		2.848	
	(3.246)		(0.582)		(1.813)		(5.927)	
青海	17.06 ***		3.257 ***		7.480 ***		-3.685	
	(3.510)		(0.724)		(2.054)		(6.445)	
山东	18.36 ***		1.599		3.063		-8.391 **	
	(4.759)		(1.168)		(1.936)		(4.170)	
上海	29.30 ***		2.765		11.62 **		0.723	
	(10.07)		(2.458)		(4.774)		(11.79)	
陕西	17.38 ***		2.652 ***		4.382 ***		-4.724 **	
	(1.706)		(0.525)		(0.815)		(1.870)	

续表

变量	工业二氧化硫模型		工业氮氧化物模型		工业烟（粉）尘模型		工业废气模型	
	LSDV 估计	TW–FE 估计	LSDV 估计	TW–FE 估计	LSDV 估计	TW–FE 估计	LSDV 估计	TW–FE 估计
山西	26. 55 ***		7. 117 ***		16. 88 ***		15. 06 ***	
	(3. 084)		(0. 785)		(1. 543)		(2. 926)	
四川	7. 127 ***		– 4. 262 ***		3. 025 ***		– 4. 635 ***	
	(1. 167)		(0. 515)		(0. 612)		(1. 468)	
天津	26. 54 ***		3. 235		9. 995 **		– 1. 558	
	(7. 685)		(2. 070)		(3. 950)		(12. 01)	
新疆	23. 34 ***		10. 84 ***		8. 494 ***		– 8. 276 *	
	(2. 593)		(0. 641)		(1. 412)		(4. 627)	
云南	– 16. 93 ***		– 3. 088 ***		– 4. 792 ***		– 9. 610 ***	
	(3. 737)		(0. 608)		(1. 238)		(2. 308)	
浙江	2. 028		– 3. 676 ***		– 2. 215		– 1. 299	
	(3. 513)		(1. 273)		(2. 074)		(7. 363)	
2005 年		4. 751 ***				0. 0491		0. 453
		(1. 700)				(0. 753)		(1. 635)
2006 年		5. 056 *				– 2. 758 *		0. 978
		(2. 808)				(1. 368)		(2. 345)
2007 年		2. 947				– 4. 518 **		1. 640
		(3. 053)				(1. 749)		(2. 739)
2008 年		0. 357				– 5. 632 **		2. 491
		(3. 509)				(2. 338)		(2. 748)
2009 年		– 0. 0789				– 5. 377 **		3. 442
		(4. 049)				(2. 495)		(2. 752)
2010 年		– 0. 132				– 5. 238 *		5. 108 *
		(4. 430)				(2. 782)		(2. 917)
2011 年		1. 341				– 1. 648		6. 383 *
		(4. 770)				(2. 791)		(3. 144)
2012 年		0. 634		0. 169		– 1. 942		36. 77 ***
		(4. 892)		(0. 462)		(3. 015)		(9. 689)

续表

变量	工业二氧化硫模型		工业氮氧化物模型		工业烟（粉）尘模型		工业废气模型	
	LSDV 估计	TW－FE 估计	LSDV 估计	TW－FE 估计	LSDV 估计	TW－FE 估计	LSDV 估计	TW－FE 估计
2013 年		0.828		－0.172		－1.628		7.391**
		(5.133)		(0.829)		(3.184)		(3.145)
2014 年		0.842		－0.541		－0.0887		7.348**
		(5.224)		(1.039)		(3.168)		(3.159)
年度虚拟变量联合		6.22**		1.50		9.20***		4.52***
常数项	62.74*	17.39*	－4.703*	－0.817	－42.24*	1.966	40.23	－40.09**
	(36.32)	(9.673)	(2.432)	(3.945)	(23.73)	(5.170)	(43.84)	(14.86)
样本数	341	341	124	124	341	341	341	341
R－squared		0.707		0.628		0.621		0.299

注：①上述所有模型均采用聚类稳健标准差进行估计。②LSDV（Least Square Dummy Variable Model），最小二乘虚拟变量模型，该估计方法得到的解释变量估计量与 FE（Fixed Effects）估计量相同，且能清晰地反映个体的异质性。③TW－FE（Two－Way Fixed Effects）即个体固定与时间固定的双向固定效应估计。④年度虚拟变量联合显著性的原假设为"无时间效应"。⑤工业二氧化硫、烟（粉）尘、废气模型的年份虚拟变量以 2004 年作为比较项，工业氮氧化物模型的年份虚拟变量以 2011 年作为比较项。⑥以安徽省作为比较项。

8.4.2　劳动密集型与技术密集型制造业出口对大气污染强度的影响

劳动密集型制造业出口交货值所占比的估计系数（－18.91*** 和 29.34***）和技术密集型制造业出口交货值所占比的估计系数的（－11.80*** 和 25.18***）作用方向在工业二氧化硫排放强度模型和工业废气排放强度模型中表现出一致性，表明劳动密集型、技术密集型制造业出口交货值每增加 1%，工业二氧化硫排放强度分别减少 18.91% 和 11.80%，这一结论与余红伟和张洛熙（2015）的研究相似，但工业废气排放强度却增加 29.34% 和 25.18%。一方面，2011—2014 年劳动密集型制造业出口交货值所占比例稳步上升（2014 年，28%），这一比值的变化有效地降低了工业二氧化硫排放强度，但同期劳动密集型中的农副食品加工业、食品制造业、纺织业、皮鞋毛皮羽毛及其制品和制鞋业、橡胶和塑料制品业、非金属矿物制品业、金属制品业的废气排放量一直保持在较高水平①，抑制了工业废弃排放强度的下降；另一方面，2005 年技术密集型制造业出口交货值所占比迅速上升至 64%，此后趋于稳定。但 2012 年技术密集型小幅下降至 59%，此后又重新趋于稳定。这一高比例值有效地降低了工业二氧化硫排放强度，同期技术密集型制造业中除了医药制造业外，所有行业的二氧化硫排放量随着时间呈现下降走势。

8.4.3　资本密集型制造业出口对大气污染强度的影响

资本密集型制造业出口交货值所占比在工业废气排放强度模型中的估计系数显著为正（27.23^{***}），表明资本密集型制造业出口交货值每减少 1%，工业废气排放强度则减少 27.23%。2007—2014 年资本密集型制造业出口交货值所占比呈下降走势，但变化幅度很小。这一比值的变化对工业废气排放强度的降低起了有益作用。但资本密集型制造业中，大部分制造业的废弃排放量均呈上升的走势。

8.4.4　人均地区实际 GDP 对大气污染强度的影响

人均地区实际 GDP 在上述四个模型中的估计系数均显著为正（458.26^{***}、381.79^{***}、155.41^{***} 和 104.64^{**}）。由于该变量与所有因变量呈反比例函数，估计结果表明随着人均地区实际 GDP 的增加，无论是工业二氧化硫、氮氧化物，还是工业烟（粉）尘、废气排放强度均显著降低，但这一结论不符合环境库兹涅茨理论。2004 年以来全国人均地区实际 GDP 的平均值呈现迅速上涨趋势，由 2004 年的 13920 元上涨到 2014 年的 53648 元，年均增长率高达 14.44%。由于大气环境污染对公众的效用为负，因此随着人均收入水平的提高，公众对大气环境质量的要求也会相应提高，这将促使政府提高环境管理标准，设定最优污染税，这些措施对大气环境的改善起到了十分重要的作用。

---

①　本章根据《中国环境统计年鉴》中制造业各行业工业废气排放及处理情况的相关统计数据分析得出。

8.4.5　外商资本与关税对大气污染的影响

　　劳动密集型、资本密集型和技术密集型外商资本所占比及关税在所有模型中均未通过显著性检验。对于外商资本所占比而言，长期以来，技术密集型制造业外商资本所占比重较大，而劳动密集型和资本密集型一直处于低位，且三者的走势均比较平稳，因此这种小幅度的变动对工业大气污染强度改善的作用甚微，该结果并未验证中国的"污染天堂假说"，这一结论与黄静波和何昌周（2015）的研究结论相似。对于关税的估计结果而言，一方面，随着中国面向全球放开的承诺条件逐步兑现，工业品平均关税自2004年以来发生两次重要调整，分别于2005年由0.095下调到0.09，于2007年下调到0.089，但是在计量经济分析中，相比大气污染排放强度变动而言，这一数值的变动略显较小，故统计上不显著；另一方面，近年来，在国际贸易中技术性贸易壁垒已逐步取代传统贸易壁垒，因此相比工业品平均关税等传统壁垒，技术性贸易壁垒更适合衡量贸易开放度，但就整个工业行业来讲，寻找一个合适的技术性贸易壁垒的替代变量比较困难。

8.5　主要结论与启示

　　本章从中国制造业出口贸易快速增长、大气环境污染严重的实际出发，紧紧围绕工业大气污染治理这一中心命题展开，系统地分析了影响工业大气污染排放强度的因素及作用机制，即工业大气污染排放强度主要受制造业出口结构（劳动密集型、资本密集型和技术密集型制造业出口交货值所占比）、工业生产要素禀赋（外商资本所占比）、贸易开放度（关税壁垒）及代表性公民实际收入水平等因素的共同影响。本章的贡献在于丰富了制造业出口贸易环境效应的研究内容。构建了工业大气污染供给与需求的理论模型，采用短面板的固定效应估计实证制造业出口贸易结构影响工业大气污染排放强度的作用机制，并且得出了一些有价值的结论：第一，随着劳动密集型或技术密集型制造业出口交货值所占比例的增加，二氧化硫污染排放强度会显著降低，但由于各类制造业废气排放量一直保持在较高水平，导致工业废弃污染排放强度与劳动密集、资本密集和技术密集型制造业所占比均呈正相关。第二，随着人均地区实际 GDP 的增加，工业二氧化硫、氮氧化物、工业烟（粉）尘和废气排放强度均显著降低，且当前在统计学上该变量是显著影响工业氮氧化物和工业烟尘（粉尘）排放强度的唯一因素。然而，外商资本所占比及关税对大气环境改善所起的作用十分微弱。此外，还得出一些其他有益的结论：①工业大气污染排放强度总体上呈下降走势。长期以来工业二氧化硫排放强度始终处于首位，但排放强度下降也最明显，二氧化硫、氮氧化物、烟（粉）尘、废气排放强度的年均下降率分别为 14.12%、13.62%、8.98% 和 3.63%。②制造业出口创汇中技术密集型产业作出重大贡献（约 61%），其次是劳动密集型（约 25%），两者出口交货值所占比此消彼长；而资本密集型所占比一直处于低位（约 13%），且变动幅度较小。

　　上述结论为政府完善制造业产业结构调整和大气污染治理提供理论指导、决策依据和实践参考，具体启示如下：①从遏制大气环境质量持续恶化的角度出发，对制造业出口贸易结构调整应遵循重点有效地发展技术密集型产业、降低资金密集型产业比重、有条件地限制劳动密集型产业进一步扩大的总体思路。特别要加快信息、电子、装备制造等高新技术行业发展，缩小并改进钢铁、有色金属、煤炭、电力、石油石化、化工、建材等资本密集型的高耗能行业，大力发展高新技术产业和服务业等"清洁行业"吸纳大量劳动力，降低劳动密集型产业比重。②在外资引入方面，需要兼顾考虑减排技术的引进，早日跳出中国"污染天堂假说"。对此，政府应该出台严格的环境管制规范，促使 FDI 向中国溢出环保工艺和技术。

　　值得指出的是该研究仍存在如下不足之处：①该研究是一个灰箱，从宏观层面探讨了劳动密集型、资本密集型及技术密集型制造业的大气环境效应，且对各类型制造业内部如何变动尚未分析，有待深入研究；②对于氮氧化物，当前只能收集到 2011 年之后的数据，时间跨度短；③以关税等传统贸易壁垒来衡量贸易开放度存在以偏概全的错误。贸易开放度既包括贸易条件，即由某一类制造业产品进出口价格指数比衡量，但相关年度数据难以获取；又包括贸易壁垒，即新兴技术性贸易壁垒和传统关税壁垒，但实际贸易中技术性贸易壁垒形式多样，因不同国家、不同产业而异，通常需要针对具体行业展开分析。

第9章　碳交易和碳税减排政策
对清洁发电技术选择的影响研究

9.1　问题的提出

低碳经济是协调经济发展与环境保护之间关系的主要选择。占全球二氧化碳排放总量约41%的电力工业面临着极大的减排压力，同时，减排背后也蕴藏着巨大的投资机会。发展清洁发电技术已成为人类社会的共识，除核电外，基于可再生能源的发电技术和基于化石燃料的绿色发电技术是目前主要的两类清洁发电技术，风电和光伏发电等可再生能源发电技术在过去十几年得到快速的发展。与此同时，绿色煤电技术也取得了长足的进步，整体煤气化联合循环（IGCC）、增压流化床技术（PFBC）和碳捕捉和储存（CCS）等技术均得到不同程度的应用，尤其是CCS技术，能够大幅降低化石燃料发电过程中排放的二氧化碳数量，在火电仍然占据主导地位的今天，CCS技术将会在环境保护方面发挥重要的作用。

现有研究既有立足于宏观角度，研究碳政策工具的设计、不同碳政策的比较及碳政策对促进清洁发电技术和经济发展的作用，也有基于微观视野，分析碳政策对清洁发电技术投资的影响。微观分析着重聚焦于市场（主要是碳价格）的不确定性和激励机制对清洁发电技术投资的影响方面，有的还进行了同一碳政策背景下不同发电技术投资问题的比较分析（也有文献比较了不同碳政策工具对同一减排项目的影响）。现实社会中，对发电企业而言，既可能受到多项碳政策工具的约束，同时也会面临着多种清洁发电技术可供选择的机会。

为应对气候变化，我国着力推进可再生能源发电技术，风电在我国已取得长足的发展。同时，我国也已建成几个 CCS 示范项目，随着碳捕捉和封存技术的发展，火电的二氧化碳排放率将会显著降低。因此，本章以风电代表可再生能源发电技术和基于 CCS 的碳基发电代表绿色火电技术来比较分析两类清洁发电技术的选择问题。风电与火电孰优孰劣？答案是明显的，风电要优于火电。风能是无污染可再生能源，风电生产过程中二氧化碳排放为零，但技术和资源的一些特征却制约着风电的发展，即使随着技术的进步，技术制约影响日渐减弱，而风能资源的间歇性和风速的多变性，使得风电功率不稳，同时，风电利用小时数具有较大的不确定性。相反，火电机组运行稳定，年利用小时数较高，数量可达风电机组的 3 ~ 4 倍，而机组年利用小时数直接决定了发电量和发电收益，再加上 CCS 技术的发展，使得火电在现阶段具有较强的竞争力。当然，CCS 尚处于发展初期，成本较高，运行过程中需消耗大量的电量，使得发电机组能够用于上网的实际发电容量远小于名义发电容量（即所谓的 Capacity Penalty），导致最后实际上网的每千瓦时电量的成本显著上升，但由于 CCS 在技术上是可行的，只要政策激励，CCS 必能得到快速发展。

为进一步促进减排，我国已在上海、天津、湖北等七省市开展碳减排交易市场的试点工作，并计划建立全国性的碳交易市场，而且碳税也处于研究之中，不久的将来，碳税制度可望推出。这些政策工具对这两类发电技术的选择究竟有何影响？对我国电源结构调整影响又是如何？本章从发电商投资角度出发，对此进行探讨，研究了不同碳减排政策工具情景下不同清洁发电技术的选择与投资问题。

9.2　理论分析

在碳交易市场背景下，发电商可以通过投资清洁发电技术减少二氧化碳排放，并获得减排收入，或者通过支付碳税，来承担相应的环境责任。显然，选择前者可能较好，但作为企业，如何使投资收益最大化才是发电商考虑的主要问题。毫无疑问，碳排放交易市场上二氧化碳价格是影响发电商减排收益的主要因素，无论是国外实践还是我国的碳排放交易试点情况，均表明二氧化碳价格变化较大，具有很高的不确定性，使得发电商面临着较大的投资风险。

9.2.1　假设

由于碳排放交易市场形成时间不长，缺乏相关数据，关于二氧化碳价格变化规律的相关研究不是很多。通常几何布朗运动常被用来描述价格的长期波动情况，因而大部分学者均利用它描述二氧化碳价格的随机变化规律。本章也假设二氧化碳价格变化遵循下面的几何布朗运动：

$$dP_c(t) = \alpha P_c(t)dt + \sigma P_c(t)dw(t) \tag{9.1}$$

式（9.1）中：Pc 表示二氧化碳价格，α 和 σ 分别是漂移参数和方差参数，dw 是标准维纳过程增量。

碳税作为另外一种碳政策工具，从政府角度看，可以说是一种最划算的政策，既可以增加税收收入，又能改善环境质量，许多国家已经征收碳税，我国不久也将可能实施碳税制度。由于税率存在调整的可能性，碳税制度也具有一定的不确定性，为简化计算，这里考虑投资周期内仅存在一次税率调整的可能性。这种不确定性可以用下面的泊松分布来反映：

$$d\tau = \tau dh \tag{9.2}$$

式（9.2）中：τ 为碳税，dh 等于 u 或者 0，相应的概率分别为 λdt 或 $(1 - \lambda dt)$，u 为税率调整的幅度，λ 为泊松参数。

由于清洁发电技术成本较高，难以同常规发电技术进行竞争，政府往往会对清洁发电项目给予政策补贴，电价补贴是较为常见的一种形式。例如，我国对风电项目就给予远高于常规发电项目的上网电价，且电价较为稳定。当然，对于不同的风电项目，会因地区和建设时期的不同，上网电价会有一定的变动，但对每一个具体风电项目而言，其上网电价在短期内具有一定的稳定性。尽管市场背景下，上网电价也具有不确定性，但会受到政府规制，电价一般在一定范围内波动，尤其在我国，虽然已进行电力市场改革，上网电价也存在多种形式（如一厂一价，一机一价），但由于改革缓慢，政府对电价管制较严，电价变化不大，特别是清洁发电项目，受到政府的保护，如上所说，上网电价相当稳定。另外，本章主要是分析碳政策工具对清洁发电技术投资的影响，所以，这里不考虑电价的波动对清洁发电项目收益的影响，可假设风电项目上网电价 Pf 和带有 CCS 装置的火电项目（下面简称 CCS 项目）上网电价 Ps 在投资周期内保持不变。

　　基于上述假设，下面将利用期权方法分析碳税和碳排放交易及其组合政策对风电和 CCS 技术选择与投资策略的影响。

9.2.2　模型建立

　　分别令风电项目和 CCS 项目的单位千瓦投资价值为 Vf 和 Vs，并设项目投资后单位千瓦的收益现值分别为 π_f 和 π_s。下面将在分别实行碳税政策和碳排放交易制度及其组合三种政策环境下，讨论碳政策对发电技术选择与投资的影响。

9.2.2.1　单一碳税政策

　　在单一碳税政策情景下，项目单位千瓦的收益现值和投资价值分别为

$$\pi_f = E\Big[\int_0^T \mu_f(P_f - c_f)e^{-rt}dt\Big] = \mu_f(1 - e^{-rT})\frac{P_f - c_f}{r} \tag{9.3}$$

$$\pi_s = E\Big[\int_0^T \mu_s(P_s - (\eta - q)\tau_0 - c_s)e^{-rt}dt\Big] - E\Big[\int_0^T \lambda e^{-\lambda m}\int_m^T (\eta - q)u\tau_0 e^{-rt}dtdm\Big]$$

$$= \mu_s(1 - e^{-rT})\frac{P_s - (\eta - q)\tau_0 - c_s}{r} - \mu_s(\lambda - (r + \lambda)e^{-rT} + re^{-(r+\lambda)T})\frac{(\eta - q)u\tau_0}{r(r + \lambda)} \tag{9.4}$$

$$V_f = \pi_f - I_f \tag{9.5}$$

$$V_s = \pi_s - I_s \tag{9.6}$$

　　上式中：T 为项目寿命周期（假设风电项目和 CCS 项目寿命周期相同）；μ_f、P_f、c_f、I_f 和 μ_s、P_s、c_s、I_s 分别是风电项目和 CCS 项目的利用小时数、上网电价、单位千瓦运维成本和投资成本，r 为无风险利率，η 为不含 CCS 装置的火电机组所排放的二氧化碳量，q 是 CCS 项目所减排的二氧化碳量，m 是碳税调整的起始时间。

　　随着技术的进步和经济的发展，对环境质量的要求会越来越高，环境

政策也会越来越严苛。所以，除非特殊原因，碳税税率一般不会出现下调趋势，因此，本章假设 u 大于零。在此情景下，就 CCS 项目而言，要么立即投资，要么不投资，因为投资越迟，在整个寿命周期内，CCS 项目在较高碳税税率下运营的时间就可能越多，这将会降低投资收益。而对于风电项目而言，碳税并不直接影响项目投资收益，因而风电项目的投资策略也是要么立即投资，要么不投资。

因此，在单一碳税政策情景下，发电商可以通过直接比较 V_f 和 V_s 的大小来选择发电技术。显然，如果政府希望发展风电项目，则可以通过调高碳税税率来达到目的。

9.2.2.2　单一碳排放交易制度

在碳排放交易制度安排下，碳市场的建立为碳排放权交易提供了平台。发电商如果选择风电项目，则可以出售风电所产生的碳减排量，若令减排量等于火电机组的碳排放量，则风电项目的收益现值为

$$\pi_f = E\Big[\int_0^T \mu_f(P_f + \eta P_c - c_f)e^{-rt}\mathrm{d}t\Big]$$

$$= \mu_f\Big[(1 - e^{-rT})\frac{P_f - c_f}{r} + (1 - e^{-\delta T})\frac{\eta}{\delta}P_c\Big] \tag{9.7}$$

式（9.7）中：$\delta = r - \alpha$。

由于碳价的不确定性，使得发电商拥有一定的投资期权，利用期权方法可得

$$V_f(P) = \begin{cases} \pi_f(P) - I_1 & P \geqslant P_{cf} \\ A_f P^\beta & P < P_{cf} \end{cases} \tag{9.8}$$

式（9.8）中 A_f 和 β 为常数，投资阈值 P_{cf} 具有如下形式：

$$P_{cf} = \frac{\beta\delta[rI_f - \mu_f(P_f - c_f)(1 - e^{-rT})]}{r\mu_f\eta(\beta - 1)(1 - e^{-\delta T})} \tag{9.9}$$

式（9.8）中第一行为立即投资所获得的价值，第二行就是等待投资的期权价值。

对于 CCS 项目，利用期权方法可以得到下面等式：

$$V_s(P_c) = \begin{cases} \pi_s(P_c) - I_s & P_c \geqslant P_{cs} \\ A_s P_c^\beta & P_c < P_{cs} \end{cases} \tag{9.10}$$

$$P_{cs} = \frac{\beta\delta[\,rI_s - \mu_s(P_s - c_s)(1 - e^{-rT})\,]}{r\mu_s q(\beta - 1)(1 - e^{-\delta T})} \qquad (9.11)$$

这里 As 是常数，P_{cs} 是 CCS 项目的投资阈值，CCS 项目的收益现值 π_s 为

$$\pi_s = E\Big[\int_0^T \mu_s(P_s + qP_c - c_s)e^{-rt}dt\Big]$$

$$= \mu_s(1 - e^{-rT})\frac{P_s - c_s}{r} + \mu_s(1 - e^{-\delta T})\frac{q}{\delta}P_c \qquad (9.12)$$

与单一碳税制度不同，在单一碳排放交易市场环境下，由于碳价的不确定性，立即投资可能并不是最优选择，同时，由于发电项目的投资价值是碳价的非线性函数，有可能会出现一种发电技术的投资价值在碳价较低时大于另一种发电技术的投资价值，而碳价较高时却又小于的情况，这就给最优投资策略的选择带来了困难。

在这种情况下，首先需要确定两类项目投资阈值之间的关系，并在不同的碳价区间内比较发电项目投资价值的高低，再确定当前碳价所位于的碳价区间，然后根据当前碳价与投资阈值的关系来确定最优发电技术。在下面的模型分析与算例演示中，将对此做进一步分析。

9.2.2.3　碳税与碳排放交易制度组合政策

在同时实行碳税和碳交易制度情况下，风电项目并不直接受到碳税的影响，投资收益、投资价值和投资阈值均与单一碳排放交易制度下的情况一样，这里不再赘述。而 CCS 项目却不一样，其投资收益现值为

$$\pi_s = E\Big[\int_0^T \mu_s(P_s + qP_c - (\eta - q)\tau_0 - c_s)e^{-rt}dt\Big] -$$

$$E\Big[\int_0^T \lambda e^{-\lambda m}\int_m^T \mu_s(\eta - q)u\tau_0 e^{-rt}dtdm\Big]$$

$$= \mu_s(1 - e^{-rT})\frac{P_s - (\eta - q)\tau_0 - c_s}{r} - \mu_s(\lambda - (r + \lambda)e^{-rT} + re^{-(r+\lambda)T})$$

$$\frac{(\eta - q)u\tau_0}{r(r + \lambda)} + \mu_s(1 - e^{-\delta T})\frac{q}{\delta}P_c \qquad (9.13)$$

利用期权方法，可以得到碳税和碳交易制度并行情况下 CCS 项目的投资阈值 P_{cs} 如下：

$$P_{cs} = \frac{\beta\delta\left[rI_s(r+\lambda) - \mu_s(r+\lambda)(P_s - (\eta - q)\tau_0 - c_s)(1 - e^{-rT}) + \mu_s(\lambda - (r+\lambda)e^{-rT} + re^{-(r+\lambda)T})(\eta - q)u\tau_0\right]}{r\mu_s q(r+\lambda)(\beta - 1)(1 - e^{-\delta T})}$$

$$(9.14)$$

投资价值 Vs 和常数 As 与公式（9.2）中的形式一样，这里不再列出。

碳税与碳排放交易制度并行情景下，发电技术的选择规则与单一碳交易制度情景一样，在下一部分将对此做进一步分析。

9.3　算例分析

9.3.1　同一碳政策下清洁发电技术选择与投资策略

在单一碳税政策情景下，由前述可知，直接比较 V_s 和 V_f 的大小，就可以确定发电商的技术选择。CCS 项目年运行时间较为稳定，根据我国近几年电力供需情况来看，在电力供过于求情况下，火电设备利用小时数一般为 4000～5000 小时，供不应求时，则能达到 6000 小时以上，而风电利用小时也就 2000 多小时，再考虑到多种因素所导致的风电发电量折减现象的存在，风电利用小时数有的连 2000 小时都不到。尽管如此，在当前技术条件下，CCS 项目的投资成本和运维成本均比风电机组高，再加上 CCS 设备碳捕捉率并没有达到 100%，仍需缴纳一定的碳税，使得 CCS 项目在成本方面有一定的劣势。

现假设一风电项目和一带 CCS 设备的火电项目基准参数如下：$I_f = 8000$ 元/kW，$I_s = 9500$ 元/kW，$c_f = 0.1$ 元/kWh，$c_s = 0.38$ 元/kWh，$\mu_f = 1900h$，$\mu_s = 5500h$（年利用小时数取得相对大一点，特别是 CCS 项目，主要是考虑到国家鼓励发展清洁发电项目，发电机组具有优先并网的条件），$\eta \approx 0.8$kg/kWh，$q \approx 0.64$kg/kWh（即 80% 效率），$r = 0.08$，$\tau = 0.01$ 元/kg，$u = 0.2$，$\lambda = 0.05$，$T = 25$ 年。

9.3.1.1　碳税情景下风电和 CCS 技术的选择与投资策略

比较式（9.3）和式（9.4）及式（9.5）和式（9.6），可知在其他参数不变情况下，电价是决定项目投资价值高低的主要因素。由于清洁发电技术成本较高，因此政府需要给予补贴以扶持清洁发电技术的发展，电价补贴就是较为常用的一种激励形式，政府以较高的电价收购清洁发电项目的发电量。图 9 - 1 和图 9 - 2 分别反映了风电和 CCS 项目投资价值与电价和投资成本之间的关系。

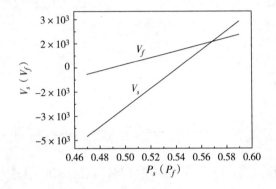

图 9 - 1　项目投资价值与电价之间的关系

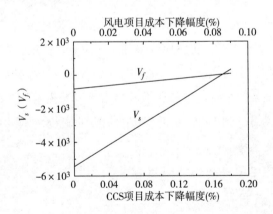

图 9 - 2　项目投资价值与投资成本之间的关系

图 9 - 1 表示，在较低电价水平下（电价补贴较低），风电具有较强优势，风电价值高于 CCS 项目价值，而在较高电价水平下，CCS 项目优势明显，其投资价值高于风电。这主要是因为近几年来风电产业的快速发展，使得风电投资成本出现较大幅度的下降，弥补了风电利用小时数不高的缺

陷，而 CCS 项目发展较为缓慢，投资成本较高，在较低电价水平下，难以匹敌风电项目（图 9 - 1 显示，在本算例中，当 P_s 约为 0.54 元/kWh 时，V_s 才大于 0），但在较高电价水平下，其远高于风电的利用小时数，为 CCS 项目创造了更多的发电收益，CCS 项目投资价值将会逐渐超越风电项目。图 9 - 2 直接反映了电价为 0.45 元/kWh 时，成本下降幅度对项目投资价值的影响。由于 CCS 项目处于发展初期，成本下降空间较大，当其成本下降约 17%，但仍然高于风电成本（同时风电项目成本下降约 8.5%）时，CCS 项目投资价值已超越风电项目（两者投资价值此时均已大于 0）。可见，成本高昂是影响 CCS 项目发展的主要障碍。

目前，我国已下调了新建风电项目上网电价。图 9 - 1 表明，基于本章数据，在电价为 0.5 元/kWh 时，风电具有一定的盈利空间，若进一步考虑其他税费（如所得税）等费用支出，盈利空间虽然会受到压缩，但这些费用与成本相比，相对较低，故对盈利的影响不是很大。尽管四类资源地区调整前的最低标杆电价已接近于 0.5（为 0.51）元/kWh，但随着技术进步，风电成本将会进一步下降，风电项目盈利能力仍然会具有一定的增长趋势，而且，风能资源丰富的地区，风电利用小时数将会超过 1900 小时，因而下调风电价格是可行的。政府现阶段则应该给予 CCS 项目较高的补贴，以促进 CCS 技术的发展。

图 9 - 3 和图 9 - 4 反映碳税对两类 CCS 项目的影响。一类是采用最新 CCS 技术的火电项目，另一类是采用旧 CCS 技术的火电项目，新 CCS 技术投资成本和捕捉效率均高（成本假设仍为本章前面的数据，而捕捉率则提高到 90%），旧 CCS 技术投资成本因新技术出现而有折价，其捕捉效率也较低（假设成本下降 18%，捕捉率设为 65%），投资新技术，电价补贴高，设 P_s = 0.55 元/kWh，投资旧技术，成本较低，电价补贴相应下降，设 P_s = 0.45 元/kWh。从图 9 - 3 可看出，碳税对旧 CCS 技术具有较大的影响，税率较低时，应投资旧 CCS 技术，反之选择新 CCS 技术。图 9 - 4 反映了碳税变化的不确定性对技术选择的影响，由此可见，当碳税上调趋势明显时，旧 CCS 技术将受到较大的冲击，投资新 CCS 技术成为最优选择。这主要是采纳新 CCS 技术后，二氧化碳排放量很少，发电商承担的碳税也

就较少。因此，在单一碳税政策情景下，为促进高效清洁技术的发展，碳税税率不宜设置太低。

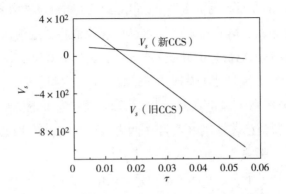

图 9 - 3　CCS 项目投资价值与碳税之间的关系

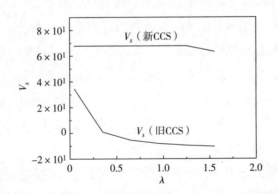

图 9 - 4　CCS 项目投资价值与碳税不确定性之间的关系

从式（9.3）和式（9.5）可知，碳税政策并不对风电项目产生直接影响，但在其他条件不变情况下，碳税政策的推出，将会增加 CCS 项目的成本（特别是低效的 CCS 项目），间接提高风电的竞争优势，尤其在较低电价补贴情况下，这种优势更加明显，风电价值将高于 CCS 项目，使得风电技术成为最优选择，由于没有不确定性，立即投资或者不投资是此时风电的投资策略。如果选择 CCS 项目，尽管其面临碳税未来不确定的变化，但由之前分析可知，CCS 项目也应采取立即投资或者不投资的策略。

9.3.1.2　碳排放交易情景下风电和 CCS 技术的选择与投资策略

在单一碳排放交易制度情景下，风电项目和 CCS 项目均可以通过碳交易市场获得减排收益，但碳价的不确定性成为影响风电和 CCS 项目发展的主要因素。

不确定性环境下，等待而非立即投资是较为明智的选择。只有在碳价上升到一定价位时投资，才能获得较高的减排收入，减轻投资风险。由式 (9.7)、式 (9.8)、式 (9.10)、式 (9.12) 可知风电项目和 CCS 项目投资价值在碳价较高时，均是碳价的线性函数，假设当前碳价 P_c 大于 P_{cf} 和 P_{cs}，则可得

$$V_s(P_c)' = \mu_s(1 - e^{-\delta T}) \frac{q}{\delta} \tag{9.15}$$

$$V_f(P_c)' = \mu_f(1 - e^{-\delta T}) \frac{\eta}{\delta} \tag{9.16}$$

比较上面两式，由于 CCS 项目利用小时数 μ_s 远大于风电利用小时数 μ_f，且 (η/q) 一般也不会大于 (μ_s/μ_f)，故投资价值函数 V_s 的斜率大于函数 V_f 的斜率，从而即使在碳价较低时，V_s 小于 V_f，但随着碳价的上升，V_s 也会超越 V_f，使得碳价较高情况下，投资 CCS 项目成为最优选择。

因此，在单一碳排放交易制度情景下，该制度对风电和 CCS 技术的影响，需视碳价的高低而定。下面根据投资阈值 P_{cf} 与 P_{cs} 之间的关系，分两种情况讨论碳排放交易的影响。

首先考虑一种简单情形，即 $P_{cs} \leqslant P_{cf}$ 情况，此时可证明：

$$\frac{A_s}{A_f} = \frac{\mu_s \eta}{\mu_f q} \left(\frac{P_{cf}}{P_{cs}}\right)^{\beta-1} > 1$$

所以，无论碳价高与低，当 $P_{cs} \leqslant P_{cf}$ 时，V_s 均大于 V_f，CCS 项目始终是最优选择。由于 CCS 项目成本较高，这种情况一般发生在 P_s 较高时，由于较高的发电收入，弱化了减排收入对 CCS 项目总收入的贡献，并降低了投资阈值。

另一种情况是 $P_{cf} < P_{cs}$，此时常数 A_s 可能大于 A_f，也可能小于 A_f（一般不等于）。如果 $A_s > A_f$，则情况就与 $P_{cf} \geqslant P_{cs}$ 情形一样，不再赘述。对于 $A_s < A_f$ 情况，可知当碳价 $P_c \leqslant P_{cf}$ 时，$V_f > V_s$。根据式 (9.8) 和式 (9.10) 可知 V_f 在 $P_c > P_{cf}$ 时，是 P_c 的线性函数，而 V_s 在 $P_c < P_{cs}$ 时，是 P_c 的单调凸函数，在 $P_c \geqslant P_{cs}$ 时，则是 P_c 的线性函数。另外，由前面分析可知当碳价较

高时，$V_s > V_f$。所以，在 $A_s < A_f$ 情况下，除零点外，存在唯一一点 P_0（$P_0 > P_{cf}$），使得 V_f（P_0）$= V_s$（P_0），且 $P_c < P_0$ 时，V_f（P_c）$> V_s$（P_c），$P_c > P_0$ 时，V_f（P_c）$< V_s$（P_c）。在这种情况下，如果当前碳价小于 P_0，最优发电技术应选择风电项目；反之，则选择 CCS 项目。

图 9-5 和图 9-6 分别反映了 $P_{cs} \leqslant P_{cf}$ 和 $P_{cf} < P_{cs}$ 两种情况下投资价值与碳价之间的关系。图 9-5 表明，在给予 CCS 项目较高的电价补贴情况下，CCS 项目能够获得较高的发电收入，使得 CCS 项目价值始终高于风电项目，并促使发电商在较低的碳价时，实施 CCS 项目投资计划。与此相反，在同样电价补贴或者补贴相差不大时，风电相对较低的成本使得低碳价情况下（小于 P_0），风电项目价值高于 CCS 项目，风电成为最优选择，而较高碳价时，由于 CCS 项目具有较高的利用小时数，CCS 项目能够获得更多的减排收入，其价值将超过风电项目，从而成为最优选择。

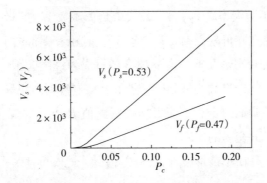

图 9-5　$P_{cs} \leqslant P_{cf}$ 时项目投资价值与碳价之间的关系

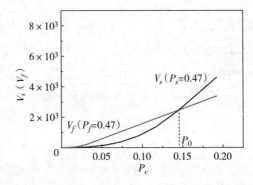

图 9-6　$P_{cf} < P_{cs}$ 时项目投资价值与碳价之间的关系

　　图 9-7 反映了电价与投资阈值之间的关系。由图 9-7 可见，随着投资阈值的上升，电价补贴呈现明显的下降趋势，当投资阈值为 0.04 元/kg（40 元/吨）时，风电电价约为 0.44 元/kWh，低于我国 2016 年和 2018 年两次下调后的最低风电上网标杆电价，而 CCS 项目电价则约为 0.52 元/kWh，这说明碳排放交易制度有助于风电项目的发展，CCS 项目则仍然需要较高的电价补贴，特别是当前碳封存技术虽然可行但还缺乏对碳封存机理的认识，封存成本较高，封存技术不成熟，在此情况下，CCS 技术发展关键在于政策的支持。

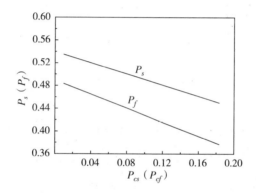

图 9-7　电价与投资阈值之间的关系

　　图 9-8 反映了碳价的不确定性对投资阈值的影响。在同样电价补贴情况下，CCS 项目受到的影响较大，这主要是 CCS 项目成本较高所导致的，由图 9-8 可见，当电价上升到 0.53 时，CCS 项目高成本的风险明显下降，

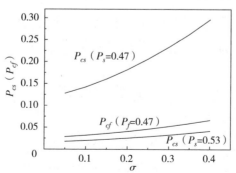

图 9-8　项目投资阈值与碳价不确定性之间的关系

碳价不确定性产生的影响程度也显著降低。

目前，我国正在进行碳排放交易试点，碳价极不稳定，高的超过 100 元每吨，低的低于 10 元每吨，但各个交易所的平均成交价为 25 ~ 55 元/吨，在当前风电上网标杆电价水平下，处于此均价左右的碳价是有利于我国风电投资和发展的。

9.3.1.3　碳税与碳排放交易并行情景下风电和 CCS 技术的选择与投资策略

在碳税和碳排放交易政策并行情况下，风电项目仅受到碳交易政策的影响，而 CCS 项目则受到两者的双重影响，尤其是捕捉率较低的 CCS 项目，将承担更多的碳税支出，投资风险进一步加剧，投资价值下降，而投资阈值将因此上升。

因此，碳税与碳排放交易政策并行情景下，风电投资策略（主要是指投资阈值的确定）虽然与单一碳排放交易情景下情况一样，但其成为最优发电技术的可能性将明显增强，而 CCS 项目成为最优选择的可能性因碳税的实行有所下降。这部分内容在下面一部分中，将结合其他两种碳政策内容进行进一步对比分析。

9.3.2　不同碳减排政策工具对风电和 CCS 技术选择与投资策略的影响比较

碳税、碳排放交易制度及其两者组合的政策，对碳减排的驱动作用是不同的。碳税使得企业为其碳排放产生的负外部性支付成本，迫使企业采取减排措施，减少排放，而碳排放交易则是一种利益诱导机制，吸引企业采取减排技术而获得减排收益，碳税和碳排放交易并行政策则是两种兼而有之。

就风电项目而言，碳税并不对其产生直接影响，在此情景下，风电技术的选择策略是要么立即投资，要么放弃，而碳排放交易或两者并行情景下，选择风电不仅可以获得发电收入，也可以获得减排收入，但由于碳价不确定性，减排收入具有一定的风险，因而选择并等待投资而不是放弃，成为风电技术的选择策略。

图 9-9 反映了三种政策情景下电价补贴对风电和 CCS 项目投资阈值的影响。由图 9-9 可见，风电投资阈值明显低于 CCS 项目，这与图 9-7 相一致。当电价大于 0.49 元/kWh 时，风电投资阈值已等于 0，表明发电商将会立即投资风电项目，碳价高低无关紧要，因为发电收入已足够弥补投资成本。进一步研究发现，在电价大于 0.49 元/kWh 时，即使不计减排收入，风电项目的净现值已大于 0，这说明当电价大于 0.49 元/kWh 时，即使不推出碳排放交易制度而仅实行碳税政策，风电项目也能够得以发展，我国风电产业快速发展的现状，在一定程度上证实了这一特点（我国当前风电上网标杆电价基本高于这个价格）。

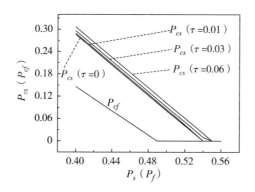

图 9-9　投资阈值与电价之间的关系

从图 9-9 中不难看出，图中水平线部分（碳价为 0）代表单一碳税情景，斜线部分则代表碳排放交易或碳税与碳排放交易并行情景，由于碳税对风电不产生直接影响，故这两种情景下风电投资阈值曲线是一样的，只有一条。如果要实行碳排放交易或碳税与碳排放交易并行政策，则可以进一步下调电价补贴，由图 9-9 可见，当碳价约为 0.05 元/kg（50 元/吨）时，促使发电商立即投资风电技术的电价约为 0.45 元/kWh，表明碳排放市场的建立将可能为我国风电价格下调提供更大的空间，也可以减轻政府财政负担。

另外，从图 9-9 中也可以看出，不同碳税税率情况下 CCS 项目立即投资所要满足的电价补贴，其中税率为 0 的斜线代表单一碳排放交易情景，其他三条为碳税与碳排放交易并行情景。由图 9-9 可见，当税率由 0 上升到 0.06 元/kg 时，为保持投资阈值不变，电价仅约上升 0.01 元/kWh，同时也发现，税率的变动对 CCS 项目投资阈值的影响不是太大，其原因就是 CCS 项目碳排放较低。图 9 - 10 比较了 CCS 项目和不带 CCS 装置的常规煤电项目（设其投资成本为 6000 元/kWh，运维成本为 0.28 元/kWh，其他参数与前面一样），在不同碳税税率下所要满足的最低电价，由图 9 - 10 可见，不带 CCS 装置的煤电项目直线斜率要大于 CCS 项目，当税率从 0.01 元/kg 上升到 0.06 元/kg 时，CCS 项目电价仅上调不到 0.01 元/kWh，而常规煤电电价则需上调 0.05 元/kWh 才能弥补增加的碳税支出，表明该项目对碳税的敏感性高于 CCS 项目，这进一步说明碳税政策对排放量较高的发电技术影响较大。

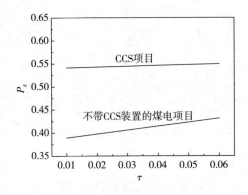

图 9 - 10　CCS 项目电价与碳税之间的关系

图 9 - 11 和图 9 - 12 分别反映了碳价和碳价不确定性对投资价值与投资阈值的影响，与图 9 - 5 或图 9 - 6 和图 9 - 8 不一样的是图 9 - 11 和图 9 - 12 进一步考虑了碳税的影响。图 9 - 11 显示在单一碳排放交易情况下（即 $\tau = 0$ 情景），P_s 为 0.53 元/kWh 和 P_f 为 0.47 元/kWh 时，CCS 项目始终是最优选择，这与图 9 - 5 是一致的，当 P_s 下调为 0.52 元/kWh（τ 仍然为 0）时，CCS 项目依然是最优选择，但在碳排放交易与碳税并行情景下，对于 $P_s = 0.53$ 元/kWh 情况，碳税高达 0.12 元/kg（120 元/吨）左右时，风电项目才成为最优选择（碳价需要小于 P_0），而对于 $P_s = 0.52$ 元/kWh 情况，碳税约为 0.05 元/kg（50 元/吨），风电项目就已成为最优选择（碳

价也需小于 P_0)，可见碳排放交易与碳税并行情景下，要发挥碳税的调节作用，又不至于给企业增加太多负担，需要降低电价补贴。

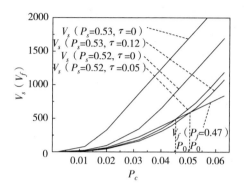

图 9 - 11　碳价及碳税对项目投资价值的影响

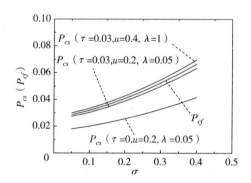

图 9 - 12　碳价不确定性及碳税对项目投资阈值的影响

在单一碳税情景下，P_s 为 0.53 元/kWh 和 P_f 为 0.47 元/kWh 时，从图 9 - 10 可知 CCS 项目和风电项目投资价值均小于 0，因而由图 9 - 11 可得出结论，碳排放交易或碳税与碳排放交易并行政策要优于单一碳税政策，主要原因就是基于市场的碳排放交易的利益诱导机制作用较强，而碳税是企业对其二氧化碳排放所造成的外部性影响的成本补偿，这种成本难以计量，与环境保护相比，在经济发展优先的情况下，碳税税率往往较低，从而减弱了碳税对清洁发电技术的驱动作用。

图 9 - 12 表示 P_s 为 0.53 元/kWh 和 P_f 为 0.47 元/kWh 时，碳价不确定

性和碳税对项目投资阈值的影响。碳税为 0 时，CCS 项目因电价补贴较高，其投资阈值低于风电项目，碳税为 0.03 元/kg 时，CCS 项目投资阈值明显上升，如果碳税未来上调的幅度和可能性均增加时，CCS 项目投资阈值已超过风电项目。可见，与碳排放交易制度相比，碳税与碳排放交易并行政策既能促进可再生能源的发展，也能进一步减少化石能源的使用。

所以在碳排放交易制度下，同时推行碳税政策，不仅有利于碳减排，也有利于我国电源结构的合理调节。

9.4　主要结论与启示

随着环境保护意识的增强，多种碳减排政策工具相继施行，以应对气候变暖这一全世界共同面临的难题。本章从发电商投资角度出发，分析了碳税、碳排放交易及碳税与碳排放交易并行三种碳减排政策，对风电和 CCS 技术的选择与发展的影响。

研究表明：碳税政策对风电不产生直接影响，碳排放交易制度则有利于风电的发展；碳税政策对 CCS 技术有一定程度的负面影响，尤其对减排效率较低的 CCS 技术的影响较大，而碳交易排放制度则对 CCS 技术的发展产生促进作用，碳税与碳排放交易并行政策情景下，这种促进作用因为碳税的存在有所减弱；碳排放交易制度有助于降低政府对清洁发电技术的补贴，降低财政负担，碳税对于我国电源结构的调整具有促进作用，但碳市场和碳税的不确定性均不利于风电技术和 CCS 技术的发展。

因此，结合我国国情，提出如下政策建议：（1）我国目前不宜实行单一碳税政策，可先执行碳排放交易制度，再择机推出碳税政策，实行碳税与碳排放交易并行政策。先期实行碳排放交易制度，有利于促进清洁发电技术的发展，有助于缓解我国碳排放增长较快的局面。（2）实行碳税政策的初期，税率应维持在一个合适水平，既不宜过高，也不宜过低，这既可以减轻企业负担，也为企业发展减排技术留有一定的发展空间。（3）碳排放市场建设过程中，应加强市场监管，避免碳价的剧烈波动。（4）逐步降低对清洁发电技术的补贴，这有利于增强碳税对我国电源结构的调节。

第 10 章 环境侵权因果关系证明责任分配规则的法经济学分析

10.1 问题的提出

近年来，环境污染与生态破坏问题日益突出，根据 2010—2016 年《中国环境状况公报》可发现环境问题依然严峻，2016 年全国 338 个城市共发生重度污染 2464 天次、严重污染 784 天次，其中有 254 个城市环境空气质量超标，占 75.1%，出现酸雨的城市比例占 38.8%；在各大流域中，主要污染指标为化学需氧量、总磷和五日生化需氧量，断面超标率分别为 17.6%、15.1% 和 14.2%。严重的环境污染导致环境民事侵权案件数量显著上升，据不完全统计，由 1995—2005 年的 8 件上升到 2005—2017 年的 1515 件[①]。本章在北大法意案例数据库中以环境侵权为搜索关键词，2005—2017 年为判决时间[②]，判决书为文书类型，共收集水污染、大气污染的环境侵权判决书 186 份，虽然争议焦点主要分布在因果关系认定、侵权责任者与行为的确定、损害范围的确定以及环境损害赔偿范围与数额的确定（一个案件有一个或多个争议焦点），但是以因果关系认定作为争议焦点的有 120 件，占了 64.5%，排列第一（见表 10 - 1）。

---

① 数据来源：北大法意案例数据库。
② 由于 2005 年前有关环境侵权的案件寥寥无几，讨论该时期的数据意义不大，所以本章采用 2005—2017 年的数据。

表 10 - 1　　　　　　　　环境侵权案件判决书的争议焦点

争议焦点	案件数	比重	排序
因果关系认定	120	64.5%	1
侵权责任者与行为的确定	68	36.6%	2
损害赔偿范围与数额的确定	68	36.6%	2
损害范围的确定	5	2.7%	3

数据来源：北大法意案例数据库。

目前我国环境侵权举证责任分配的立法中，《侵权责任法》《水污染防治法》《最高人民法院关于民事诉讼证据的若干规定》等都有类似规定："因污染环境发生纠纷，污染者应当就法律规定的不承担责任或者减轻责任的情形及其行为与损害之间不存在因果关系承担证明责任。"从文义和立法目的出发，因为法律或司法解释没有特别规定被侵权人需承担侵权行为与损害后果间因果关系的初步举证责任，因此该条规定实际是举证责任倒置，即被侵权人无须承担任何因果关系的证明责任（包括初步证明责任）。然而，在司法实践中，吕忠梅等通过对千份裁判文书的整理，发现法院依赖科学证据认定因果关系的占75%，运用举证责任倒置规则的仅占49.6%。本章在分析120份判决书的基础上，也发现实践中存在要求被侵权人承担全部或部分因果关系证明责任以及判决依赖鉴定结论等情形。因此，法院判决并未完全按照立法规定来认定因果关系，换言之，司法与立法存在抵牾。

同时，学界对于环境侵权因果关系的初步责任究竟应由谁承担存在争议，有学者认为，因果关系的初步证明责任应该由侵权人承担（即举证责任倒置规则），这样可以更大限度地降低被侵权人的证明负担，更有利于实现保护被侵权人这一公平正义理念。但也有学者认为举证责任倒置规则存在缺陷，随着社会的不断发展，社会关系越来越复杂，导致环境侵权案件具有复杂性、间接性及多样性，如果选择单一的证明责任则不能很好地解决因果关系证明问题。举证责任倒置规则的适用未区分具体案件，将全部因果关系证明责任由被侵权人转移给侵权人，相当于从一个极端转向另一个极端，反而不利于公平正义价值的实现。因此，应该适用因果关系推定，即被侵权人应该承担初步的因果关系证明责任。上述研究均将公平正义理念作为论证依据，却得出完全相反的结论。究其原因是因为正义往往有着一张普洛透斯似的脸，且时常牵涉伦理、哲学的评价标准，以此获得的结论往往主观色彩较强，因此容易陷入"公说公有理，婆说婆有理"的尴尬局面。法经济学则引入了效率的概念，运用成本收益进行分析，为法律制度的分析提供了客观标准。

综上所述，立法与司法解释均未明确环境侵权因果关系举证责任分配规则，且学界争议颇大，因此环境侵权中因果关系要件应由谁证明的问题未得到解决。本章试图从司法实践的视角出发，对实践中存在的问题进行法经济学分析，从而提供解决上述问题的依据。接下来的安排如下：第二部分探讨实践中关于因果关系认定存在的具体疑难问题，即环境侵权因果关系举证责任分配的司法案例分析；第三部分针对立法未能解决的实践中的问题，进行法经济学分析；第四部分为文章的结论与不足。

10.2　环境侵权因果关系举证责任分配规则的司法案例分析

10.2.1　判决来源与梳理

为了探究司法实践中环境侵权因果关系举证责任分配规则存在的问题，本章根据北大法意 2005—2017 年的 186 份环境侵权案件判决书，且在对判决书逐一解析的基础上，选取了 120 份以因果关系为争议焦点的判决书。[①]

在对判决文书进行整理分析时，我们关注的不是文书的措辞，而是法院本质上将举证责任分配给哪一方。在判决书中，首先，要求被侵权人承担全部的因果关系证明责任的措辞包括："原告应举证证明被告有污染环境的行为、环境污染致人损害的事实""原告证明环境污染引起某种损害结果"[②]，由于有的法院将"损害后果"解释为因侵权行为导致的损失，并

---

① 关于争议焦点的整理：判决书中明确总结了争议焦点的则按判决书认定的整理，判决书中未总结争议焦点的则根据法院做出最终判决的理由进行概括与提炼。

② 浙江省温岭市人民法院（2015）台温民初字第 10 号民事判决。

要求被侵权人举出确凿的证据证明损害事实的存在，实质上就是要求被侵权人证明存在因果关系；要求"原告证明环境污染引起某种损害结果"则蕴含了"有 A 必有 B"的逻辑关系，这符合必然因果关系的条件，而要求被侵权人达到必然因果关系的证明标准即意味着其承担全部的因果关系证明责任。其次，要求被侵权人承担部分因果关系证明责任的措辞有"举证责任的倒置并不能免除原告初步的、有一定盖然性（鱼死于被告排污的可能性）的举证责任"[①]，这意味着被侵权人需要先证明侵权行为与损害后果有盖然性，即被侵权人承担部分因果关系证明责任后，再由侵权人承担因果关系不存在的证明责任。再次，要求侵权人承担全部因果关系证明责任的措辞包括"被侵权人无须就因果关系作出任何证明""由侵权人就法律规定的免责事由及其行为与损害结果之间不存在因果关系承担举证责任"。最后，根据鉴定结论判案的措辞有"环境保护监测站测试鉴定：某种损害结果与某种侵权行为间存在因果关系"，而判决侵权人承担赔偿责任；可见，法官未考虑举证责任分配的问题，而是直接依据鉴定结论进行判决。

通过上述解析案件方式，我们发现除了立法中规定的侵权人承担全部证明责任外，司法实践中还存在被侵权人承担全部因果关系证明责任、被侵权人承担部分证明责任以及无责任分配（即直接根据鉴定结论或自认）的情形，四种情形分别有 91 个、17 个、2 个、10 个，分别占总数的75.8%、14.2%、1.7%、8.3%。

表 10 - 2　　法院关于环境侵权因果关系要件的举证责任分配情况及判决结果

举证责任分配 　　　　　　判决结果	汇总
被侵权人承担全部证明责任	17
被侵权人承担部分证明责任	2
侵权人承担全部证明责任	91
无责任分配（直接根据科学证据或自认）	10
汇总	120

数据来源：根据北大法意案例数据库整理。

---

① 湖南省岳阳县人民法院（2013）岳民初字第 588 号民事判决。

10.2.2　典型案例分析

以下将对每一分配责任形式下的典型司法案例进行具体分析，以期发现司法实践中因果关系责任分配的认定困境。

（1）被侵权人承担全部因果关系证明责任。即因果关系的证明责任全部由被侵权人承担，但侵权人可以提出因果关系不存在的反证。该类情形的 17 份判决书中，选择影响力最大（被告人数最多、标的额最大、审理次数最多）的案件，即邵××与温岭市某鞋底厂大气污染责任纠纷案①，原告（被侵权人）居住房屋与被告（侵权人）厂房相距 30 余米，2014 年 7 月 9 日原告被诊断为肺炎，其认为是被告排放的废气所致，遂诉请被告承担环境污染赔偿责任。法院认为"原被告之间有河流阻隔，被告厂房坐落于原告房屋的东北方向，被告也非直接对向原告房屋排放废气，被告排放的废气在到达原告房屋的过程中受客观环境影响较大，另，原告所患××因包括细菌、病毒、真菌、理化因素等多种因素，因此根据原告提供的现有证据，包括病历、检查报告等，均未能显示其肺炎由大气污染引起，故原告应承担相应的举证不能的后果"。如上文所述，法院要求原告（被侵权人）证明其肺炎由大气污染引起，这符合必然因果关系的要求；原告所患疾病受多种因素影响，致害原理相对复杂，所以原告难以说明致害原理，只能承担败诉的后果。

（2）被侵权人承担部分的因果关系证明责任。换言之，在被侵权人完成一定程度的证明责任后，有关因果关系的证明责任将转移给侵权人，再由侵权人举证证明不存在因果关系。其中，要求达到"盖然性"标准与"优势证据"标准的各只有 1 件。首先是要求"盖然性"标准，在陈××与岳阳市某殡仪有限公司、湖南省岳阳市某矿业有限公司、陈××水污染责任纠纷案②中，原告（被侵权人）认为被告（侵权人）排放的污水导致其水库中鱼大量死亡，所以提起诉讼，法院认为"举证责任的倒置并不能

---

①　浙江省温岭市人民法院（2015）台温民初字第 10 号民事判决。
②　湖南省岳阳县人民法院（2013）岳民初字第 588 号民事判决。

免除原告初步的、有一定盖然性（鱼死于被告排污的可能性）的举证责任"。所谓"盖然性"标准，主要内容为：因果关系的举证责任在形式上仍由原告受害人承担；被告若不能证明因果关系之不存在则视为因果关系存在，以此实现举证责任的转换；只要求原告在相当程度上举证，不要求全部技术过程的举证。所谓相当程度的举证，即盖然性举证，在侵权行为与损害之间，只要证明"如无该行为，就不致发生此结果"的某种程度的盖然性，即可推定因果关系的存在。本案中，原告提供鉴定结论证明被告排放的废水硝酸盐超标是造成死鱼的原因，但由于采集水样及送检过程不符合规定，作出结论的机构没有相关资质，以及比照数据出现严重错误等原因，本院未采信，并判决原告败诉。本案中涉及"盖然性"标准问题，盖然性说的主要内容为：因果关系的举证责任在形式上仍由原告受害人承担；被告若不能证明因果关系之不存在则视为因果关系存在，以此实现举证责任的转换；只要求原告在相当程度上举证，不要求全部技术过程的举证。所谓相当程度的举证，即盖然性举证，在侵权行为与损害之间，只要证明"如无该行为，就不致发生此结果"的某种程度的盖然性，即可推定因果关系的存在。其次是要求"优势证据"标准，在郑××与潍坊某化学股份有限公司的诉讼案件①中，2011年原告发现果树死亡现象，认为由于被告地下污水管道破裂后污水外溢致井水受污染，而原告在使用该井水大面积灌溉后致果树死亡。经环境监测站的监测报告及潍坊市果树站就果树死亡原因出具的证明意见，法院认为可以形成"优势证据"证明上述事实。然而，法院对于何为"优势证据"以及如何认定为达到"优势证据"均未给予说明，所以法院的判决理由不够充分。

（3）侵权人承担全部证明责任。即因果关系的证明责任全部由侵权人承担，被侵权人无须承担任何证明责任，也即举证责任倒置。91个举证责任倒置的案件中，依据传统必然因果关系理论判决的情形有78个，选取其中影响力最大的案例，浙江省某养殖场诉五家企业污染侵权案②，原告为

---

① 山东省潍坊市中级人民法院（2014）潍民一终字第55号民事判决。
② 中华人民共和国最高人民法院（2006）民二提字第5号民事判决书。

获得胜诉，主动提供了环保部门出示的质检监测报告和 20 个人证，用于证明被告工厂排污行为及原告养殖水域遭受污染情况；法院认为被告应该证明不存在因果关系，被告只提供了原告养殖场所在水域还有 2 名养殖户未受到污染的证据，由此，法官根据被告提供的证据认定因果关系不存在，判定原告败诉。依据必然因果关系理论，必然因果关系包括充分原因、必要原因和充分必要原因，可以分别定义为 "有 A 必有 B" "无 A 必无 B"。本案中，被告提供的证据中蕴含的逻辑为 "有 A 亦无 B"，说明被告的污染行为不是原告受到损害的充分原因。可见，若依据必然因果关系理论，被告极易举出反证证明不存在因果关系，只需满足 "有 A 时亦无 B" 或 "无 A 时亦有 B" 的逻辑即可。

（4）无举证责任分配。即法官直接依据法院收集取得的鉴定结论等科学证据或当事人的自认进行判定因果关系存在与否。通过整理分析 95 份将鉴定结论作为定案依据的判决书，可以发现司法中存在多次鉴定（且争辩主要集中在鉴定结论是否有效）、鉴定结论作为证据的采信度等问题。其一是多次鉴定的问题，以收集到的水污染案件为例，作出因果关系鉴定的鉴定机构包括司法鉴定中心、环境保护监测站、渔业环境监测站、渔政管理站、水务局、环保局、价格认证中心等。如陈××与绵竹某生物化工有限责任公司水污染责任纠纷案[①]中，天元派出所、区刑警大队、区水产渔政站经调查，初步判断导致鱼死亡的直接原因系被告的水体污染所致；德阳市旌阳区环境保护局、水务局、渔政管理站分别作出监测报告，判断导致突发死鱼事件的发生并非鱼病，应是水体污染造成。本案中多个鉴定机构对水污染侵权因果关系进行了认定，且监测报告均为被侵权人提出，鉴定结论是一致的。当然，也存在鉴定结论不一致的情形。如曲××与莱州某盐业有限责任公司水污染责任纠纷案[②]中，法院认为，原告、被告分别提供的莱州市环境监测站对原告养殖用水进行监测所出具的监测报告，双方均有异议，且互相矛盾，所以法院不予采纳。由此，法院委托山东海事

[①]　德阳市旌阳区人民法院（2014）旌民初字第 1998 号民事判决。
[②]　山东省烟台市中级人民法院（2014）烟民四终字第 734 号民事判决。

司法鉴定中心进行司法鉴定，结论为溴库是对养殖场水井水质造成影响的重要因素。被告对该结论提出内容及程序上的异议，鉴定人员解答后未提反驳证据，因此法院采纳该司法鉴定意见。其二是鉴定结论作为证据的采信度问题，法院采纳鉴定结论的依据包括鉴定机构是否具有资质、鉴定程序是否合法，首先，鉴定机构必须具有相关鉴定资质才能使法院采纳该机构出具的鉴定结论，如陈××与岳阳市某殡仪有限公司、湖南省岳阳市某矿业有限公司、陈××水污染责任纠纷案①中，原告（被侵权人）认为被告（侵权人）排放的污水导致其水库中鱼大量死亡，所以提起诉讼，法院认为"原告证明被告公司排放的废水硝酸盐超标是造成死鱼原因的证据，因采集水样及送检过程不符合规定，作出结论的机构没有相关资质，以及比照数据出现严重错误等不予采信"。其次，鉴定程序违法也是法院拒绝采纳鉴定结论的原因。司法实践中，原告往往有权单方出具鉴定材料，但被告多无此项权限，若单方委托则意味着程序违法。在 3 份侵权人提出鉴定结论的判决书中选取影响力最大的案例，即雷×、曾××、何××与常德市某芦苇场、聂××、孙×、李××水污染纠纷案②，原告认为被告造成其鱼塘龙虾死亡，被告常德市某芦苇场单方委托湖南农业大学水产研究所对龙虾死亡原因进行检验鉴定，但法院认为"其单方委托鉴定的程序违法，其鉴定结论不能作为定案的依据采信"，从而推定存在因果关系。

　　根据上述分析可发现，司法实践中环境侵权因果关系证明责任的认定中存在着以下三个问题：

　　第一，司法实践中并未完全依照立法规定予以执行，出现了除举证责任倒置以外的要求被侵权人承担全部或部分证明责任以及无责任分配的情形。这是因为环境侵权具有复杂性、多样性等特征，仅仅依靠举证责任倒置规则不能解决环境侵权因果关系的认定问题。有学者认为我国规定的举证责任倒置类似于间接反证法，其适用逻辑为被侵权人只需证明污染行为和自己人身或财产损害即可推定侵权行为与损害结果之间存在因果关系。

---

① 湖南省岳阳县人民法院（2013）岳民初字第 588 号民事判决。
② 鼎城区人民法院（2008）常鼎民初字第 627 号民事判决。

但是，该推定过程存在缺陷，一个完整的推定包括基础事实、推定事实以及两者间的常态关系，常态关系是推定的逻辑基础。可见，间接反证法中的"推定"不完整，不具有普遍适用性。例如，在日本新潟水俣病公害案中，水俣病的成因已由卫生部认定为被告排放的甲基汞化合物，原告若能证明排污行为和自身患有水俣病，就可以推定存在因果关系；而在四日市哮喘病案中，不能确定被告排放的硫氧化物是否会引起哮喘，此时若仅依据排污行为和患病结果则推定因果关系存在，无疑是缺乏逻辑基础的。因此，举证责任倒置本身存在着逻辑缺陷，于是探讨合适的证明责任分配规则显得尤为重要。

第二，司法实践中依赖于现有因果关系理论作为分配责任的依据，缺乏可信服力。①传统的必然因果关系不适用环境侵权领域。传统民法理论将民事侵权责任中的因果关系认定为一种必然因果关系，即任何人只对自己行为所造成的损害后果负责。若将举证责任分配给原告，因为环境侵权具有间接性、复杂性、多元参与性和缓慢性，使得侵害的形式十分复杂；而且判断环境侵权需要一定的技术性，原告一般难以说明致害原理，所以其证明污染行为与某种损害后果存在必然因果关系的难度极大。若将举证责任分配给被告，由于被告往往很容易提出证据否定必然因果关系的存在，例如"同种情况下存在未受到污染的情形"或"可能存在其他原因导致损害发生的情形"等，所以会导致举证责任倒置规则被滥用。可见，依据传统的必然因果关系理论，无论将举证责任分配给原告还是被告，都无法很好地保障被侵权人的利益。②"盖然性说"有悖逻辑。就事实推定而言，之所以能从 A 事实的存在推定出 B 事实也存在，是因为 A 与 B 之间的常态联系，而这种常态联系的实质就是 A 与 B 之间的因果关系。所以，要用事实推定来得出基于推定的基础事实（因果关系），是违反逻辑的。③"优势证据说"同样缺乏科学性。在司法实践中，"优势证据"的判断标准不明确，比如"优势"究竟指一方当事人的证据证明力优于对方，还是指存在因果关系的可能性大于不存在因果关系的可能性，以及"优势"（50% 的盖然性）如何确定等问题均未具体规定，使得证据的判断依赖法官的"心证"，即法官被赋予了较大的自由裁量权，判断的随意性难以避免。

　　第三，因果关系认定过度依赖鉴定结论等科学证据的做法存在缺陷。如上所述，实践中出现一个案件存在多次鉴定且争辩主要集中在鉴定结论是否有效，及被告单方提出鉴定结论导致程序违法的现象。之所以出现重复鉴定、多次鉴定以及鉴定结论存在矛盾的情形，主要是因为目前我国真正具有环境科学鉴定条件和能力的机构相当少，鉴定机构作出的结论未必科学。而且，在当时科技水平下，环境污染导致的损害后果和真正原因未必能被认识到，但案件却需要及时作出判决，所以环境诉讼应该具有前瞻性和探索性，环境司法也应该发挥公共政策的功能。如果法官忽视对其他证据的认定，只依靠鉴定结论等科学证据，很可能导致事实认定存在偏差。由于当出现上述问题时，法院并未对采纳鉴定结论的依据作出具体认定与解释，对因果关系的认定缺乏理由，而且关于鉴定结论程序的相关规定是缺乏的，所以过分依赖鉴定结论不合理。

10.3　证明责任分配的法经济学分析

　　针对上述第一个问题，由于司法实践中出现了多种证明责任分配方式，没有统一的适用标准，所以目前需要解决证明责任如何分配的问题；针对第二个问题，由于因果关系理论中包括由谁承担证明责任的问题，而现有因果关系理论存在缺陷，所以证明责任具体应该如何分配值得探讨；针对第三个问题，由于缺少符合条件的鉴定机构等原因，法院试图通过依赖鉴定结论以避免责任分配难题的目标未能实现，所以解决该问题的关键仍是解决证明责任的分配问题。因此，本章试图从法经济学的视角，运用外部性理论、边际效用理论、成本收益分析法来探讨因果关系证明责任分配的具体问题。

　　首先，法经济学中的外部性理论为环境侵权因果关系的证明责任分配提供了理论前提。外部性理论，分为正外部性和负外部性，是人们活动过程中由于必然或者间接的各种联系而没有征得其他人同意而自行强加给他们的。强加给他人的外部性若使他人受益则为正外部性，若使他人受损则为负外部性，而且致使他人损害需要赔偿被侵权人。正是因为负外部性，即侵权人本应承担的成本却强加给了被侵权人，侵权人应当承担赔偿责任。所以举证责任倒置和因果关系推定才都将证明责任更多地分配给了侵权人。

其次，针对证明责任如何具体分配的问题，本章从"往前看"和"往后看"两个视角，分别运用边际效用理论、成本收益分析法进行分析。"往前看"，即在损害发生前对未来进行预测；"往后看"，即在损害发生后对其进行评价。具体分析如下：

第一，在损害发生前，根据边际效用理论可以得出：证明责任应分配给预期错判损失较小的一方，以降低错判的发生概率。该点在桑本谦提出的海瑞定理ⅡD中也得到了印证："在其他因素无法比较的条件下，疑案的判决应有利于预期错判损失较大的一方当事人。"当案件事实处于真伪不明时，不论将证明责任界定给哪一方，法院的裁判可能有违事实真相，从而产生错判。一个案件审理结果产生的预期损失应该与案件的标的额相关，从客观数值上衡量，不同倾向的错判给出双方当事人造成的预期损失是等值的。比如环境侵权案件中，被侵权人应得到赔偿而未得到的损失与侵权人不应失去而失去的损失在数值上无差别。但根据经济学中的边际效用理论，同样的标的却对拥有不同资产的人会产生不同的损失。如果当事人对争议标的额的需求程度不同，等值的资产对于不同当事人的满足程度就会有差异。比如对于富翁来说，1000 元的额外收益给他带来的边际效用几乎为零；而对于一个农民工而言，其边际效用会相当大，那么如果将这1000 元判给农民工，无论对个人或是社会，从效用的角度来看，都是最有效率的财富配置。在环境侵权案件中，被侵权人多为公民，而侵权人多为公司。根据案例统计，120 件涉及因果关系的环境侵权案件中，原告是被侵权人为公民，被告是侵权人为公司的有 102 件，占了 85%。众所周知，公民的财力一般不敌公司，错误地剥夺财力强大的公司的利益与错误地剥夺公民的利益相比，前者造成的损失更小，产生的效用更大。诚如美国学者迈克尔·D. 贝勒斯所言：有充分理由认为某一类错误优于另一类错误。基于此，由于错判导致侵权人的预期损失比被侵权人的预期损失小，所以应该将证明责任更多地分配给侵权人。然而，关于如何分配因果关系初步证明责任，边际效用理论未能提供详细的解释，而成本收益法则提供了理论依据。

第二，在损害发生后，根据成本收益法分析得出：证明责任应分配给证明成本较低的一方，以便兼顾公平与效率。桑本谦也得出相同结论，即海瑞定理ⅡF："在其他因素无法比较的条件下，疑案的判决应当有利于证明成本较高的一方当事人。"尽管公平是法律追求的首要价值，但是诉讼程序价值体系不仅包含公正价值，还包含效率价值。所谓迟来的正义为非正义，公正应当是讲究效益的公正。所以法经济学的目的是用最少的成本获得最大的收益，法经济学的原理是科斯定理，即当交易成本为零时，只要交易自由，不论如何选择法规、配置资源，总会产生高效率的结果。而现实中交易成本不可能为零，能使交易成本影响最小化的法律则是最适当的法律。基于经济学的理性人假设，为了追求社会利益最大化，立法者会在综合考虑被侵权人与侵权人各自证明成本的基础上，选择在成本最低点时分配证明责任。桑本谦教授恰好阐释了举证责任分配与证明成本的关系："谁主张，谁举证"的原则与证明成本的考量有关，"主张者"通常都是"肯定者"，而"反驳者"通常都是"否定者"，证明一个否定性主张往往要比证明一个肯定性主张困难得多。"谁主张，谁举证"原则的例外情形被称作"举证责任倒置"，举证责任之所以需要倒置，是因为在特殊情况下，"否定者"的证明成本会明显低于"主张者"的证明成本。那么如何衡量证明成本呢？证明责任分配时应该考虑的几个因素：时间、提供证据与事实发生的时间、搜集证据的时间、当事人的举证能力、经济能力、行为能力、与证据的距离及外界因素。其中，衡量当事人证明成本高低的最主要标准是与证据的距离之间的远近，包括时间上、空间上和专业等无形的距离，并且证据距离与证明成本成正比，证明距离大则证明成本高，证明距离近则证明成本低。另外，经济能力也是一个衡量证明成本的标准，经济能力强的一方意味着拥有更多的社会资本，获取证据的途径和方法更广泛，证明成本也就相对更低；相反，经济能力弱的证明成本相对更高。

基于此，关于因果关系证明中的初步证明责任，由于环境侵权的损害后果发生在被侵权人的"危险领域内"，可见导致损害事实的证据材料在空间上距离被侵权人更近，被侵权人的证明成本较低。虽然被侵权人经济能力弱，可能造成较高的证明成本，但是提出证据的责任只需简单地将证据呈现，经济能力对证明成本的影响不大。所以，应当由被侵权人承担初步证明责任，证明基础事实的存在。当被侵权人完成初步证明责任后，由于侵权人对于造成损害的原因比被侵权人在理论和专业上的距离都更近，侵权人通常也更了解污染致害的原理及过程，所以应由侵权人承担证明不存在因果关系的证明责任。此时若将证明责任仍分配给被侵权人，则会加大被侵权人的举证成本，使得原本侵权人应该负担的成本全部转移给了被侵权人，这不符合收益最大化的原则。此外，如上文所述，85%的司法案件中原告（被侵权人）为公民，被告（侵权人）为公司。一般来说，公民的经济能力较弱，公司的经济能力较强。相对而言，公司承担证明责任的证明成本比公民的成本低。因此，将因果关系证明中初步证明责任分配给被侵权人，再由侵权人承担不存在因果关系的证明责任，这样可以实现举证成本最小化与收益最大化。

综上所述，可以得出关于因果关系证明责任分配的结论：将提出证据的责任分配给被侵权人，被侵权人完成该举证责任后即由侵权人承担不存在因果关系的证明责任，这样不仅能降低预期错判损失，还可以以最低的证明成本获得最大的收益。而这恰好符合法律上因果关系推定的规定。理论上因果关系推定分为法律上因果关系推定和事实上因果关系推定，二者的区别在于前者只要被侵权人对基础事实完成举证责任，法官就要无条件适用推定，侵权人要对因果关系不存在承担证明责任；后者则仍然由被侵权人承担因果关系存在的证明责任。

10.4 主要结论与启示

目前，我国立法对于环境侵权因果关系规定了举证责任倒置的规则（侵权人承担因果关系证明责任），而举证责任倒置与因果关系推定的本质区别在于：因果关系推定要求被侵权人需承担初步证明责任，举证责任倒置中被侵权人不需承担任何证明责任。但通过对北大法意120份有关环境侵权因果关系判决书的整理与分析，可以发现实践中出现了要求被侵权人承担全部或部分证明责任的情形，即存在多种举证责任分配方式，另外还存在法院判决依赖现有因果关系理论和鉴定结论等科学证据的问题。然而，立法没有为这些问题提供解决的途径，现有文献也未对公平正义的评价提供客观的标准。

因此，为提供切实可行的评判标准，本章采用了法经济学方法，运用了边际效用理论以及成本收益分析法进行了分析，证实了适用因果关系推定作为环境侵权因果关系举证责任分配规则的原因。分析发现适用"法律上的因果关系推定"能获得最大的社会效益和减少错判带来的损失，具体分配规则为：将提出证据的责任分配给被侵权人，被侵权人完成该举证责任后即由侵权人承担因果关系不存在的证明责任。因此，环境立法可以将"举证责任倒置"的规定转变为"法律上因果关系推定"的规定，以便更好地指导实践，避免上述问题的出现。

但是，本章并未对因果关系推定证明程度进行分析，即被侵权人承担初步责任应达到何种证明标准，这是本章未来研究所要探讨的问题。

第 11 章　异质性视角下低碳创新采纳中调节定向匹配效应研究

11.1　问题的提出

气候变化对全球生态环境和社会经济影响巨大，世界各国成立了气候变化专门委员会来积极应对气候变化合作。2018 年 10 月，在韩国仁川，气候变化专门委员会发布了《IPCC 全球升温 1.5℃ 特别报告》，指出全球气候温度提升 1.5 度会带来许多负面的后果，会增加长短期或不可逆转的气候变化风险，例如，极端天气的增加，北极冰层变薄、生物多样性减少、珊瑚礁将减少、海洋和陆地等生态系统的破坏，这些不良后果会给农业、旅游业以及工业企业社会经济活动带来巨大的影响。在报告中，各位联合主席表明：要在能源、工业、土地、建筑、城市和交通等方面作出改革，加快低碳经济转型，如果限制在 1.5 度将减少对环境生态系统和人力社会福利的破坏，进而实现联合国可持续发展目标。低碳经济不仅可以缓解全球变暖，而且可以实现经济活动的低碳化，实现清洁能源、绿色可持续发展。低碳经济是应对全球暖化问题中提出新能源开发、可再生能源技术，减少碳排放技术的开发，促进形成全社会高能效、低碳排放和低能耗的新概念，其主要的内涵是以减少温室气体排放为目标，通过技术与制度以及引导绿色消费，来减少使用化石能源，走向低排放、低污染的绿色可持续发展道路。

低碳经济主要包括低碳生产和低碳消费两个方面。低碳经济的目的是实现可持续发展，减少温室气体的排放，因此与企业的低碳创新与消费者的低碳消费密切相关。2013 年，根据国际环保组织"全球碳计划"全球碳排放量数据，中国的人均碳排放量已经超越了欧盟，这引起了全球范围内的讨论与关注。2014 年，中国碳排放量高达 97.6 亿吨，而世界二氧化碳排放总量也就近 355 亿吨。大量的温室气体被排放，使得全世界范围内的环境污染越来越严重。对此，中国政府提出的碳约束目标是，2030 年左右二氧化碳排放达到最高，单位国内生产总值二氧化碳排放比 2005 年下降 60% ~65%，非化石能源占一次能源消费比重达到 20% 左右。2016 年 4 月，中国签署了《巴黎协定》，承诺将积极做好国内的温室气体减排工作，加强应对气候变化的国际合作。中国低碳发展已经进入重要转折时期，以煤炭、石油等化石能源为中心的能源结构即将发生重大转变，经济发展也将进入新时期。党的十九大报告中指出要发展新动能，实施创新驱动发展战略，保护生态环境，培育发展新兴低碳产业，重视节能减排工作。低碳经济理念不仅要求生产领域的革新，更要求转变资源消耗型的传统消费模式，低碳创新产品应逐渐成为人们生活中的主要消费品，消费者应当建立可持续性消费模式。

低碳消费是实行可持续发展的消费模式。早在 1994 年，Roy 研究中表明，为了降低气候变化带来的环境影响，企业应该设计低碳绿色创新产品，并促进消费者能够采纳绿色低碳创新，企业通过低碳创新与实践，对提高可持续发展绩效有着重要作用。Lee 和 Min（2015）将碳排放作为环境绩效的代表，绿色研发作为生态创新研发投资的代表，研究结果表明企业的绿色研发投资，可以有效减少碳排放。王建明和王俊豪（2011）指出，低碳消费是消费者选择低污染、低排放、低能耗等的产品。国内外研究者开展了大量的低碳消费行为的影响因素研究，关键影响因素可以归纳为社会心理因素、家庭因素以及情境因素等，提出了人口统计学变量、价值观、社会规范等变量对居民低碳消费行为的影响（Ding, et al., 2018; Li et al., 2019）。也有研究指出，中国消费者在进行伦理消费时，58% 的消费者言行不一致，29% 的消费者对伦理消费保持冷漠，有一大部分消费者抱有愤世嫉俗的态度，并有一部分消费者不愿意做出绿色低碳消费决

策，结果表明消费者态度与行为的缺口（邓新明，2014；Johnstone 和 Tan，
2015）。但是，Higgins（2005）提出当调节匹配时，会产生正确感（Feel-
ing Right），这种正确感会促进道德行为决策与判断，匹配会影响价值判断
和行为决策。Baxter 和 Gram - Hanssen（2016）通过文献综述提出目标信
息框架对电子产品回收的动机和行为决策的影响，提出环境信息框架可以
提升电子垃圾的回收率，促进居民形成低碳节约行为。

消费者是资源节约型社会和环境友好型社会的主体，消费者消费方式
的转变可以引起社会生产方式的转变，创新是驱动低碳经济发展的核心驱
动力，低碳创新是以低碳的形式减少对环境的破坏和资源的浪费，但是低
碳产品创新目前还处在市场推广的初级阶段，对于企业来说，低碳创新能
否被消费者接受，消费者面对市场上的低碳创新的偏好如何，它对企业产
品研发和制定企业发展战略具有重要参考价值。因此，研究消费者的低碳
创新采纳行为有着重要的解决碳排放污染问题，以及实现社会经济企业可
持续发展的现实意义。本章研究问题如下：（1）不同调节定向的个体是否
存在低碳创新采纳决策的差异？（2）信息框架呈现的不同方式是否对低碳
创新采纳行为产生影响差异？（3）调节定向与框架效应两种理论交互匹配
产生的正确感对低碳创新采纳会产生怎样的影响？基于此，本章运用行为
实验方法，基于调节定向动机理论和框架效应理论，对消费者低碳创新采
纳进行剖析，探究调节定向与信息框架匹配时所产生的正确感效应对低碳
创新采纳产生的影响，揭示影响消费者低碳创新采纳行为形成的规律，这
种规律可以为社会和企业以及公众个人提供理论建议，为政策制定者提供
理论依据，并使政府能推出合理政策，促使消费者转变消费理念、行为方
式，构建绿色节约型社会，促进企业、社会和经济的可持续发展。

11.2　研究理论与假设提出

框架效应（Framing）作为一种语言表述形式，又被称为目标信息框架
效应，是指人们在面对决策时，会受到外界言语表述的影响，通过不同的
语言表述形式和传递相同含义的信息，提升说服力实现有效的信息传递，

信息框架被广泛应用于行为决策学等领域，其最早是由 Kahneman 和 Tver-sky（1981）提出来的。该研究以美国人将要应对一场罕见的亚洲疾病，如果疾病暴发会使 600 人死亡为背景，将参与实验的 152 名美国斯坦福大学的学生分为两组。具体实验情境如表 11 - 1 所示，实验结果发现，情境 1 中，参与实验的学生中有 72% 的学生选择了方案 A，28% 的学生选择了方案 B，由此可见，在正面（获得型）的信息陈述下，大多数学生倾向于选择比较保守的规避风险的做法。而在情境 2 中，78% 的学生选择了方案 B，22% 的学生选择了方案 A，从这能看出，相同的信息用不同的方式来表达，便构成了不同的信息框架，如积极/消极信息框架、获得/损失信息框架，不同的表达方式的信息框架会导致行为决策的差异。在负面（损失型）信息陈述方式下，大多数学生倾向于选择比较冒进的追求风险的做法，研究认为，信息框架是"决策者看待特定问题选项、结果和结果可能性的概念"，由此提出了信息框架效应，即决策者在面对获益框架时倾向于风险规避，面对损失框架时倾向风险追求。

表 11 - 1 　　　　　　　　　　　　**实验情境**

情境	方案 A	方案 B
情境 1	能够有 200 人活命	600 人的得救可能性有 1/3 有 2/3 的可能性无法救活全部的 600 人
情境 2	将有 400 人丧生	没有人死亡的可能性是 1/3 600 人全部丧生的可能性是 2/3

Kahneman 和 Tversky（1981）在提出框架效应时研究采用的两种信息框架，即强调死亡的损失框架和强调生存的获得框架，人们更倾向于选择规避风险；而在 Abhyankar 和 Oconnor（2008）对风麻疹、腮腺炎疫苗的预防健康行为研究中，个体更倾向于选择损失框架而主动接种疫苗。在 Ganzach 和 Karsahi（1995）的研究中发现个体消费者在面对"购买产品能获得收益"和"不购买产品将承担损失"这两种不同的信息框架下的反应有很大的差异，与获得信息框架相比，受损失信息框架的影响更大。在 Davis（1995）的研究中表明，尤其是在强调信息接收者的个人直接负面影响的背景下，损失框架比获得框架更具说服力。基于以上分析，不同表达方式

传递相同内容的信息框架受影响个体异质性的不同而呈现出不同的行为决策。

　　Higgins 学者在自我差异理论的基础上，提出了自我调节理论，解释了人们趋向积极结果和规避消极结果的两种不同的调节定向方式——促进定向和防御定向（Higgins，1997）。不同调节定向特质的个体对目标结果的关注也不相同，促进定向个体更关注积极的结果，更强调希望、成就和进步的需求，是由强烈的理想自我所决定的；而防御定向的个体以满足责任和安全需求为前提，会避免错误和失败带来的损失，会更关注安全和责任，对负面后果更加敏感，在履行责任时会更加积极。Higgins（1998）研究发现，由于调节定向个体不同，因此在决策行为发生时也会产生差异。促进定向的个体偏好使用积极乐观的方式来追求结果的成功；而防御定向的个体偏好使用规避策略来防止结果带来的损失。在消费行为决策时，促进定向个体对正面结果的存在会更敏感，并倾向于使用策略来实现自己的目标；而预防定向个体则是努力回避自己不受损失。Herzenstein 等（2007）和 Westjohn 等（2009）的研究也指出，促进定向的消费者对新产品的购买意向比预防定向的消费者强，这是由于防御定向的消费者更担心新产品带来的性能风险，所以会降低自己的决策动机。因此，促进定向个体对低碳创新产品的接受度要高于预防定向的个体，因为预防定向个体会担心低碳创新产品负面结果，担心新产品不会按预期运行；促进调节定向的个体会更加关注低碳创新产品带来的积极效益和技术进步，进而实现理想目标自我。

　　根据文献综述可知，促进定向的个体在追求目标的过程中往往会更关注有没有积极的结果；防御定向的个体在追求目标的过程中为了避免失败而做出的选择更为保守，也更关注做出的决策会不会产生消极结果。然而，很少研究在不同信息框架下个体行为决策差异研究（Higgins，2000）。Lee 和 Aaker（2004）研究发现，在强调饮用果汁可以使身体健康时（强调收益），促进定向的消费者更容易被说服；在强调饮用果汁可以预防患病时（强调损失），防御定向的消费者支付意愿更强。林晖芸和汪玲（2007）提出了调节定向匹配理论，并指出当个体动机与框架效应达成匹配时，个体在目标追求过程中的动机强度、主观评价和情绪体验会增强，从而对个体的行为决策产生重要影响。当不同调节定向的个体在选择决策的过程中采取各自偏好的行为方式趋近目标时，自我调节与行为达成匹配，这时个体会更加肯定自己的选择，产生正确感，并对行为决策产生影响。Higgins 和 Cornwell（2016）的研究指出不同调节定向的个体在决策过程中，促进定向的个体乐观性更强，有着明显的冒险倾向，在风险决策中更加大胆；防御定向的个体往往更倾向于规避风险，采取的决策都以安全稳妥为主，致力于实现损失最小化，强调了调节定向对道德判断以及组织行为决策的影响。基于以上信息框架理论与调节定向理论分析，提出促进型—获得信息框架与促进型—损失信息框架相比，消费者低碳创新采纳行为更强。预防型—损失信息框架与预防型—获得信息框架相比，消费者低碳创新采纳行为更强。

研究假设 1：不同信息框架与不同调节定向的个体，匹配组比不匹配组的低碳创新采纳更高。更加具体地说，1a "获得"信息框架与促进型个体相匹配，会产生更积极的低碳创新采纳；1b "损失"信息框架与预防型个体相匹配，会产生更积极的低碳创新采纳。

11.3 研究方法

11.3.1 刺激物的选择

大量的消费会提升经济增长，也会给生态环境带来危害，从而导致资源耗竭和环境污染等问题。例如，人类的生产活动排放的二氧化碳过量，导致的全球气候变化，气候变化会对社会与自然生态造成巨大影响，威胁人类生命和财产的巨大损失安全。Roy（1994）在生态设计的演变文章中指出，为了社会商业环境可持续发展，根据生态设计原则，提出企业设计和生产绿色低碳创新产品并推广使用，促进社会生态经济可持续发展。现在多数国家已经开始了以清洁能源为核心的能源转型，并呼吁全球重视低碳绿色创新的推广使用。本研究选取光伏汽车（见图 11 - 1）作为低碳创新的刺激物概念，在生态环境经济方面，低碳创新采纳可以有效减少碳排放量，减缓温室效应，有利于建设资源节约型和环境友好型社会，实现社会环境经济可持续发展。

图 11 - 1　光伏能源汽车

11.3.2　情景设计与测量量表

本次实验的调节定向问卷主要借鉴《调节定向测量量表》（Higgins 等，2001；姚琦等，2008），共有 10 道题项，包含 5 个预防定向的题项，5 个促进定向的题项。该问卷运用 Likert5 点方式，从 1 等于从不，到 5 等于总是，其中有 2 个项目的计分方式为，从 1 = 完全错误，到 5 = 完全正确（详见附录 11.1）。本次实验的信息框架分为获得信息框架（低碳创新采纳能带来哪些积极效益）和损失信息框架（低碳创新没有采纳会损失哪些效益）（详见附录 11.2）。本次实验的低碳创新产品采纳行为问卷都采用 Likert7 点计分，从 1 = 完全不可能，到 7 = 完全可能（详见附录 11.3）。本次实验编制的《正确感问卷》，该问卷包括 1 个项目，即"您认为在多大程度上您会感知正确"？（1 = 非常不正确，7 = 非常正确）（详见附录 11.4）。本次实验编制的关于股票责任投资情景设计及问卷（详见附录 11.5）。

11.3.3　行为实验与数据分析

2019 年末至 2020 年，受新冠肺炎疫情影响，无法线下发放问卷和收集数据。本章采用了线上随机选择填写问卷的调研方式，共设计了线上 4

次不同情景的行为实验。

实验 1 是将目标信息框架类型作为自变量，消费者的低碳创新采纳作为因变量，通过描述获得型信息框架能给低碳创新采纳带来的好处和损失型信息框架下低碳创新没有采纳会带来的损失，探究不同的信息框架对消费者低碳创新采纳的影响差异。本实验分为两组不同情景行为实验，受访者可以任意选择 A 型或 B 型问卷，其中 A 型问卷为获得信息框架与低碳技术创新采纳，B 型问卷为损失信息框架与低碳技术创新采纳问卷。具体步骤为：（1）通过线上问卷星软件每组别随机发放 50 个以上受访者的问卷，要求被试者想象，您自己家离公司很远，每天上下班乘坐地铁非常不方便，正准备考虑买一辆汽车，恰巧有一天你乘坐地铁时看见，政府正在大力推广的光伏环保汽车的宣传信息，政府会给予很多政策支持和优惠。然后，向受访者随机展示不同类型的光伏汽车信息框架（获得信息框架和损失信息框架）。（2）向受访者发放低碳创新采纳行为调查问卷，然后回收问卷。

数据分析结果如表 11-2 所示：本章通过独立样本 T 检验分析获得信息框架与损失信息框架下消费者低碳创新采纳行为的差异性，结果如表 11-2 所示，$M_{获得信息框架} = 5.04$，$M_{损失信息框架} = 4.26$；$t = 2.78$，$\rho < 0.01$，进一步说明目标信息框架对消费者低碳创新采纳行为的影响差异的显著性，具体表现在不同的信息框架下，获得信息框架比损失信息框架的低碳创新采纳的均值高，在获得信息框架下的低碳创新采纳明显高于损失信息框架下的低碳创新采纳行为（见图 11-2）。

表 11-2　　　　　不同信息框架下的低碳技术创新采纳的异质性

变量	框架类型	样本数量（个）	平均	标准偏差	t 值	ρ 值
低碳创新采纳	获得信息框架	53	5.04	1.52	2.78	0.007
	损失信息框架	53	4.26	1.35		

本研究数据主要来源于大学生，考虑大学生收入和光伏汽车购买使用与事实存在偏离等原因。本章为了检验研究结果的稳健性，探究了不同信

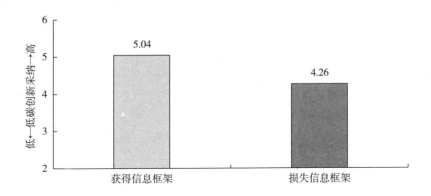

图 11 - 2　不同信息框架下的低碳技术创新采纳的异质性

息框架对居民低碳垃圾分类行为的影响差异，以被试的获得信息框架/损失信息框架作为自变量，居民低碳垃圾分类行为作为因变量，通过对参与实验者的被试建立两个信息框架的行为实验情境，向她/他们发放调查问卷，通过描述获得型信息框架能给她/他们低碳垃圾分类带来的好处和损失型信息框架下不产生低碳垃圾分类会给她/他们带来的损失。具体的步骤为：(1) 要求被试者想象在上下班乘坐地铁上，看见政府正在宣传参与垃圾分类行为的信息，然后，向受访者展示两种不同的目标信息框架（获得信息框架和损失信息框架）。获得信息框架为参与垃圾分类带来的好处，"居民参与 1 吨废纸回收可以减少砍伐 17 棵大树，相当于减少 417 千克空气污染物，节约 588.56 度电、25.9 吨水、超 1410.9 升的汽油"。损失信息框架为没有参与垃圾分类带来的坏处，浪费 1 吨废纸将砍伐 17 棵大树，相当于排放了 417 千克空气污染物，浪费了 588.56 度电、25.9 吨水、超1410.9 升的汽油。(2) 向受访者发放参与垃圾分类行为的调查问卷，然后回收问卷。

数据分析结果如表 11 - 3 所示：本章通过独立样本 T 检验分析获得信息框架与损失信息框架下参与低碳垃圾分类行为的差异性，结果如表 11 - 3 所示，$M_{获得信息框架} = 5.52$，$M_{损失信息框架} = 3.28$；t 值为 8.63，ρ 值为 0.000，小于 0.05，说明不同的信息框架在垃圾分类行为上存在显著性差异，具体表现在不同的信息框架下，获得信息框架比损失信息框架的居民垃圾分类

行为均值更高，说明"获得"信息框架比"损失"信息框架更容易影响居
民垃圾分类行为（见图 11 - 3）。

表 11 - 3　　　　　　不同信息框架下的参与垃圾分类行为的异质性

变量	框架类型	样本数量（个）	平均	标准偏差	t 值	ρ 值
垃圾分类行为	获得信息框架	23	5.52	1.38	8.63	0.000
	损失信息框架	47	3.28	0.800		

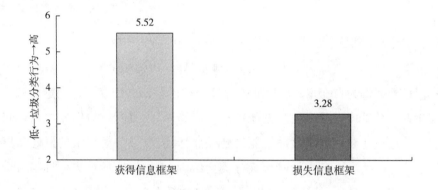

图 11 - 3　不同信息框架下的参与垃圾分类行为的异质性

　　实验 3 是通过目标信息框架（获得信息框架和损失信息框架）和调
节定向（促进定向和预防定向）的 2 × 2 组间设计展开实验，从而来进
行匹配与不匹配组之间的比较差异分析研究。具体步骤为：首先，线上
随机召集自愿被调查者，向受访者发放调节定向问卷，按照得分将她/他
们分为促进调节定向和预防调节定向两组。其次，要求被试者想象，您
自己家离公司很远，每天上下班乘坐地铁很不方便，正准备考虑买一辆
汽车，恰巧有一天你乘坐地铁时看见，政府正在大力推广的光伏环保汽
车的宣传海报，政府会给予很多政策支持和优惠，随后向被试者展示两
种信息框架下低碳创新产品的信息和图片。再次，将促进定向、预防定
向随机分配到获得信息框架和损失信息框架中，被分为 4 个实验组，分
别命名为 1 组促进定向—获得信息框架，2 组预防定向—获得信息框架，
3 组促进定向—损失信息框架，4 组预防定向—损失信息框架，其中，匹

配组（如促进定向—获得信息框架；预防定向—损失信息框架）与未匹配组（预防定向—获得信息框架；促进定向—损失信息框架）均控制保持在 30 个样本数据以上。最后，分别向被试者发放低碳创新采纳问卷，然后回收问卷。

数据分析结果如表 11 - 4 所示，通过独立样本 T 检验分析匹配组与不匹配组对低碳创新采纳的影响差异性，结果如表 11 - 4 所示，t 值为 9.00，ρ 值为 0.000，小于 0.05，说明不同的调节匹配情境下的低碳创新采纳存在显著性差异，具体表现为调节匹配（如获得框架与促进定向；损失框架与预防定向）的低碳创新采纳高于调节不匹配（如损失框架与促进定向；获得框架与预防定向）的低碳创新采纳意愿，进一步说明了匹配组比不匹配组的低碳创新采纳更高。因此，研究假设 1 可以得到验证（见图 11 - 4）。

表 11 - 4　　　　　　低碳创新采纳行为中调节定向匹配的效应

变量	调节定向匹配类型	样本数量（个）	平均	标准偏差	t 值	ρ 值
低碳创新采纳	匹配组	42	5.69	1.07	9.00	0.000
	不匹配组	34	3.41	1.13		

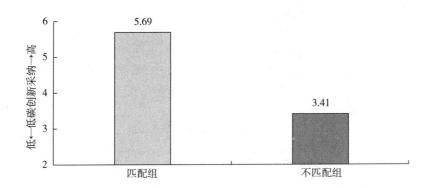

图 11 - 4　低碳创新采纳行为中调节定向匹配的效应

本章进一步分析获得框架与促进定向/获得框架与预防定向；损失框架与促进定向/损失框架与预防定向的异质性结果，分析结果如图 11 - 5 所示，获得信息框架情景下 $M_{促进定向} = 5.65$，$M_{预防定向} = 3.44$；$\rho < 0.01$；损失

信息框架情景下 $M_{促进定向}=5.76$，$M_{预防定向}=3.40$；$\rho<0.01$。这说明不同的信息框架对消费者低碳创新采纳行为的影响差异的显著性，具体表现为获得信息框架与促进定向的低碳创新采纳高于获得信息框架与预防的低碳创新采纳。因此，H1a 获得信息框架/促进定向与获得信息框架与预防定向相比，消费者低碳创新采纳更强，可以得到验证。与此同时，损失信息框架与预防定向的低碳技术创新采纳高于损失信息框架与促进定向的低碳技术创新采纳。因此，H1b 损失信息框架—预防定向与获得信息框架—预防定向相比，消费者低碳技术创新采纳更强，可以得到验证。这是由于相比于预防型个体，促进型个体对于获得信息框架更加关注；相反，预防型个体对损失信息更加敏感。当个体做出的决策与她/他们的个人定向相符合时，她/他们会认可自己的决策是正确的，进而增强了动机，驱动了个体的行为决策。

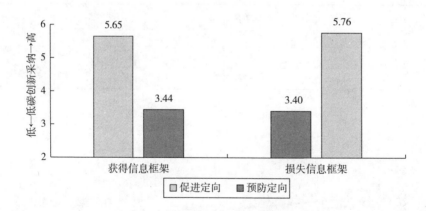

图 11-5　低碳创新采纳行为中调节定向匹配效应

　　实验 4：本章为检验低碳创新采纳中调节定向匹配效应稳健性，进一步展开信息框架（获得信息框架和损失信息框架）和调节定向（促进定向和预防定向）和 2×2 组间的实验，从而来进行研究结果的稳健性。本实验具体步骤为：首先，线上随机召集自愿被调查者，要求被试者想象，您准备进行股票投资；其次，发放两组不同类型的信息框架（见图 11-5），将促进定向、预防定向随机分配到获得信息框架和损失信息框架中，被随机分为 4 个实验组，分别命名为 1 组促进定向—获得信息框架，2 组促进定向—损失信息框架，3 组预防定向—获得信息框架，4 组预防定向—损失信息框架，最后，分别向 4 组被试者发放光伏汽车上市公司股票投资行为意愿的问卷，以及行为决策后"正确感"的问卷，然后回收。

本章通过独立样本 T 检验分析调节定向匹配/不匹配在责任投资和正确感的影响差异，结果如表 11 - 5 所示，光伏汽车上市公司股票责任投资情景下 $M_{匹配组}=5.83$，$M_{未匹配组}=3.36$；$\rho<0.01$；这说明责任投资中的调节定向匹配效应，同时，本阶段进一步验证了调节定向匹配的正确感，具体表现为调节匹配的正确感要明显高于调节不匹配的正确感（$M_{匹配组}=5.83$，$M_{未匹配组}=3.94$；$\rho<0.01$）。因此，再次验证了低碳创新采纳中的调节定向匹配效应的论证。

表 11 - 5　　　　　　　　低碳创新采纳中调节定向匹配的效应

变量	调节定向匹配类型	样本数量（个）	平均	标准偏差	t 值	ρ 值
责任投资	匹配组	36	5.83	1.853	5.299	0.000
	未匹配组	58	3.36	1.760		
正确感	匹配组	36	5.83	1.610	5.135	0.000
	未匹配组	58	3.94	1.237		

11.4　主要结论与启示

本研究采用行为实验的方法对低碳创新采纳展开研究，运用信息框架与调节定向理论，比较分析不同信息框架下个体的低碳产品创新采纳决策差异，深入研究信息框架与自我调节定向的匹配对低碳创新采纳行为决策的影响，得出研究结论如下：第一，相对于损失框架，个体消费者在面对获得框架时低碳创新采纳更高。该结论与前人的一些研究有一致，也有不一致结论，例如，在 Baxter 和 Gram - Hanssen 的研究认为让消费者意识到与损失框架造成的负面信息相比，获得框架下的效益更具吸引力，而且能进一步理解消费者的动机和决策。Davis（1995）发现在强调损失框架会带来负面后果时，尤其是在强调信息接收者的个人直接负面影响的背景下，损失框架更具说服力，更能促进预防动机优化健康行为决策。但是，之前大部分研究表明，与损失框架相比，强调获得信息框架会更有效说服个体行为决策。因此，该结论拓展了信息框架在低碳创新采纳行为研究。第二，考虑异质性的消费者群体面对不同信息框架时，调节匹配组比未匹配组的更愿意进行低碳创新采纳。当调节定向和信息框架达成匹配时，会产生正确感，从而影响低碳创新采纳行为决策，当调节定向和信息框架未达成匹配时，促使消费者低碳创新采纳行为较低。正如 Higgins 认为，当调节匹配发生时，个体会产生正确感，可以促进个体道德行为决策的影响。

根据以上的研究结论，本章为政府提出政策建议如下，第一，政府应该努力引导和提升公民的低碳产品创新理念，加强社会成员的低碳创新采纳的政策引导，助力美丽中国建设，促进生态经济可持续发展。企业在设计和推广公益广告时，可以根据信息框架效应理论，例如可以强调使用低碳创新采纳不仅可以使人们的生活方式更加健康，还有利于改善生态环境，减少资源浪费，促进社会经济的可持续发展，建设一个和谐、文明、绿色的国家。第二，政府应该重点关注绿色环保创新型产品的设计开发，加大在生态环境保护和低碳创新方面的投资，尽力通过引导低碳消费和投资市场实现低碳排放来平衡环境和优化经济绩效。第三，政府要走节能减排的新型工业化道路，推广低碳生产，倡导低碳消费，积极探索高碳能源城市低碳转型之路。第四，通过政府政策的推广和企业在负责任的生产经营及市场导向方面的低碳技术创新，政府需要引导消费者低碳绿色消费，可以有效推动低碳绿色可持续发展。

以往学者对低碳产品创新的研究多集中于低碳产品创新的本质、内涵以及影响因素研究、形成机制等方面展开研究，而缺乏有效的行为实验研究；同时，以往的研究中也很少考虑到调节定向匹配对低碳产品创新决策的影响，本章从异质性的视角，运用行为实验研究，揭示了调节定向和信息框架达成匹配效应低碳产品创新的影响。尽管本章在对低碳产品创新决策研究中有一定的贡献，但仍然存在不足，有一些问题还需要进一步的探讨：个体调节定向分为特质性调节定向和情境性调节定向，该研究只讨论了特质性调节定向对消费者低碳创新采纳决策的影响行为。本章通过 T 检验分别探讨了考虑异质性的低碳产品创新的影响规律，但本章未探讨基于中介调节模型揭示调节相关变量（如时间导向），未来研究可以考虑中介调节模型来揭示低碳创新采纳中的中介和调节的关键变量。

附录

附录 11.1　调节定向问卷

以下问题是对您生活中一些具体事件的描述，请您根据自己的实际情况进行作答。

1. 与大多数人相比，你通常无法从生活中得到自己想要的东西吗？[单选题]*

○从不

○很少

○有时

○经常

○总是

2. 在你成长过程中，你经常做出一些让你父母无法忍受的事情吗？[单选题]*

○从不

○很少

○有时

○经常

○总是

3. 你曾经完成一些事情，这些事情的成功让你更加努力吗？[单选题]*

○从不

○很少

○有时

○经常

○总是

4. 在你成长过程中，你经常会让父母很操心吗？［单选题］*

○从不

○很少

○有时

○经常

○总是

5. 在你成长过程中，你经常会做一些你父母认为不对的事情吗？［单选题］*

○从不

○很少

○有时

○经常

○总是

6. 当你追求一些你认为重要的事情时，会发现做得并不像自己理想的那样好？［单选题］*

○从不

○很少

○有时

○经常

○总是

7. 对于你想做的各种事情，你经常做得很好吗？［单选题］*

○从不

○很少

○有时

○经常

○总是

8. 你经常遵守你父母定下的规矩吗？［单选题］*

○从不

○很少

○有时

○经常

○总是

9. 你感觉你已经朝着成功迈进了。［单选题］*

○完全错误

○错误

○不确定

○正确

○完全正确

10. 在生活中，你几乎没有能让自己感兴趣或让自己全身心地投入的
爱好或活动。［单选题］*

○完全错误

○错误

○不确定

○正确

○完全正确

附录 11.2　情境设计与信息框架

情境：

假设您自己家离公司很远，每天上下班乘坐地铁很不方便，正准备考
虑买一辆汽车，恰巧有一天你乘坐地铁时看见，政府正在大力推广的光伏
环保汽车的宣传海报，政府会给予很多政策支持和优惠。

最近 A 科技公司新开发推出了一款光伏环保汽车，可以大大减少碳排
放，有完备的技术支持，政府也在大力推广，承诺给予消费者优惠补贴，
且在各大城市也建设了光伏环保汽车停车场和充电桩，并有良好的售后
服务。

获得信息框架：

购买和使用这款光伏环保汽车，您可以获得为身体健康和环境保护做贡献的机会：光伏汽车主要通过光能来获得动能，是一款"绿色环保"的科技产品，比起一般的汽车，可以有效减少二氧化碳的排放，减缓全球变暖而引起的剧烈气候变化，有利于节约资源，能使环境得到保护，空气更加清新，也有利于国家社会的可持续发展。

损失信息框架：

不购买和使用这款光伏环保汽车，您将损失为身体健康和环境保护做贡献的机会：传统的汽车主要通过燃烧汽油来获得能量，二氧化碳的排放量较大，汽车尾气中含有上百种不同的化合物，会给身体带来危害；传统汽车还会对人类的生活环境产生恶劣影响，尾气中的二氧化硫达到一定浓度时会导致"酸雨"，会加剧温室效应，导致气候急剧变化，资源更加短缺，不利于国家社会的可持续发展。

附录 11.3　低碳创新采纳问卷

当您看到上述产品描述时，您有多大可能性会考虑采纳这款新产品。（数字 1—7 代表从低到高的不同程度，1 = 完全不可能，7 = 完全可能）[单选题]*

　　○1　　　○2　　　○3　　　○4　　　○5　　　○6　　　○7

附录 11.4　正确感问卷

有时候使用正确的行为决策去实现目标会让人产生"feeling right（正确感）"，当您看到信息并做出决策前，内心是否会对自己的选择决策有一个评估，即认为自己的选择是正确的。

想一想刚才您看到的信息以及您所做出的选择，您在多大程度上感知正确。请根据您的真实感受进行作答。（数字 1 到 7 分别代表从低到高的不同程度，1 = 非常不正确，7 = 非常正确）[单选题]*

　　○1　　　○2　　　○3　　　○4　　　○5　　　○6　　　○7

附录 11.5 责任投资

得益信息框架：

当您选择进行责任投资时，您会为社会、环境与健康作贡献，有利于下一代的资源可持续循环利用，可以使我们的生活更加美好，有利于社会经济可持续发展。

损失信息框架：

当您选择不进行责任投资时，您会失去为社会、环境与健康做贡献的机会，不利于下一代的资源可持续循环利用；会使我们的生活环境越来越差，不利于社会经济可持续发展。

参 考 文 献

　　[1] 王明喜，李明，郭冬梅，胡毅．碳排放权的非对称拍卖模型及其配置效率 [J]．管理科学学报，2019，22（7）：34 – 51.

　　Wang Mingxi, Li Ming, Guo Dongmei, Hu Yi. An asymmetric auction model of carbon emission rights and its allocation efficiency [J]. Journal of Management Sciences in China, 2019, 22（7）：34 – 51.（in Chinese）

　　[2] 杨子晖，陈里璇，罗彤．边际减排成本与区域差异性研究 [J]．管理科学学报，2019，22（2）：1 – 21.

　　Yang Zihui, Chen Lixuan, Luo Tong. Marginal cost of emission reduction and regional differences [J]. Journal of Management Sciences in China, 2019, 22（2）：1 – 21.（in Chinese）

　　[3] 楼高翔，张洁琼，范体军，周炜星．非对称信息下供应链减排投资策略及激励机制 [J]．管理科学学报，2016，19（2）：42 – 52.

　　Lou Gaoxiang, Zhang Jieqiong, Fan Tijun, Zhou Weixing. Supply chain's investment strategy of emission reducing and incentive mechanism design under asymmetric information [J]. Journal of Management Sciences in China, 2016, 19（2）：42 – 52.（in Chinese）

　　[4] 王素凤，杨善林，彭张林．面向多重不确定性的发电商碳减排投资研究 [J]．管理科学学报，2016，19（2）：31 – 41.

　　Wang Sufeng, Yang Shanlin, Peng Zhanglin. Research on the power producer's carbon abatement investment in view of multiple uncertainties [J]. Journal of Management Sciences in China, 2016, 19（2）：31 – 41.（in Chinese）

[5] 安海燕, 洪名勇. 农户和农业主体对土地承包经营权抵押贷款政策的态度 [J]. 西北农林科技大学学报（社会科学版）, 2016, 16（2）: 21 - 28.

[6] 何文剑, 徐静文, 张红霄. 森林采伐管理制度的管制强度如何影响林农采伐收入 [J]. 农业技术经济, 2016（9）: 104 - 118.

[7] 黄惠春. 农村土地承包经营权抵押贷款可得性分析——基于江苏试点地区的经验证据 [J]. 中国农村经济, 2014（3）: 48 - 57.

[8] 黄惠春, 徐霁月. 中国农地经营权抵押贷款实践模式与发展路径——基于抵押品功能的视角 [J]. 农业经济问题, 2016, 37（12）: 95 - 102 + 112.

[9] 匡桦, 李富有, 张旭涛. 隐性约束、声誉约束与农户借贷行为 [J]. 经济科学, 2011（2）: 77 - 88.

[10] 李宁, 何文剑, 仇童伟等. 农地产权结构、生产要素效率与农业绩效 [J]. 管理世界, 2017（3）: 44 - 62.

[11] 林乐芬, 王步天. 农地经营权抵押贷款制度供给效果评价——基于农村金融改革试验区 418 名县乡村三级管理者的调查 [J]. 经济学家, 2015（10）: 84 - 91.

[12] 刘璨, 黄和亮, 刘浩等. 中国集体林产权制度改革回顾与展望 [J]. 林业经济问题, 2019（2）: 113 - 127.

[13] 刘辉煌, 吴伟. 基于双栏模型的我国农户贷款可得性及其影响因素分析 [J]. 经济经纬, 2015, 32（2）: 37 - 42.

[14] 刘浩, 刘璨. 我国集体林权制度改革及配套改革相关政策问题研究 [J]. 林业经济, 2016（9）: 3 - 12.

[15] 刘西川, 杨奇明, 陈立辉. 农户信贷市场的正规部门与非正规部门: 替代还是互补? [J]. 经济研究, 2014, 49（11）: 145 - 158.

[16] 刘祖军, 张大红. 林权抵押贷款局限性分析及路径选择 [J]. 东南学术, 2012（4）: 111 - 119.

[17] 罗兴, 马九杰. 不同土地流转模式下的农地经营权抵押属性比

较 [J]. 农业经济问题, 2017, 38 (2): 22 – 32.

[18] 彭克强, 张琳, 邱雁. 农民增收提高了农户正规信贷可得性吗——兼论中国粮食主产区农户的经济属性 [J]. 财贸经济, 2017, 38 (6): 49 – 65.

[19] 阮荣平, 徐一鸣, 郑风田. 水域滩涂养殖使用权确权与渔业生产投资——基于湖北、江西、山东和河北四省渔户调查数据的实证分析 [J]. 中国农村经济, 2016 (5): 56 – 70.

[20] 石道金, 许宇鹏, 高鑫. 农户林权抵押贷款行为及影响因素分析——来自浙江丽水的样本农户数据 [J]. 林业科学, 2011, 47 (8): 159 – 167.

[21] 王定祥, 田庆刚, 李伶俐等. 贫困型农户信贷需求与信贷行为实证研究 [J]. 金融研究, 2011 (5): 124 – 138.

[22] 王冀宁, 赵顺龙. 外部性约束、认知偏差、行为偏差与农户贷款困境——来自716户农户贷款调查问卷数据的实证检验 [J]. 管理世界, 2007 (9): 69 – 75.

[23] 张红霄. 集体林产权制度改革后农户林权状况研究——基于国家政策法律、林改政策及农户调研数据 [J]. 林业经济, 2015, 37 (1): 16 – 22.

[24] 张龙耀, 王梦珺, 刘俊杰. 农民土地承包经营权抵押融资改革分析 [J]. 农业经济问题, 2015, 36 (2): 70 – 78.

[25] 张晓琳, 董继刚. 农户借贷行为及潜在需求的实证分析——基于762份山东省农户的调查问卷 [J]. 农业经济问题, 2017, 38 (9): 57 – 64.

[26] 崔连标, 范英, 朱磊, 毕清华, 张毅. 碳排放交易对实现我国"十二五"减排目标的成本节约效应研究 [J]. 中国管理科学, 2013 (21): 37 – 46.

[27] 范英, 莫建雷, 朱磊. 中国碳市场政策设计与社会经济影响 [M]. 北京: 科学出版社, 2016.

[28] 傅京燕, 代玉婷. 碳交易市场链接的成本与福利分析——基于

MAC 曲线的实证研究［J］. 中国工业经济，2015：84 - 98.

［29］国家统计局国民经济核算司. 中国地区投入产出表 2012［M］. 北京：中国统计出版社，2016.

［30］黄英娜，张巍，王学军. 环境 CGE 模型中生产函数的计量经济估算与选择［J］. 环境科学学报，2003（23）：350 - 354.

［31］刘宇，蔡松锋，王毅，陈宇峰. 分省与区域碳市场的比较分析——基于中国多区域一般均衡模型 $TermCO_2$［J］. 财贸经济，2013：117 - 127.

［32］齐天宇，杨远哲，张希良. 国际跨区碳市场及其能源经济影响评估［J］. 中国人口资源与环境，2014（24）：19 - 24.

［33］王科，陈沫，魏一鸣. 2017 年我国碳市场预测与展望，能源经济预测与展望研究报告［J］. 北京理工大学能源与环境政策研究中心，2017.

［34］王克. 基于 CGE 的技术变化模拟及其在气候政策分析中的应用［M］. 北京：中国环境科学出版社，2011.

［35］王其文，李善同. 社会核算矩阵：原理、方法和应用［M］. 北京：清华大学出版社，2008.

［36］吴洁，范英，夏炎，刘婧宇. 碳配额初始分配方式对我国省区宏观经济及行业竞争力的影响［J］. 管理评论，2015（27）：18 - 26.

［37］闫云凤. 全球碳交易市场对中国经济—能源—气候系统的影响评估［J］. 中国人口·资源与环境，2015（25）：32 - 39.

［38］袁永娜，石敏俊，李娜. 碳排放许可的初始分配与区域协调发展——基于多区域 CGE 模型的模拟分析［J］. 管理评论，2013（25）：43 - 50.

［39］张中祥. 排放权贸易市场的经济影响——基于 12 个国家和地区边际减排成本全球模型分析［J］. 数量经济技术经济研究，2003（20）：95 - 99.

［40］郑爽. 七省市碳交易试点调研报告［J］. 中国能源，2014（36）：23 - 27.

［41］修静．工业技术进步的绿色偏向性测度：资本与劳动［J］．改革，2016（9）：68 - 78.

［42］方颖，郭俊杰．中国环境信息披露政策是否有效：基于资本市场反应的研究［J］．经济研究，2018，53（10）：160 - 176.

［43］陈燕红，张超．环境违法成本视角下的上市公司股价对污染事件响应特征研究［J］．中国人口·资源与环境，2017（S1）：70 - 75.

［44］何彬，潘新美．环境监管对污染物排放的影响：基于中国省际面板数据的实证分析［J］．公共行政评论，2017（5）：33 - 52 + 222 - 223.

［45］刘伟明．环境污染的治理路径与可持续增长："末端治理"还是"源头控制"？［J］．经济评论，2014（6）：41 - 53.

［46］黄速建，余菁．国有企业的性质、目标与社会责任［J］．中国工业经济，2006（2）：68 - 76.

［47］韩燕，钱春海．FDI 对我国工业部门经济增长影响的差异性——基于要素密集度的行业分类研究［J］．南开经济研究，2008（5）.

［48］赵文军，于津平．贸易开放、FDI 与中国工业经济增长方式——基于 30 个工业行业数据的实证研究［J］．经济研究，2012（8）：18 - 31.

［49］朱承亮，刘瑞明，王宏伟．专利密集型产业绿色创新绩效评估及提升路径［J］．数量经济技术经济研究，2018.

［50］王娟茹，张渝．环境规制、绿色技术创新意愿与绿色技术创新行为［J］．科学学研究，2018.

［51］纪玉俊，李超．我国金融产业集聚与地区经济增长——基于 225 个城市面板数据的空间计量检验［J］．产业经济评论，2015，11（6）：37 - 48.

［52］王娟，王毅．企业员工学历水平与企业创新绩效［J］．西安交通大学学报（社会科学版），2016（6）.

［53］曾先峰，李国平，杨春江．要素积累还是技术进步——对中国工业行业增长因素的实证研究［J］．科学学研究，2012，30（2）：249 - 257.

［54］岳鸿飞，徐颖，吴璘．技术创新方式选择与中国工业绿色转型的实证分析［J］．中国人口·资源与环境，2017（12）：199 - 209.

［55］王惠，王树乔，苗壮，李小聪．研发投入对绿色创新效率的异质门槛效应——基于中国高技术产业的经验研究［J］．科研管理，2016，37（2）：63-71．

［56］李斌，彭星，欧阳铭珂．环境规制、绿色全要素生产率与中国工业发展方式转变——基于36个工业行业数据的实证研究［J］．中国工业经济，2013（4）：56-68．

［57］李国冉．当前我国环境监管的问题及其治理探析［J］．改革与开放，2019，505（4）：28-30．

［58］黄锡生，史玉成．中国环境法律体系的架构与完善［J］．当代法学，2014，28（1）：120-128．

［59］孙晓华，郭旭，王昀．政府补贴、所有权性质与企业研发决策［J］．管理科学学报，2017，20（6）：18-31．

［60］杨芷晴．不同产权性质下的地方政府财政补贴质量——来自中国企业—员工匹配调查（CEES）的证据［J］．金融经济学研究，2016，31（3）：51-59．

［61］王锋正，陈方圆．董事会治理、环境规制与绿色技术创新——基于我国重污染行业上市公司的实证检验［J］．科学学研究，2018，36（2）：361-369．

［62］钱雪松，康瑾，唐英伦，曹夏平．产业政策、资本配置效率与企业全要素生产率——基于中国2009年十大产业振兴规划自然实验的经验研究［J］．中国工业经济，2018，（8）：42-59．

［63］何小钢．绿色技术创新的最优规制结构研究——基于研发支持与环境规制的双重互动效应［J］．经济管理，2014，36（11）：144-153．

［64］王炳成，李洪伟．绿色产品创新影响因素的结构方程模型实证分析［J］．中国人口·资源与环境，2009，19（5）：168-174．

［65］郭捷，杨立成．环境规制、政府研发资助对绿色技术创新的影响——基于中国内地省际层面数据的实证分析［J］．科技进步与对策，2020，37（10）：37-44．

［66］徐建中，贯君，林艳．基于Meta分析的企业环境绩效与财务绩

效关系研究 ［J］. 武汉管理学报，2018，（5）：246 – 254.

　　［67］杨广青，杜亚飞，刘韵哲. 企业经营绩效、媒体关注与环境信息披露 ［J］. 经济管理，2020，42（3）：55 – 72.

　　［68］温桂荣，黄纪强. 政府补贴对高新技术产业研发创新能力影响研究 ［J］. 华东经济管理，2020，34（7）：9 – 17.

　　［69］齐绍洲，林屾，崔静波. 环境权益交易市场能否诱发绿色创新？——基于我国上市公司绿色专利数据的证据 ［J］. 经济研究，2018，53（12）：129 – 143.

　　［70］刘建民，唐红李，吴金光. 企业异质背景下"营改增"对技术创新的微观效应研究——基于准自然实验的 PSM 实证检验 ［J］. 中国软科学，2019（9）：134 – 142.

　　［71］彼得·德鲁克. 创新与企业家精神 ［M］. 北京：机械工业出版社，2007.

　　［72］陈学猛，丁栋虹. 国外商业模式研究的价值共赢性特征综述 ［J］. 中国科技论坛，2014（2）：143 – 149.

　　［73］约翰·梅纳德·史密斯. 演化博弈论 ［M］. 潘春阳，译. 上海：复旦大学出版社，2008.

　　［74］王先甲，全吉，刘伟兵. 有限理性下的演化博弈与合作机制研究 ［J］. 系统工程理论与实践，2011（10）：82 – 93.

　　［75］王高雄. 常微分方程 ［M］. 北京：高等教育出版社，2007.

　　［76］张铁男，韩兵，张亚娟. 基于 B – Z 反应的企业系统协同演化模型 ［J］. 管理科学学报，2011（2）：79 – 91.

　　［77］陶晓丽，陈明星，张文忠，白永平. 城市公园的类型划分及其与功能的关系分析——以北京市城市公园为例 ［J］. 地理研究，2013（10）：1964 – 1976.

　　［78］李莉，颜丙金，张宏磊，张捷，年四锋. 景区游客拥挤感知多维度内涵及其影响机制研究——以三清山为例 ［J］. 人文地理，2016（2）：145 – 152.

　　［79］张圆刚，余向洋，Wong Ipkin Anthony，程静静，尹寿兵：古村

落景区游客拥挤感知维度与游憩情绪影响机制研究——以西递、宏村为例[J]. 人文地理, 2018 (2): 138 - 146.

[80] 黄璇璇, 林德荣. 游客密度、拥挤感与满意度——展览馆情境下游客拥挤感知的主要影响因素研究 [J]. 旅游学刊, 2019 (3): 86 - 101.

[81] 王婉飞, 常耀. 城市居民和城市新移民拥挤感知—应对机制对比研究——以杭州西湖休闲游憩者为例 [J]. 浙江大学学报 (人文社会科学版), 2017 (1): 181 - 194.

[82] 朱红根, 卞琦娟, 王玉霞. 中国出口贸易与环境污染互动关系研究——基于广义脉冲响应函数的实证分析 [J]. 国际贸易问题, 2008, 305 (5): 80 - 86.

[ZHU H, BIAN Q, WANG Y. China's Exporting Trade and Environmental Pollution: An Empirical Test Based on Generalized Impulse Response Function [J]. Journal of International Trade, 2008, 305 (5): 80 - 86.]

[83] 沈利生, 唐志. 对外贸易对我国污染排放的影响——以二氧化硫排放为例 [J]. 管理世界, 2008 (6): 21 - 29.

[SHENG L, TANG Z. The Effect of Foreign Trade on China's Discharge of Pollutants [J]. Management World, 2008 (6): 21 - 29.]

[84] 徐圆. 国际贸易对中国环境的影响——规模、结构和技术效应分析 [J]. 世界经济研究, 2010 (10): 57 - 62.

[XU Y. Trade Growth and Chinas Environment: Scale, Technique and Composition Effects [J]. World Economy Study, 2010 (10): 57 - 62.]

[85] 张宇, 蒋殿春. FDI、环境监管与工业大气污染——基于产业结构与技术进步分解指标的实证检验 [J]. 国际贸易问题, 2013 (7): 102 - 118.

[ZHANG Y, JIANG D. FDI, Environmental Regulation and Industrial Air Pollution: An Empirical Test Based on Decomposition of Industry Structure and Technology Progress [J]. Journal of International Trade, 2013 (7): 102 - 118.]

[86] 黄静波, 何昌周. 中国制造业对外贸易的环境效应分析 [J]. 中国社会科学院研究生院学报, 2015 (1): 51－58.

[HUANG J, HE C. Analysis of the Effects of Foreign Trade on Environmental Quality in Chinese Manufacturing Industry [J]. Journal of Graduate School of Chinese Academy of Social Science, 2015 (1): 51－58.]

[87] 牛海鹏, 朱松, 尹训国, 等. 经济结构、经济发展与污染物排放之间关系的实证研究 [J]. 中国软科学, 2012 (4): 160－166.

[NIU H, ZHU S, YIN X, et al. Empirical Study on the Relationship among Economic Structure, Economic Development and Pollutant Emission [J]. China Soft Science, 2012 (4): 160－166.]

[88] 唐德才. 工业化进程、产业结构与环境污染——基于制造业行业和区域的面板数据模型 [J]. 软科学, 2009, 23 (10): 6－11.

[TANG D. Industrialization, Industry Structure and Environment Pollution: Based on Manufacturing Industry and Regional Panel Model [J]. Soft Science, 2009, 23 (10): 6－11.]

[89] 杨仁发. 产业集聚能否改善中国环境污染 [J]. 中国人口·资源与环境, 2015, 25 (2): 23－29.

[YANG R. Whether Industrial Agglomeration CanReduce Environmental Pollution or Not [J]. China Population, Resources and Environment, 2015, 25 (2): 23－29.]

[90] 余红伟, 张洛熙. 制造业结构升级促进了区域空气质量改善吗?——基于2004—2013 年省际面板数据的实证分析 [J]. 中国地质大学学报 (社会科学版), 2015, 15 (5): 33－42.

[91] 吕忠梅, 张忠民, 熊晓青. 中国环境司法现状调查——以千份环境裁判文书为样本 [J]. 法学, 2011 (4).

[92] 王社坤. 环境侵权因果关系举证责任分配研究——兼论《侵权责任法》第66 条的理解与适用 [J]. 河北法学, 2011 (2).

[93] 张旭东. 环境侵权因果关系证明责任倒置反思与重构: 立法、学理及判例 [J]. 中国地质大学学报 (社会科学版), 2015 (9).

［94］薄晓波．倒置与推定——对我国环境污染侵权中因果关系证明方法的反思［J］．中国地质大学学报，2014（6）．

［95］张旭东．环境侵权因果关系证明责任倒置反思与重构：立法、学理及判例［J］．中国地质大学学报（社会科学版），2015（9）．

［96］朱小静、李萆．土壤污染侵权纠纷司法适用中的典型问题研究［J］．南京林业大学学报（人文社会科学版），2016（4）．

［97］博登海默．法理学：法律哲学与法律方法［M］．邓正来，译，北京：中国政法大学出版社，2004.

［98］程恩富．经济学方法论［M］．上海：上海财经大学出版社，2002.

［99］邢东．环境侵权的因果关系构建［D］．复旦大学博士论文，2013.

［100］侯茜．环境侵权因果关系理论中的间接反证说［J］．西南民族大学学报，2008（10）．

［101］邹雄．论环境侵权的因果关系［J］．中国法学，2004（5）．

［102］［美］罗伯特·考特，托马斯·尤伦．法和经济学［M］．张军等，译，上海三联书店：上海人民出版社，1995.

［103］乔岳，熊秉元．望远镜里的法经济学：理论架构和分析工具［J］．法律科学（西北政法大学学报），2014（4）：40-51.

［104］桑本谦．疑案判决的经济学原则分析［J］．中国社会科学，2008（4）．

［105］苏力．"海瑞定理"的经济学解读［J］．中国社会科学，2006（6）．

［106］［美］迈克尔·D.贝勒斯．法律原则——一个规范的分析［M］．张文显，宋金娜，朱卫国，黄文艺译，北京：中国大百科全书出版社，1994.

［107］唐力．民事诉讼构造研究［M］．北京：法律出版社，2006.

［108］［美］理查德·A.波斯纳．证据法的经济分析［M］．徐昕，徐均译，北京：中国法制出版社，2001.

［109］李浩．民事证明责任研究［M］．北京：法律出版社，2003：130.

［110］冯建．证明责任分配——一个经济学的视角［D］．山东大学博士论文，2008.

［111］邹雄．论环境侵权中因果关系的认定［J］．中国政法大学学报，2010（2）.

［112］杨素娟．论环境侵权诉讼中的因果关系推定［J］．法学评论，2003（4）.

［113］胡学军．环境侵权中的因果关系及其证明问题评析［J］．中国法学，2013（5）.

［114］吕忠梅，张忠民，熊晓青．中国环境司法现状调查——以千份环境裁判文书为样本［J］．法学，2011（4）.

［115］王建明，王俊豪．公众低碳消费模式的影响因素模型与政府管制政策——基于扎根理论的一个探索性研究［J］．管理世界，2011（4）：58 –68.

［116］邓新明．消费者为何喜欢"说一套，做一套"——消费者伦理购买"意向 – 行为"差距的影响因素［J］．心理学报，2014，46（7）：1014 –1031.

［117］林晖芸，汪玲．调节性匹配理论述评［J］．心理科学进展，2007，15（5）：749 –753.

［118］姚琦，乐国安，伍承聪，李燕飞，陈晨．调节定向的测量维度及其问卷的信度和效度检验［J］．应用心理学，2008（4）：318 –323.

［119］Huang Xisheng, Shi Yucheng. The structure and improvement of China's environmental legal system［J］. Contemporary Law Review, 2014, 28（01）：120 –128.

［120］Meng S, Siriwardana M, McNeill J, Nelson T. The impact of an ETS on the Australian energy sector: An integrated CGE and electricity modelling approach［J］. Energy Economics, 2018, 69：213 –224.

［121］Borissov K, Brausmann A, Bretschger L. Carbon pricing, technology transition, and skill – based development ［J］. European Economic Review, 2019, 118: 252 –269.

［122］ Kollenberg S, Taschini L. Emissions trading systems with cap adjustments ［J］. Journal of Environmental Economics and Management, 2016, 80: 20 – 36.

［123］ Hahn R W. Market power and transferable property rights ［J］. The Quarterly Journal of Economics, 1984, 99 （4）: 753 –765.

［124］ Hintermann B. Market Power, Permit Allocation and Efficiency in Emission Permit Markets ［J］. Environmental and Resource Economics, 2011, 49 （3）: 327 –349.

［125］ Fowlie M. Emissions trading, electricity restructuring, and investment in pollution abatement ［J］. American Economic Review, 2010, 100 （3）: 837 –69.

［126］ Fowlie M, Reguant M, Ryan S P. Market – based emissions regulation and industry dynamics ［J］. Journal of Political Economy, 2016, 124 （1）: 249 –302.

［127］ Lintunen J, Kuusela O P. Business cycles and emission trading with banking ［J］. European Economic Review, 2018, 101: 397 –417.

［128］ Heutel G, Moreno – Cruz J, Shayegh S. Solar geoengineering, uncertainty, and the price of carbon ［J］. Journal of Environmental Economics and Management, 2018, 87: 24 –41.

［129］ Seifert J, Uhrig – Homburg M, Wagner M. Dynamic behavior of CO_2 spot prices ［J］. Journal of Environmental Economics and Management, 2008, 56 （2）: 180 –194.

［130］ Hintermann B, Peterson S, Rickels W. Price and Market Behavior in Phase II of the EU ETS: A Review of the Literature ［J］. Review of Environmental Economics and Policy, 2016, 10 （1）: 108 –128.

［131］ Rosendahl K E. Incentives and prices in an emissions trading scheme with updating ［J］. Journal of Environmental Economics and Management, 2008, 56 (1): 69 -82.

[132] Koch N, Grosjean G, Fuss S, Edenhofer O. Politics matters: Regulatory events as catalysts for price formation under cap - and - trade [J]. Journal of Environmental Economics and Management, 2016, 78: 121 -139.

[133] Kollenberg S, Taschini L. Dynamic supply adjustment and banking under uncertainty in an emission trading scheme: The market stability reserve [J]. Journal of Environmental Economics and Management, 2019, 118: 213 -226.

[134] Rubin J D. A model of intertemporal emission trading, banking, and borrowing [J]. Journal of Environmental Economics and Management, 1996, 31 (3): 269 -286.

[135] Slechten A. Intertemporal links in cap - and - trade schemes [J]. Journal of Environmental Economics and Management, 2013, 66 (2): 319 -336.

[136] Kling C, Rubin J. Bankable permits for the control of environmental pollution [J]. Journal of Public Economics, 1997, 64 (1): 101 -115.

[137] Yates A J, Cronshaw M B. Pollution permit markets with intertemporal trading and asymmetric information [J]. Journal of Environmental Economics and Management, 2001, 42 (1): 104 -118.

[138] Tanaka M, Chen Y. Market power in emissions trading: Strategically manipulating permit price through fringe firms [J]. Applied Energy, 2012, 96: 203 -211.

[139] Chen Y H, Tanaka M. Permit banking in emission trading: Competition, arbitrage and linkage [J]. Energy Economics, 2018, 71: 70 -82.

[140] Tanaka M. Multi - Sector Model of Tradable Emission Permits [J]. Environmental and Resource Economics, 2012, 51 (1): 61 -77.

[141] Wen W, Zhou P, Zhang F. Carbon emissions abatement: Emissions trading vs consumer awareness [J]. Energy Economics, 2018, 76: 34 -47.

[142] Hitzemann S, Uhrig - Homburg M. Equilibrium price dynamics of

emission permits [J]. Journal of Financial and Quantitative Analysis, 2018, 53 (4): 1653 – 1678.

[143] Fell H, MacKenzie I A, Pizer W A. Prices versus quantities versus bankable quantities [J]. Resource and Energy Economics, 2012, 34 (4): 607 – 623.

[144] Dickson A, Mackenzie I A. Strategic trade in pollution permits [J]. Journal of Environmental Economics and Management, 2017, 87: 94 – 113.

[145] ALFORD W P 1997. Why Western Scholars of Chinese History and Society Have Not Had More to Say about Its Law. Modern China [J]. 23: 398 – 419.

[146] ANOKHIN S, SCHULZE W S 2009. Entrepreneurship, innovation, and corruption. Journal of business venturing [J]. 24: 465 – 476.

[147] AYYAGARI M, DEMIRGUC – KUNT A, MAKSIMOVIC V 2011. Small vs. young firms across the world: contribution to employment, job creation, and growth [M]. Policy Research Working Paper Series 5631. World Bank; Washington, DC.

[148] BARON R M, KENNY D A 1986. The moderator – mediator variable distinction in social psychological research: Conceptual, strategic, and statistical considerations. Journal of personality and social psychology [J]. 51: 1173.

[149] BELTRáN A 2016. Does corruption increase or decrease employment in firms? Applied Economics Letters [J]. 23: 361 – 364.

[150] BERCOVITZ J, MITCHELL W 2007. When is more better? The impact of business scale and scope on long - term business survival, while controlling for profitability. Strategic management journal [J]. 28: 61 – 79.

[151] BERMAN E, BUI L T 2001. Environmental regulation and labor demand: Evidence from the south coast air basin. Journal of Public Economics [J]. 79: 265 – 295.

［152］BROUWER E, KLEINKNECHT A, REIJNEN J O 1993. Employment growth and innovation at the firm level. Journal of Evolutionary Economics ［J］. 3: 153 - 159.

［153］BROWN R S, CHRISTENSEN L R 1980. Estimating elasticities of substitution in a model of partial static equilibrium: an application to US agriculture, 1947 - 1979［M］//E. R. BERNDT, B. C. FIELD, Modeling and Measuring Natural Resource Substitution. MIT Press; Cambrige, Massachusetts.

［154］CALOF J L 1994. The relationship between firm size and export behavior revisited. Journal of international business studies ［J］. 25: 367 - 387.

［155］CALVINO F, VIRGILLITO M E 2018. The innovation - employment nexus: A critical survey of theory and empirics. Journal of Economic Surveys ［J］. 32: 83 - 117.

［156］CARTER T S 1996. The failure of environmental regulation in New York. Crime, law and social change ［J］. 26: 27 - 52.

［157］CHEN Z, KAHN M E, LIU Y, et al. 2018. The consequences of spatially differentiated water pollution regulation in China. Journal of Environmental Economics and Management ［J］. 88: 468 - 485.

［158］CHENG Z, LI L, LIU J 2018. The spatial correlation and interaction between environmental regulation and foreign direct investment. Journal of Regulatory Economics ［J］. 54: 124 - 146.

［159］CLARKE G, LI Y, XU L C 2016. Business environment, economic agglomeration and job creation around the world. Applied Economics ［J］. 48: 3088 - 3103.

［160］COLE M A, ELLIOTT R J 2003. Determining the trade - environment composition effect: the role of capital, labor and environmental regulations. Journal of Environmental Economics and Management ［J］. 46: 363 - 383.

［161］COLE M A, ELLIOTT R J 2007. Do environmental regulations cost jobs? An industry - level analysis of the UK. The BE Journal of Economic Analysis & Policy ［J］. 7.

［162］ COPELAND B R, TAYLOR M S 2013. Trade and the environment: Theory and evidence ［M］. Princeton University Press; Princeton, New Jersey.

［163］ CULL R, XU L C 2003. Who gets credit? The behavior of bureaucrats and state banks in allocating credit to Chinese state – owned enterprises. Journal of Development Economics ［J］. 71: 533 – 559.

［164］ DACHS B, PETERS B 2014. Innovation, employment growth, and foreign ownership of firms: A European perspective. Research Policy ［J］. 43: 214 – 232.

［165］ DAL Bó E, ROSSI M A 2007. Corruption and inefficiency: Theory and evidence from electric utilities. Journal of Public Economics ［J］. 91: 939 – 962.

［166］ DAMANIA R, FREDRIKSSON P G, LIST J A 2003. Trade liberalization, corruption, and environmental policy formation: theory and evidence. Journal of Environmental Economics and Management ［J］. 46: 490 – 512.

［167］ DAMANIA R, FREDRIKSSON P G, MANI M 2004. The persistence of corruption and regulatory compliance failures: theory and evidence. Public choice ［J］. 121: 363 – 390.

［168］ DE MARCHI V 2012. Environmental innovation and R&D cooperation: Empirical evidence from Spanish manufacturing firms. Research Policy ［J］. 41: 614 – 623.

［169］ DE WALDEMAR F S 2012. New Products and Corruption: Evidence from I ndian Firms. The Developing Economies ［J］. 50: 268 – 284.

［170］ DEBACKER J, HEIM B T, TRAN A 2015. Importing corruption culture from overseas: Evidence from corporate tax evasion in the United States. Journal of Financial Economics ［J］. 117: 122 – 138.

［171］ DEILY M E, GRAY W B 1991. Enforcement of pollution regulations in a declining industry. Journal of Environmental Economics and Management ［J］. 21: 260 – 274.

［172］ DONCHEV D, AND GERGELY UJHELYI 2014. What do corruption indices measure? Economics & Politics [J]. 26: 309 –331.

[173] DU J, MICKIEWICZ T 2016. Subsidies, rent seeking and perform-
ance: Being young, small or private in China. Journal of business venturing
[J]. 31: 22 –38.

[174] FAGNART J – F, LICANDRO O, SNEESSENS H R 1997. Capacity
utilization and market power. Journal of Economic Dynamics and Control [J].
22: 123 – 140.

[175] FAN Y 2002. Questioning guanxi: definition, classification and im-
plications. International business review [J]. 11: 543 –561.

[176] FREDRIKSSON P G, SVENSSON J 2003. Political instability, cor-
ruption and policy formation: the case of environmental policy. Journal of Public
Economics [J]. 87: 1383 – 1405.

[177] GAKOVIC A, TETRICK L E 2003. Perceived organizational support
and work status: a comparison of the employment relationships of part - time and
full - time employees attending university classes. Journal of Organizational Be-
havior: The International Journal of Industrial, Occupational and Organizational
Psychology and Behavior [J]. 24: 649 –666.

[178] GALLIPOLI G, GOYETTE J 2012. Corruption and the Size Distri-
bution of Firms. Manuscript [J].

[179] GAUTHIER B, REINIKKA R 2006. Shifting tax burdens through
exemptions and evasion: An empirical investigation of Uganda. Journal of African
Economies [J]. 15: 373 –398.

[180] GOEDHUYS M, MOHNEN P, TAHA T 2016. Corruption, innova-
tion and firm growth: firm – level evidence from Egypt and Tunisia. Eurasian
Business Review [J]. 6: 299 –322.

[181] GRAY W B, SHADBEGIAN R J, WANG C, et al. 2014. Do EPA
regulations affect labor demand? Evidence from the pulp and paper industry.
Journal of Environmental Economics and Management [J]. 68: 188 –202.

[182] GUO Y 2008. Corruption in transitional China: An empirical analy-

sis. The China Quarterly [J]. 194: 349 - 364.

[183] HALTIWANGER J, JARMIN R S, MIRANDA J 2013. Who Creates Jobs? Small versus Large versus Young. The review of economics and statistics [J]. 95: 347 - 361.

[184] HARRISON R, JAUMANDREU J, MAIRESSE J, et al. 2014. Does innovation stimulate employment? A firm - level analysis using comparable micro - data from four European countries. International Journal of Industrial Organization [J]. 35: 29 - 43.

[185] HUANG Y, LIU L 2014. Fighting corruption: a long - standing challenge for environmental regulation in China. Environmental Development [J]. 12: 47 - 49.

[186] INGLEHART R, HAERPFER C, MORENO A, et al. 2014. World Values Survey: Round Six - Country - Pooled Datafile. Version: http://www.worldvaluessurvey. org/WVSDocumentationWV6. jsp. Madrid: JD Systems Institute [J].

[187] JIANG L, LIN C, LIN P 2014. The determinants of pollution levels: Firm - level evidence from Chinese manufacturing. Journal of Comparative Economics [J]. 42: 118 - 142.

[188] JIN Y, ANDERSSON H, ZHANG S 2016. Air pollution control policies in China: a retrospective and prospects. International journal of environmental research and public health [J]. 13: 1219.

[189] LANOIE P, PATRY M, LAJEUNESSE R 2008. Environmental regulation and productivity: testing the porter hypothesis. Journal of Productivity Analysis [J]. 30: 121 - 128.

[190] LI H, GONG T, XIAO H 2016. The perception of anti - corruption efficacy in China: An empirical analysis. Social Indicators Research [J]. 125: 885 - 903.

[191] LI S, WU H, JIANG X 2018. Rent - seeking and firm value: Chinese evidence. Business and Politics [J]. 20: 239 - 272.

[192] LIU M, SHADBEGIAN R, ZHANG B 2017. Does environmental regulation affect labor demand in China? Evidence from the textile printing and dyeing industry. Journal of Environmental Economics and Management [J]. 86: 277 – 294.

[193] LóPEZ – GAMERO M D, MOLINA – AZORíN J F, CLAVER – CORTES E 2009. The whole relationship between environmental variables and firm performance: Competitive advantage and firm resources as mediator variables. J Environ Manage [J]. 90: 3110 – 3121.

[194] MCARTHUR J, TEAL F 2002. Corruption and firm performance in Africa [M]. University of Oxford; Oxford, UK.

[195] MINISTRY OF ENVIRONMENTAL PROTECTION 2016. Circular of the Ministry of Environmental Protection on issuing the opinions on the measures for the implementation of the "Action Plan for the Prevention and Control of Water Pollution"（关于印发《水污染防治行动计划实施情况考核规定（试行）》的通知）(Official communication 环水体（2016）179 号) [M]. Ministry of Environmental Protection; Beijing.

[196] MONKS F 2003. China Human Development Report 2002: Making Green Development a Choice. Produced by Stockholm Environment Institute in collaboration with UNDP. [Hong Kong: Oxford University Press, 2002. 152 pp. ISBN 0 – 19 – 593603 – 5.]. The China Quarterly [J], 174: 539 – 541.

[197] MONTIEL I, HUSTED B W, CHRISTMANN P 2012. Using private management standard certification to reduce information asymmetries in corrupt environments. Strategic management journal [J]. 33: 1103 – 1113.

[198] MURPHY K M, SHLEIFER A, VISHNY R W 1993. Why is rent – seeking so costly to growth? The American economic review [J]. 83: 409 – 414.

[199] NATIONAL BUREAU OF STATISTICS M O E P 2017. China statistical yearbook on environment [M]. China statistics press.

[200] NATIONAL PEOPLE'S CONGRESS 2014. Environmental Protection

Law of the People's Republic of China (2014 Edition) [M] //S. C. O. T. N.
P. S. CONGRESS. National People's Congress; Beijing, China.

[201] NGUYEN N A, DOAN Q H, NGUYEN N M, et al. 2016. The impact of petty corruption on firm innovation in Vietnam. Crime, law and social change [J]. 65: 377 - 394.

[202] NICKELL S J 1996. Competition and corporate performance. Journal of Political Economy [J]. 104: 724 - 746.

[203] PARK S H, LUO Y 2001. Guanxi and organizational dynamics: Organizational networking in Chinese firms. Strategic management journal [J]. 22: 455 - 477.

[204] PIVA M, VIVARELLI M 2018. Is innovation destroying jobs? Firm - level evidence from the EU. Sustainability [J]. 10: 1279.

[205] POLLERT A, CHARLWOOD A 2009. The vulnerable worker in Britain and problems at work. Work, Employment and Society [J]. 23: 343 - 362.

[206] PORTER M E, VAN DER LINDE C 1995. Toward a new conception of the environment - competitiveness relationship. Journal of economic perspectives [J]. 9: 97 - 118.

[207] ROSE - ACKERMAN S 1997. The role of the World Bank in controlling corruption. Law & Pol'y Int'l Bus [J]. 29: 93.

[208] SAPIO F 2008. Rent seeking, corruption, and clientelism [M] // T. - W. NGO, Y. WU, Rent seeking in China. Routledge; London, UK: 38 - 58.

[209] SCHMIDT R H, SPINDLER G 2002. Path dependence, corporate governance and complementarity. International Finance [J]. 5: 311 - 333.

[210] TONOYAN V, STROHMEYER R, HABIB M, et al. 2010. Corruption and Entrepreneurship: How Formal and Informal Institutions Shape Small Firm Behavior in Transition and Mature Market Economies. Entrepreneurship Theory and Practice [J]. 34: 803 - 832.

［211］ WAGNER J 2002. The causal effects of exports on firm size and labor productivity: first evidence from a matching approach. Economics Letters ［J］. 77: 287 – 292.

［212］ WANG H, MAMINGI N, LAPLANTE B, et al. 2003. Incomplete enforcement of pollution regulation: bargaining power of Chinese factories. Environmental and Resource Economics ［J］. 24: 245 – 262.

［213］ WANG Q, CHEN Y 2010. Energy saving and emission reduction revolutionizing China's environmental protection. Renewable and Sustainable Energy Reviews ［J］. 14: 535 – 539.

［214］ WING – HUNG LO C, TANG S – Y 2006. Institutional reform, economic changes, and local environmental management in China: The case of Guangdong Province. Environmental Politics ［J］. 15: 190 – 210.

［215］ WORLD BANK 2003. Investment Climate Survey 2003 ［M］. World Bank Group; Washington, DC.

［216］ WU X 2009. Determinants of bribery in Asian firms: Evidence from the world business environment survey. Journal of Business Ethics ［J］. 87: 75 – 88.

［217］ WU X, CAO Y, XIAO Y, et al. 2018a. Finding of urban rainstorm and waterlogging disasters based on microblogging data and the location – routing problem model of urban emergency logistics. Annals of Operations Research ［J］. 1 – 32.

［218］ WU X, XU Z, LIU H, et al. 2018b. What are the impacts of tropical cyclones on employment? – An Analysis Based on Meta – regression. Weather, Climate and Society ［J］. https://doi. org/10. 1175/WCAS – D – 1118 – 0052. 1171.

［219］ WU Y, ZHU J 2011. Corruption, anti – corruption, and inter – county income disparity in China. The Social Science Journal ［J］. 48: 435 – 448.

［220］ XU G, YANO G 2017. How does anti – corruption affect corporate innovation? Evidence from recent anti – corruption efforts in China. Journal of Comparative Economics [J]. 45: 498 –519.

[221] YU X, YU X, LU Y 2018. Evaluation of an agricultural meteorological disaster based on multiple criterion decision making and evolutionary algorithm. International journal of environmental research and public health [J]. 15: 612.

[222] ZHANG K – M, WEN Z – G 2008. Review and challenges of policies of environmental protection and sustainable development in China. J Environ Manage [J]. 88: 1249 – 1261.

[223] ZHAO S 2010. The China Model: can it replace the Western model of modernization? Journal of Contemporary China [J]. 19: 419 – 436.

[224] ZHAO X, SUN B 2016. The influence of Chinese environmental regulation on corporation innovation and competitiveness. Journal of Cleaner Production [J]. 112: 1528 – 1536.

[225] ZHAO X, ZHAO Y, ZENG S, et al. 2015. Corporate behavior and competitiveness: impact of environmental regulation on Chinese firms. Journal of Cleaner Production [J]. 86: 311 – 322.

[226] ZUNIGA P, CRESPI G 2013. Innovation strategies and employment in Latin American firms. Structural Change and Economic Dynamics [J]. 24: 1 – 17.

[227] Boucher S R, Carterm R, Guirkinger C. Risk rationing and wealth effects in credit markets: theory and implications for agriculture development [J]. American Journal of Agricultural Economics, 2008, 90 (2): 409 – 423

[228] Carter M R, Olinto P. Getting institutions "right" for whom? Credit constraints and the impact of property rights on the quantity and composition of investment [J]. American Journal of Agricultural Economics, 2003, 85 (1): 173 – 186

[229] Deininger K, Ali D A, Alemu T. Impacts of land certification on tenure security, investment, and land market participation: evidence from Ethio-

pia [J]. Land Economics, 2011, 87 (2): 312 – 334

[230] Diagne A, Zeller M. Access to credit and its impact on welfare in Malawi [C]. International Food Policy Research Institute, 2001.

[231] Galiani S, Schargrodsky E. Land property rights and resource allocation [J]. The Journal of Law and Economics, 2011, 54 (4): 329 – 345.

[232] Guirkinger C. Understanding the coexistence of formal and informal credit markets in Piura, Peru [J]. World Development, 2008, 36 (8): 1436 – 1452.

[233] Kondo T, Orbeta A, Dingcong C et al. Impact of microfinance on rural households in the Philippines [J]. IDS Bulletin, 2008, 39 (1): 51 – 70.

[234] Ma X. Does tenure security matter? Rural household responses to land tenure reforms in northwest China [D]. Wageningen, The Netherlands: Wageningen University, 2013.

[235] Tassel V E. Credit access and transferable land rights [J]. Oxford Economic Papers, 2004, 56 (1): 151 – 166.

[236] Alexeeva, V., Anger, N. (2016). The globalization of the carbon market: Welfare and competitiveness effects of linking emissions trading schemes. Mitigation and Adaptation Strategies for Global Change, 21, 905 – 930.

[237] Böhringer, C., Welsch, H. (2004). Contraction and convergence of carbon emissions: An intertemporal multi – region CGE analysis. Journal of Policy Modeling, 26, 21 – 39.

[238] Fan, Y., Wu, J., Xia, Y., Liu, J. – Y. (2016). How will a nationwide carbon market affect regional economies and efficiency of CO_2 emissions reduction in China? China Economic Review, 38, 151 – 166.

[239] Gruell, G., Taschini, L. (2012). Linking emission trading schemes: a short note. Economics of Energy & Environmental Policy, 1, 31 – 38.

[240] Guo, Z. , Zhang, X. , Zheng, Y. , Rao, R. (2014) . Exploring the impacts of a carbon tax on the Chinese economy using a CGE model with a detailed disaggregation of energy sectors. Energy Economics, 45, 455 – 462.

[241] Hawkins, S. , Jegou, I. (2014) . Linking emissions trading schemes: Considerations and recommendations for a joint EU – Korean carbon market, Climate Change Architecture Series. ICTSD Global Platform on Climate Change, Trade and Sustainable Energy. , Geneva, Switzerland.

[242] Hübler, M. , Voigt, S. , Löschel, A. (2014) . Designing an e-missions trading scheme for China—An up – to – date climate policy assessment. Energy Policy, 75, 57 –72.

[243] IEA, NEA (2015) . Projected costs of generating electricity 2015.

[244] Klepper, G. , Peterson, S. (2004) . The EU emissions trading scheme allowance prices, trade flows and competitiveness effects. European Environment, 14, 201 –218.

[245] Liu, Z. , Guan, D. , Wei, W. , Davis, S. J. , Ciais, P. , Bai, J. , Peng, S. , Zhang, Q. , Hubacek, K. , Marland, G. (2015) . Reduced carbon emission estimates from fossil fuel combustion and cement production in China. Nature, 524, 335 –338.

[246] Lokhov, R. , Welsch, H. (2008) . Emissions trading between Russia and the European Union: A CGE analysis of potentials and impacts. Environmental Economics and Policy Studies, 9, 1 –23.

[247] Marschinski, R. , Flachsland, C. , Jakob, M. (2012) . Sectoral linking of carbon markets: A trade – theory analysis. Resource and Energy Economics, 34, 585 –606.

[248] Metcalf, G. E. , Weisbach, D. (2012) . Linking policies when tastes differ: Global climate policy in a heterogeneous world. Review of Environmental Economics and Policy, 6, 110 –129.

[249] Shan, Y. , Liu, J. , Liu, Z. , Xu, X. , Shao, S. , Wang, P. , Guan, D. (2016) . New provincial CO_2 emission inventories in China based on

apparent energy consumption data and updated emission factors. Applied Energy, 184, 742 – 750.

[250] Wing, I. S. (2008) . The synthesis of bottom – up and top – down approaches to climate policy modeling: Electric power technology detail in a social accounting framework. Energy Economics, 30, 547 – 573.

[251] Yohe, G. W. , Montgomery, D. , Balistreri, E. (2000) . Equity and the Kyoto Protocol: Measuring the distributional effects of alternative emissions trading regimes. Global Environmental Change, 10, 121 – 132.

[252] Zhang, X. , Qi, T. , Ou, X. , Zhang, X. (2017) . The role of multi – region integrated emissions trading scheme: A computable general equilibrium analysis. Applied Energy, 185, Part 2, 1860 – 1868.

[253] Barbieri N, Marzucchi A, Rizzo U. Knowledge sources and impacts on subsequent inventions: Do green technologies differ from non – green ones? [J]. Research Policy, 2020, 49 (2): 103901.

[254] Jaffe A B, Stavins R N. Dynamic incentives of environmental regulations: The effects of alternative policy instruments on technology diffusion [J]. Journal of environmental economics and management, 1995, 29 (3): S43 – S63.

[255] Newell R G, Jaffe A B, Stavins R N. The induced innovation hypothesis and energy – saving technological change [J]. The Quarterly Journal of Economics, 1999, 114 (3): 941 – 975.

[256] Popp D. Pollution control innovations and the Clean Air Act of 1990 [J]. Journal of Policy Analysis and Management, 2003, 22 (4): 641 – 660.

[257] Klemetsen M E, Bye B, Raknerud A. Can Direct Regulations Spur Innovations in Environmental Technologies? A Study on Firm – Level Patenting [J]. Scandinavian Journal of Economics, 2018, 120 (2): 338 – 371.

[258] Acemoglu D, Aghion P, Bursztyn, Leonardo, et al. The Environment and Directed Technical Change [J]. American Economic Review, 2012, 102 (1): 131 – 166.

[259] Shapiro J S, Walker R. Why is pollution from US manufacturing declining? The roles of trade, regulation, productivity, and preferences [J]. US Census Bureau Center for Economic Studies Paper No. CES – WP – 15 – 3, 2015.

[260] Machiba T. Eco – innovation for enabling resource efficiency and green growth: development of an analytical framework and preliminary analysis of industry and policy practices [J]. International Economics & Economic Policy, 2010, 7 (2 – 3): 357 – 370.

[261] Archibugi D. Patenting as an indicator of technological innovation: a review [J]. Science and public policy, 1992, 19 (6): 357 – 368.

[262] Hasan I, Tucci C L. The innovation – economic growth nexus: Global evidence [J]. Research Policy, 2010, 39 (10): 1264 – 1276.

[263] Cohen W M. Fifty years of empirical studies of innovative activity and performance [M] //Handbook of the Economics of Innovation. North – Holland, 2010, 1: 129 – 213.

[264] Iyer D N, Miller K D. Performance feedback, slack, and the timing of acquisitions [J]. Academy of Management Journal, 2008, 51 (4): 808 – 822.

[265] Berrone P, Fosfuri A, Gelabert L, et al. Necessity as the mother of 'green' inventions: Institutional pressures and environmental innovations [J]. Strategic Management Journal, 2013, 34 (8): 19.

[266] Cameron A C, Trivedi P K. Count panel data [J]. Oxford Handbook of Panel Data, Oxford University Press, Oxford, 2013.

[267] Heckman J J. Sample selection bias as a specification error (with an application to the estimation of labor supply functions) [J]. 1977.

[268] Greene W H. Accounting for excess zeros and sample selection in Poisson and negative binomial regression models [J]. 1994.

[269] Vuong Q H. Likelihood ratio tests for model selection and non – nested hypotheses [J]. Econometrica: Journal of the Econometric Society, 1989:

307 – 333.

[270] Wilson P. The misuse of the Vuong test for non – nested models to test for zero – inflation [J]. Economics Letters, 2015, 127: 51 –53.

[271] Popp D. International innovation and diffusion of air pollution control technologies: the effects of NOX and SO$_2$ regulation in the US, Japan, and Germany [J]. Journal of Environmental Economics and Management, 2006, 51 (1): 46 –71.

[272] Li C, Yao Q, Wu J, et al. Financialization and Risk Taking of Non – Financial Corporations Empirical Evidence from Chinese Listed Companies [J]. Journal of Applied Finance and Banking, 2019, 9 (3): 79 –107.

[273] Saunila M, Ukko J, Rantala T. Sustainability as a driver of green innovation investment and exploitation [J]. Journal of cleaner production, 2018, 179: 631 –641.

[274] Johnstone N, Haščič I, Popp D. Renewable energy policies and technological innovation: evidence based on patent counts [J]. Environmental and resource economics, 2010, 45 (1): 133 –155.

[275] Wang B. C. , Li H. W. , 2009. Empirical Research on the Impact Factors of Green Product Innovation by Structural Equation Modeling. China Population [J]. Resources and Environment. 19 (5), 168 –174.

[276] Jaffe, A. , Newell, R. , Stavins, R. , 2004. Technology Policy for Energy and the Environment, in: A. Jaffe, J. Lerner, and S. Stern (Eds.), Innovation Policy and the Economy, MIT Press for the National Bureau, Cambridge, MA.

[277] Brunnermeir, S, Cohen, M. Determinants of Environmental Innovation in US Manufacturing Industries [J]. Journal of Environmental Management. 2003, 45: 278 –293.

[278] Y. Eiadat, A. Kelly, F. Roche, H. Eyadat. Green and competitive? An empirical test of the mediating role of environmental innovation strategy [J]. Journal of World Business. 2008, 43 (2), 131 –145.

［279］ Villegas – Palacio, C. , Coria, J. On the interaction between imperfect compliance and technology adoption: taxes versus tradable emissions permits ［J］. Journal of Regulatory Economics. 2010, 38 （3）, 274 – 291.

［280］ Hattori, K. Optimal combination of innovation and environmental policies under technology licensing ［J］. Economic Modelling, 2017, 64: 601 – 609.

［281］ Yuan, B. , Ren, S. and Chen, X. Can environmental regulation promote the coordinated development of economy and environment in China's manufacturing industry? – A panel data analysis of 28 sub – sectors ［J］. Journal of Cleaner Production, 2017, 149: 11 – 24.

［282］ R. Ramanathan, U. Ramanathan, Y. Bentley. The debate on flexibility of environmental regulations, innovation capabilities and financial performance – A novel use of DEA ［J］. Omega. 2018, 75, 131 – 138.

［283］ Zhang, Y. , Wang, J. , Xue, Y. and Yang, J. Impact of environmental regulations on green technological innovative behavior: An empirical study in China ［J］. Journal of Cleaner Production, 2018, 188: 763 – 773.

［284］ Wugan Cai, Guangpei Li. The drivers of eco – innovation and its impact on performance: Evidence from China. Journal of Cleaner Production ［J］. 2018, 176, 110 – 118.

［285］ Li, D. et al. The impact of legitimacy pressure and corporate profitability on green innovation: Evidence from China top 100 ［J］. Journal of Cleaner Production, 2017, 141: 41 – 49.

［286］ Casadesus – Masanell R, Richart J E. From strategy to business model and on to tactic. Long Range Planning. 2010 （5）: 195 – 215.

［287］ Piderit S K. Rethinking Resistance and Recognizatizing ambivalence: A multidimensional view of attitudes toward an organizational change ［J］. Academy of management Review, 2000, 25 （4）: 783 – 794.

［288］ Taylor P. D, Jonker L . B. Evolutionary Stable Strategies And Game Dynamics ［J］. Mathematical Biosciences. 1978.

[289] Maynard S. Evolution and The theory of games [M]. Cambridge University, Cambridge. 1982.

[290] Weibull J W. Evolutionary Games Theory [M]. MIT, Cambridge. 1995.

[291] Hofbauer J, Sigmund K. Evolutionary Games and Population Dynamics [M]. Cambridge University. Cambridge. 1998.

[292] Friedman D. Evolutionary Game In Economics [J]. Econometrica. 1991 (59): 637 – 666.

[293] Petr C. Fame is not always a positive asset for heritage equity! [J]. Journal of Travel & Tourism Marketing, 2009 (1): 1 – 18

[294] Popp M. Positive and negative urban tourist crowding: Florence, Italy. Tourism Geographies, 2012 (1): 50 – 72

[295] Stokols, D. A social – psychological model of human crowding phenomena [J]. Journal of the American Planning Association, 1972 (2): 72 – 83.

[296] Shelby B, Vaske J J, Donnel M. Norms, standards and natural resources [J]. Leisure Sciences, 1996 (1): 103 – 123.

[297] Navarro J E, Damian I M, Fernándezmorales A. Carrying capacity model applied in coastal destinations [J]. Annals of Tourism Research, 2013 (7): 1 – 19.

[298] Stokols D. The experience of crowding in primary and secondary environments [J]. Environment and Behavior, 1976 (1): 49 – 86.

[299] Machleit K A, Eroglu S A, Mantel S P. Perceived retail crowding and shopping satisfaction: What modifies this relationship? Journal Consumer Psychology, 2000 (1): 29 – 42.

[300] Westover T N, Collins J R. Perceived crowding in recreation settings: an urban case study [J]. Leisure Research, 1987 (1): 87 – 99.

[301] Chun – Yen Chang. Using computer simulation to manage the crowding problem in parks: A study [J]. Landscape and Urban Planning, 1997

(1): 147 – 161.

[302] Lee H, Graefe A R. Crowding at an arts festival: Extending crowding models to the front country [J]. Tourism Management, 2003 (1): 1 – 11.

[303] Leujak W, Ormond R F G. Visitor perceptions and the shifting social carrying capacity of South Sinai's coral reefs [J]. Environmental Management, 2007 (4): 472 – 489.

[304] Fleishman L, Feitelson E, Salomon I. The role of cultural and demographic diversity in crowding perception: Evidence from nature reserves in Israel [J]. Tourism Analysis, 2004 (1 – 2): 23 – 40.

[305] Titre J, Mills A S. Effect of encounters on perceived crowding and satisfaction [J]. Forest and River Recreation: Research Update, 1982 (1): 146 – 153.

[306] Kyle G, Graefe A, Manning R, et al. Effect of activity involvement and place attachment on recreationists' perceptions of setting density [J]. Journal of Leisure Research, 2004 (2): 209 – 231.

[307] Neuts B, Nijkamp, P. Tourist crowding perception and acceptability in cities: An applied modelling study on Bruges [J]. Annals of Tourism Research, 2012 (39): 2133 – 2153.

[308] Tverijonaite E, Ólafsdóttira R, Thorsteinsson T. Accessibility of protected areas and visitor behaviour: A case study from Iceland [J]. Journal of Outdoor Recreation and Tourism, 2018 (24): 1 – 10.

[309] Moyle B, Croy G. Crowding and visitor satisfaction during the off – season: Port Campbell National Park [J]. Annals of Leisure Research, 2007 (10): 518 – 531.

[310] Chang Chun – Yen. Using computer simulation to manage the crowding problem in parks: A study [J]. Landscape and Urban Planning, 1997 (37): 147 – 161.

[311] Bentz J, Rodrigues A, Dearden P, Calado H, Lopes F. Crowding

in marine environments: Divers and whale watchers in the Azores [J]. Ocean & Coastal Management, 2015 (109): 77 – 85.

[312] Zehrer R F. The impact of perceived crowding on customer satisfaction [J]. Journal of Hospitality and Tourism Management, 2016 (29): 88 – 98.

[313] Jacobsena J K S, Iversenb N M, Hem L E. Hotspot crowding and over – tourism: Antecedents of destination.

[314] Attractiveness [J]. Annals of Tourism Research, 2019, 76: 53 – 66.

[315] Li Chieh – Lu. Outdoor recreation in a Taiwanese national park: A Hakka ethnic group study [J]. Journal of Outdoor Recreation and Tourism, 2018 (22): 37 – 45.

[316] Rathnayake R M W. How does 'crowding' affect visitor satisfaction at the Horton Plains National Park in Sri Lanka? [J]. Tourism Management Perspectives, 2015 (16): 129 – 138.

[317] Tseng Y P, Kyle G T, Shafer C S, Graefe A R, Bradle T A, Schuett M A. Exploring the crowding – satisfaction relationship in recreational boating [J]. Environmental Management, 2009 (3): 496 – 507.

[318] Schuster R M, Hammitt W E, Moore D, et al. Coping with stress resulting from social value conflict: non – hunters' response to anticipated social interaction with hunters [J]. Human Dimension of Wildlife, 2006 (2): 101 – 113.

[319] LEVINSON A. Technology, international trade, and pollution from US manufacturing [J]. American Economic Review, 2009, 99 (5): 2177 – 2192.

[320] GROSSMAN G M, Krueger A B. Environmental impacts of a North American free trade agreement [R]. National Bureau of Economic Research, 1991.

[321] DASGUPTA S, LAPLANTE B, WANG H, et al. Confronting the

environmental Kuznets curve [J]. Journal of economic perspectives, 2002, 16 (1): 147 – 168.

[322] FODHA M, ZAGHDOUD O. Economic growth and pollutant emissions in Tunisia: an empirical analysis of the environmental Kuznets curve [J]. Energy Policy, 2010, 38 (2): 1150 – 1156.

[323] AKBOSTANCI E, TUNÇ G İ, TÜRÜT – AŞIK S. CO_2 emissions of Turkish manufacturing industry: a decomposition analysis [J]. Applied Energy, 2011, 88 (6): 2273 – 2278.

[324] DE BRUYN S M, VAN DEN BERGH J C J M, OPSCHOOR J B. Economic growth and emissions: reconsidering the empirical basis of environmental Kuznets curves [J]. Ecological Economics, 1998, 25 (2): 161 – 175.

[325] DINDA S. Environmental Kuznets curve hypothesis: a survey [J]. Ecological economics, 2004, 49 (4): 431 – 455.

[326] COPELAND B R, TAYLOR M S. Trade and the Environment: Theory and Evidence [J]. Canadian Public Policy, 2003, 6 (3): 339 – 365.

[327] Roy, R. (1994). The evolution of ecodesign. Technovation, 14 (6), 363 – 380.

[328] Lee, K. H., & Min, B. (2015). Green R&D for eco – innovation and its impact on carbon emissions and firm performance. Journal of Cleaner Production, 108, 534 – 542.

[329] Ding, et al. Factors affecting low – carbon consumption behavior of urban residents: A comprehensive review. Resources, Conservation and Recycling, 2018, 132: 3 – 15.

[330] Li, D., Zhao, L., Ma, S., Shao, S., & Zhang, L. (2019). What influences an individual's pro – environmental behavior? A literature review. Resources, Conservation and Recycling, 146, 28 – 34.

[331] Johnstone, M. L., & Tan, L. P. (2015). Exploring the gap between consumers' green rhetoric and purchasing behaviour. Journal of Business Ethics, 132 (2), 311 – 328.

[332] Higgins, E. T. (2005) . Value from regulatory fit. Current directions in psychological science, 14 (4), 209 – 213.

[333] Higgins, E. T. (1997) . Beyond pleasure and pain. American Psychologist, 52 (12), 1280 – 1300.

[334] Higgins, E. T. (1998) . Promotion and prevention: Regulatory focus as a motivational principle. Advances in Experimental Social Psychology, 30, 1 – 46.

[335] Herzenstein, M. , Posavac, S. S. , & Brakus, J. J. (2007) . Adoption of new and really new products: The effects of self – regulation systems and risk salience. Journal of Marketing Research, 44 (2), 251 – 260.

[336] Westjohn, S. A. , Arnold, M. J. , Magnusson, P. , Zdravkovic, S. , & Zhou, J. X. (2009) . Technology readiness and usage: a global – identity perspective. Journal of the Academy of Marketing Science, 37 (3), 250 – 265.

[337] Lee, A. Y. , & Aaker, J. L. (2004) . Bringing the frame into focus: the influence of regulatory fit on processing fluency and persuasion. Journal of Personality and Social Psychology, 86 (2), 205 – 218.

[338] Baxter, J. , & Gram – Hanssen, I. (2016) . Environmental message framing: enhancing consumer recycling of mobile phones. Resources, Conservation and Recycling, 109, 96 – 101.

[339] Higgins, E. T. (2000) . Making a good decision: value from fit. American psychologist, 55 (11), 1217 – 1230.

[340] Higgins, E. T. , Idson, L. C. , Freitas, A. L. , Spiegel, S. , & Molden, D. C. (2003) . Transfer of value from fit. Journal of personality and social psychology, 84 (6), 1140 – 1153.

[341] Higgins, E. T. , & Cornwell, J. F. (2016) . Securing foundations and advancing frontiers: Prevention and promotion effects on judgment & decision making. Organizational Behavior and Human Decision Processes, 136, 56 – 67.

[342] Tversky, A. , & Kahneman, D. (1981) . The framing of decisions and the psychology of choice. Science, 211 (4481), 453 – 458.

[343] Abhyankar, P. , O'connor, D. B. , & Lawton, R. (2008) . The role of message framing in promoting MMR vaccination: Evidence of a loss – frame advantage. Psychology, Health and Medicine, 13 (1), 1 – 16.

[344] Ganzach, Y. , & Karsahi, N. (1995) . Message framing and buying behavior: A field experiment. Journal of Business Research, 32 (1), 11 – 17.

[345] Davis, J. J. (1995) . The effects of message framing on response to environmental communications. Journalism & Mass Communication Quarterly, 72 (2), 285 – 299.

[346] Higgins, E. T. , Friedman, R. S. , Harlow, R. E. , Idson, L. C. , Ayduk, O. N. , & Taylor, A. (2001) . Achievement orientations from subjective histories of success: Promotion pride versus prevention pride. European Journal of Social Psychology, 31 (1), 3 – 23.